LA WEHRMACHT

collection tempus

Sous la direction de
Jean LOPEZ

LA WEHRMACHT

La fin d'un mythe

PERRIN

Secrétaire générale de la collection :
Marguerite de Marcillac

92, avenue de France
75013 Paris
Tél. : 01 44 16 08 00

ISBN : 978-2-262-10995-0
Dépôt légal : février 2025

Mise en pages : Nord Compo

tempus est une collection des éditions Perrin.

Présentation

Par une heureuse initiative des éditions Perrin, voici réunis dans cet ouvrage des articles tirés de *Guerres & Histoire*, plus des inédits, sur le thème de la Wehrmacht au combat. Le sujet étant complexe et largement renouvelé ces dernières années, la variété des angles d'approche s'imposait – interviews de vétérans, synthèses stratégiques, analyses de batailles et de campagnes, examens des matériels de combat.

La Wehrmacht, que cela plaise ou non, continue de fasciner. Cette fascination s'exerce sur les milieux militaires, mais aussi auprès d'un large public. Elle a parfois quelque chose de morbide, mélange d'esthétisme et de masochisme. Si l'on gratte, le ressort de cette fascination relève de l'alliance du crime de masse avec l'excellence militaire. Pendant longtemps, écrire que la Wehrmacht fut une armée criminelle n'est pas allé de soi, non seulement en Allemagne, ce qui peut se comprendre, mais aussi dans les pays alliés occidentaux. Durant au moins une génération, le mythe d'une « Wehrmacht propre » s'est perpétué grâce à la complicité empressée des occupants/libérateurs américains désireux de bénéficier des compétences militaires de leur ancien ennemi, et plus précisément de son expérience du combat contre l'Armée rouge. C'est un des aspects déplaisants de la guerre froide que d'avoir permis aux généraux criminels d'échapper au châtiment. Ce mensonge de la Wehrmacht propre a été démasqué à partir des années 1990 par les historiens allemands eux-mêmes. La Wehrmacht a été l'armée d'Hitler, le serviteur empressé de sa politique de conquête et d'extermination.

Ce n'est pas de cet aspect du mythe de la Wehrmacht que traite ce livre. Il s'agit de regarder de plus près l'idée selon laquelle l'excellence militaire germanique n'aurait cédé que devant la masse d'hommes et de matériel opposée par les Alliés. Avec ce distinguo : à l'ouest, l'armée d'Hitler aurait perdu devant un matériel surabondant servi par des combattants médiocres ; à l'est, elle aurait cédé sous d'inépuisables vagues de moujiks déshumanisés, envoyés au hachoir par des maréchaux ineptes. C'est une double fable : d'une part, l'armée des États-Unis, en 1944-1945, est un des plus formidables outils militaires jamais créés ; d'autre part, les chefs soviétiques, s'ils ont été prodigues du sang de leurs hommes, ont mis ce sang au service d'une pratique opérationnelle et stratégique supérieure à celle des Allemands. Il ne s'agit pas non plus, sous prétexte de rééquilibrer la vision, de clamer que la Wehrmacht, dans ses trois armes, était une armée médiocre ! Ce serait se ridiculiser. Quatre-vingts ans après, personne n'a oublié les stupéfiantes victoires de Pologne, de France, de Yougoslavie, de Grèce et de l'opération « Barbarossa » en Union soviétique. Pas plus que les audacieuses opérations interarmes en Norvège (1940) et en Crète (1941), les époustouflantes campagnes d'interdiction de la Luftwaffe un peu partout, ou encore les ravages commis par les U-Boote entre 1939 et 1942.

Rendons à la Wehrmacht ce qui lui appartient : elle a été une noix très dure à casser, même dans sa phase de déclin, après 1943, malgré la coalition des États les plus puissants de la Terre. Qu'on aille chercher aussi loin que chez les Assyriens, peu d'outils militaires peuvent aligner autant de faits d'armes.

Cet ouvrage a le mérite d'ancrer la Wehrmacht dans son passé prussien et impérial, qui lui a légué, d'une part, une culture militaire originale, d'autre part, une faiblesse de la pensée opérationnelle et, plus encore, stratégique. La culture militaire allemande possède des forces incontestables : l'excellence tactique, notamment la recherche de la mobilité, la cohésion des unités, une conception remarquable du commandement (commandement orienté mission, ou Auftragstaktik ; commandement de l'avant). Je soupçonne toujours que l'autonomie de décision et la recherche des responsabilités dont les officiers allemands ont souvent fait preuve plongeaient leurs racines dans le modèle pédagogique prussien, à l'avant-garde dès le XVIIIe siècle. Contrairement à ce que l'on croit, la désobéissance, la contestation, la résistance à la hiérarchie sont plus fréquentes dans la Wehrmacht que dans toute autre armée. Le nazisme a renforcé certains aspects de cette culture militaire. Son agressivité, son goût pour la surprise, son mépris du droit ont trouvé des échos favorables dans l'institution militaire, de même qu'un certain égalitarisme entre la troupe et ses cadres, le culte des héros, l'exaltation de la fraternité des combattants. La corruption des chefs militaires par des cadeaux en tout genre octroyés par Hitler a adouci bien des problèmes de conscience.

La culture militaire allemande présente aussi des points faibles : le primat absolu du combat de destruction, la négligence relative de la logistique et du renseignement, l'aveuglement politique, le mépris du droit, probablement hérités de la longue persistance des valeurs féodales dans la caste des officiers. Tous ces points sont liés entre eux. En Union soviétique, on compte cent trente-trois grandes unités au combat pour seulement neuf divisions de sécurité chargées des arrières. C'est très insuffisant dans un pays aussi vaste. Aussi, comme en Belgique et dans le nord de la France en 1914, la Wehrmacht, et les SS qui la suivent comme le rémora le requin, aura recours à la terreur pour faire tenir tranquilles des populations sous-administrées. Le calcul n'avait de sens que si la campagne durait trois mois, ce que chacun a cru, à l'OKH*[1] comme à l'OKW. Au-delà, il s'est révélé formidablement contre-productif, annulant tous les avantages qui pouvaient être tirés de la détestation du stalinisme par une large part des Soviétiques. Le nazisme, degré zéro de la raison politique, a fait son lit dans une armée qui elle-même, par tradition, n'en avait guère témoigné.

La faiblesse de la pensée opérationnelle dont a pu faire preuve la Wehrmacht – qui s'avéra mortelle pour elle en URSS – est liée à des facteurs complexes. Le primat de la tactique en est un. La recherche systématique de la vitesse en est un autre. Le plan de l'opération « Barbarossa » imposa ainsi un rythme et un surmenage effrayants à la troupe et à ses matériels, qui tombèrent littéralement en morceaux devant Moscou, quand la bise fut venue. Depuis Frédéric le Grand, c'était un axiome de la Kriegsakademie : il fallait « mener des guerres courtes et vives » pour se sortir de la calamité géopolitique d'avoir à combattre sur plusieurs fronts

1. Les noms suivis d'un astérisque font l'objet d'une entrée dans le glossaire en fin de volume.

avec un appareil militaire sous-dimensionné. En 1914, Guillaume II avait fait l'erreur de laisser les plans du grand état-major démolir toute approche diplomatique, condamnant son pays à une victoire totale ou à une défaite complète. Au nom de l'efficacité militaire immédiate, par soumission au diktat de la vitesse inhérent au plan Schlieffen*, les chefs militaires avaient coalisé le monde contre eux. La racine du drame de 1918 était simple : le militaire avait phagocyté le politique. Avec Hitler, la situation est inversée : le politique et son pire volet, l'idéologie, ont entièrement soumis le militaire. Les chefs militaires allemands – à part Ludwig Beck* et quelques autres – n'ont pas résisté au magnétisme de leur Führer dont, il est vrai, la baraka a été longtemps stupéfiante et qui semblait démontrer que l'avenir du monde se dessinerait à l'ombre de la croix gammée. Ils ont donc placé leur professionnalisme au service d'ambitions stratégiques démentes et d'une utopie raciale abominable.

Dès septembre 1939, le modèle allemand perdant est en place : la victoire rapide en Pologne cache le désastre d'avoir déclenché une guerre mondiale sans ressources adéquates. En 1940, l'aveuglement est à son comble : Hitler comme ses généraux se sont persuadés que la liquidation de la France signifie la fin de la guerre. Ils n'ont pas saisi que, par leur projet monstrueux, ils ont déjà coupé les ponts de la politique derrière eux. Pour se sortir de l'impasse stratégique, ils n'ont d'autre recours que la fuite en avant, d'agression en agression, de campagne en campagne. À ce rythme, n'importe quelle autre armée aurait rapidement trébuché. Pas la Wehrmacht, hélas ! Avant de toucher le sol une première fois, devant Moscou en décembre 1941, elle aura soumis les trois quarts de l'Europe et donné la main à la Shoah par balles, en Union soviétique, en attendant pire. Il faudra trois ans et cinq mois aux 86 millions d'hommes mobilisés par la coalition alliée pour achever la bête dans sa tanière, au prix de dizaines de millions de morts.

Jean LOPEZ

PREMIÈRE PARTIE

LA SUPÉRIORITÉ MILITAIRE ALLEMANDE

ÉTUDE D'UN MYTHE

1745-1945 :
deux siècles de fureur et de mythes

par Jean LOPEZ

*Des guerriers invincibles, les Allemands ? Ils ont eu leur heure de gloire, il est vrai, mais pas tellement plus que les autres grandes nations européennes. De Frédéric II – maintes fois défait – à la chute du III*e *Reich, cette réputation mérite un réexamen à travers ses cinq piliers fondateurs.*

Dans l'histoire moderne, il y a peu d'axiomes aussi universellement acceptés que celui de l'excellence militaire prussienne, puis – après la fondation du Reich en 1871 – allemande. La chose semble aller de soi – si l'on parle de la seule armée de terre et, à un degré moindre, de l'aviation – comme la suprématie navale anglaise ou l'hyperpuissance logistique américaine. Un éditeur veut-il vendre un ouvrage sur la Seconde Guerre mondiale ? Trois fois sur quatre, il affichera en couverture un soldat allemand coiffé du célèbre casque d'acier. Le romancier Roger Nimier veut-il définir plaisamment la philosophie ? Il la compare à la Russie, « pleine de marécages et souvent envahie par les Allemands ». Et quand Woody Allen parle de Wagner, c'est pour dire : « Lorsque j'entends trop sa musique, j'ai envie d'envahir la Pologne. » Qu'est-ce que la renommée militaire teutonne ? Un lieu commun, une idée reçue, la séquelle d'un ancien cauchemar ? On hésite.

La Prusse elle-même se voyait comme la nouvelle Sparte. Un État au service d'une armée, a-t-on dit, et non l'inverse. Une nation où la condition militaire regardait de haut celles du clerc, du fonctionnaire ou du professeur. N'est-elle pas le seul pays de l'ancienne Europe à se targuer d'avoir eu à sa tête le roi-soldat par excellence, Frédéric II ? N'a-t-elle pas réussi à se transformer par l'épée, d'État minuscule sis aux confins polono-germaniques en une puissance européenne de premier plan, covictorieuse de Napoléon à Waterloo ? Au XIXe siècle, rien n'a semblé pouvoir lui résister. Ni l'Autriche, jetée à bas de sa position hégémonique dans les Allemagnes, ni la France de Napoléon III, détrônée comme première puissance continentale. Le plus extraordinaire est encore ceci : même les deux défaites sans appel dans les deux guerres mondiales ont grandi la renommée des armes allemandes, tout au moins dans l'opinion générale. N'ont-elles pas, entre 1914 et 1918, en se battant sur deux fronts, tenu tête cinquante-deux mois à une vaste coalition alliée ? La Wehrmacht d'Hitler n'a-t-elle pas conquis en quelques victoires assourdissantes un empire s'étendant, en octobre 1942, du cap Nord à l'Égypte et de Brest au Caucase ? Il faudrait remonter à Napoléon ou à Rome pour retrouver semblable performance.

Où que l'on se tourne, tout semble jouer la même chanson à la gloire des aigles teutonnes. Excellence doctrinale ? On vous jette Clausewitz au visage, Platon guerrier indépassable. Supériorité technologique ? Et les canons Krupp, les Grosse Bertha, les U-Boote, les V2, les Tigre, les Me 262 de remplir des milliers d'ouvrages laudateurs. Grands capitaines ? La liste des « von quelque chose » s'allonge à n'en plus finir : Moltke,

Schlieffen, Hindenburg, Rundstedt*, Manstein*, ou, sans particule, Ludendorff, Rommel, Model... L'objectif de cet ouvrage est précisément de décaper les épaisses couches du mythe pour retrouver l'histoire. Et d'établir cette idée centrale : la pensée militaire allemande est un brillant... fossile, dépassé dès le début du XXe siècle.

Un pays-île qui veut grandir par des guerres courtes

Avant de critiquer, il faut d'abord établir s'il existe une manière allemande de faire la guerre. Bien entendu, un caractère isolé – disons, par exemple, la vitesse imprimée aux opérations – ne peut pas à lui seul la définir : Napoléon a eu aussi le secret des déplacements fulgurants. Peut-on alors dégager un certain nombre de caractéristiques qui, liées ensemble, traceraient un portrait du Mars gothique ? Annonçons la couleur : il existe bien, selon nous, un art allemand de la guerre que l'on peut faire remonter au moins à Frédéric II.

Au commencement est la géopolitique. La Prusse était pauvre, « la boîte à sable » de l'Europe, ironisait-on encore au XVIIIe siècle. Un pays grand comme une province française, peu peuplé, couvert de pinèdes sablonneuses. Un État de peu de ressources, donc, qui se trouvera dans la nécessité, pour grandir, d'affronter des voisins plus riches que lui. La parcimonie des moyens engendrera le premier axiome militaire : mener des guerres courtes et rapides – *kurz und vives*, disait le Grand Frédéric. En clair, ne jamais se laisser entraîner dans un combat d'attrition dont l'État n'a pas les moyens. Quand viendra l'heure de la révolution industrielle, la Prusse, puis sa continuation impériale (pour le dire vite), le Reich de Guillaume II, enfin celui d'Hitler connaîtront un problème de dépendance économique : nécessité d'exporter, d'acheter des matières premières dans un monde où les océans sont britanniques, les colonies anglaises, françaises, hollandaises… Là encore, les guerres devront être courtes et rapides, sinon le blocus anglais privera de pétrole, de caoutchouc, de métaux non ferreux, de produits alimentaires…

La Prusse puis l'Allemagne impériale se vivront comme un pays-île, encerclé par de grandes puissances hostiles. Suédois au nord, Russes à l'est, Autrichiens au sud, Français à l'ouest, Britanniques sur les mers… Comment survivre et grandir dans cet univers inamical ? Par la guerre courte, encore une fois : celle du mouvement, des déplacements éclairs qui amènent au plus vite à la bataille. Attention cependant à la caricature : si la guerre a été, on ne peut le contester, une des mères de la Prusse, il y en a eu d'autres, plus positives, l'éducation au premier plan, fermons la parenthèse. Moltke et Bismarck ajouteront : une guerre courte signifie avant tout une guerre sur un seul front, contre un seul ennemi. Mais Frédéric II, Guillaume II, Hitler accepteront bien légèrement de se battre simultanément sur plusieurs points cardinaux.

La pensée militaire allemande place la bataille au centre. Elle doit être décisive. Elle doit infliger une punition telle que l'adversaire soit privé d'un coup du gros de ses forces, ou qu'il ait conçu assez d'effroi pour ne pas y revenir. La recherche de l'Entscheidungsschlacht – la bataille décisive – et de la Vernichtungsschlacht – la bataille d'anéantissement – est l'alpha et l'oméga de la pensée militaire prusso-allemande. L'alpha de ses succès foudroyants. L'oméga de ses limites, vite rencontrées dans les conflits d'envergure, à commencer même par 1870. La liste des victoires spectaculaires mais jamais décisives est longue : Leuthen, Sadowa, Sedan (1870 et

1940), le plan Schlieffen, Tannenberg, les plans Blanc (Pologne 1939), Jaune (France 1940), Barbarossa et sa kyrielle d'encerclements massifs à Minsk, Smolensk, Kiev, Viazma, Briansk, Kharkov… Si l'Angleterre perd toutes les batailles sauf la dernière, l'Allemagne, en tout cas durant « la seconde guerre de Trente Ans » (1914-1945), gagne les plus belles batailles, mais finit par s'engloutir dans des désastres.

Surprise et offensive

Cette recherche de la guerre courte décidée en une seule bataille destructrice s'accompagne d'autres traits qui forment un tout cohérent. La surprise, d'abord. Attaquer vite et avec la puissance maximale, là où l'on n'attend pas : quel meilleur levier multiplicateur des forces ? Les états-majors allemands valoriseront toujours l'audace et le risque, mères des grandes victoires… et des grosses catastrophes. L'importance du déploiement initial ensuite : pouvoir bouger le maximum de troupes avant que l'ennemi ait mobilisé ses gros, ce qui suppose une armée toujours prête et au sommet de ses moyens dès le début des hostilités – 1870, 1914, 1939, 1941 ont fourni quatre illustrations spectaculaires de cette propension.

Le culte de l'offensive encore : chercher la décision par le mouvement et l'attaque, courir au son du canon, contraindre l'ennemi à faire face, poursuivre agressivement, autant d'aspects récurrents de la pratique allemande. À l'opposé, on fuit le grignotage, la guerre de siège, les opérations trop planifiées.

Aller vite, chercher l'ennemi, frapper sans retard : voilà qui nécessite un corps d'officiers très particulier. Des hommes formés à la même école, animés des mêmes réflexes, soumis à une même pensée, pliés aux mêmes exercices. Des responsables sachant prendre des initiatives, interpréter les ordres, trouver des solutions personnelles aux problèmes éternels de la guerre : friction, brouillard, mystère de l'intention ennemie... D'où – peut-être l'essentiel – la formation d'une caste homogène, peuplée de professionnels impeccables autant qu'étroits et de sabreurs toujours au bord de l'indiscipline. Quelle autre armée a su allier ainsi, non sans péril, l'eau et le feu ? Parmi ces sabreurs à la tête chaude, citons Du Moulin (Hohenfriedberg, 1745), Blücher (1815), Frédéric-Charles (1866), Steinmetz (1870), von François (1914), Guderian*, Rommel...

Armés de ces traits principaux, regardons en perspective cavalière deux siècles de fer (1745-1945), qui ont vu la Prusse puis l'Allemagne mener huit conflits majeurs.

Frédéric le Grand (1740-1786) : le roi-soldat

Frédéric a mené trois guerres pour gagner une province parmi les plus riches d'Europe, la Silésie : la première guerre de Silésie (1740-1742) contre l'Autriche ; la deuxième guerre de Silésie (1744-1745) contre l'Autriche et la Saxe ; la guerre de Sept Ans contre l'Autriche, la Saxe, la Russie, la France (1756-1763). Au total, 21 batailles importantes dont 11 victoires, 7 défaites, 3 résultats indécis. Deux batailles sont entrées dans la légende des armes prussiennes : Roßbach et Leuthen, en cette même année 1757. Ce diable de roi a été servi par son audace, son incontestable sens tactique et... la chance. Il a payé cher sa victoire : la Prusse est mal en point à la fin de son règne, plus de 150 000 de ses soldats ont été tués, autant sont invalides. Des pertes considérables pour un pays d'à peine 6 millions d'habitants. Quant à la chance, elle a souri à deux reprises à la Prusse : une première fois en 1762 quand la tsarine de Russie meurt – c'est le « miracle de la maison de Brandebourg » ; une seconde fois, après la mort de Frédéric, quand la Révolution française dissuade l'empereur d'Autriche de tenter de récupérer la Silésie. Les guerres de Frédéric feront l'objet d'une édition en 18 volumes entre 1890 et 1913. Elles seront pieusement étudiées par trois générations d'officiers allemands qui en tireront deux idées fausses pour le XXe siècle : la bataille décisive existe (Roßbach : victoire éclair en 90 minutes, pertes de l'adversaire vingt fois supérieures) ; l'Allemagne peut gagner une guerre sur plusieurs fronts en utilisant la manœuvre sur des lignes intérieures.

Blücher, vainqueur de Napoléon

À la suite d'une série d'options diplomatiques calamiteuses, Frédéric-Guillaume III se retrouve seul en guerre contre Napoléon. Le 14 octobre 1806 à Iéna et à Auerstaedt, l'Empereur et Davout détruisent son armée en quelques heures. La poursuite menée par Murat, une des plus brillantes de l'histoire militaire, livre villes, magasins, unités de réserve et forteresses. L'effondrement est complet, à l'exception de la ville de Kolberg défendue âprement par un jeune officier, Gneisenau. Le 27 octobre, Napoléon entre à Berlin. L'armée prussienne était devenue une relique confite dans le culte du Grand Frédéric, passée à côté de toutes les innovations militaires apportées par la Révolution française, puis par Bonaparte. Bref, c'est 1940 à l'envers.

Après la défaite, une poignée d'officiers et de hauts fonctionnaires entreprennent de moderniser le pays. Sous l'impulsion de Gneisenau et Scharnhorst*, un service militaire obligatoire est adopté, le corps des officiers réformé (100 généraux sur 142 limogés), une école de guerre et une école de cadets sont fondées, un manuel de campagne est établi, le système de la brigade interarmes généralisé, le chef d'armée obligatoirement flanqué d'un état-major.

Après le désastre français en Russie, la Prusse s'allie au tsar et prend la tête de la guerre de libération (Befreiungskrieg) des Allemagnes. Durant la campagne d'Allemagne, la nouvelle armée prussienne est battue à Lützen – Scharnhorst, blessé, mourra peu après – et à Bautzen. Elle est de la gigantesque « bataille des nations » de Leipzig (octobre 1813) qui chasse Napoléon d'Allemagne. Malgré les réformes de Gneisenau et de Scharnhorst – dont l'effet a été exagéré –, l'armée prussienne n'apparaît pas meilleure que celles de ses alliés russes, autrichiens ou anglais. Le rôle très important de Blücher à Waterloo servira à masquer que, sans la coalition, la Prusse n'aurait rien pesé face à Napoléon. Après 1815, l'armée redevient la propriété d'une caste aristocratique qui se transforme, par la valorisation de l'étude, en un corps d'un grand professionnalisme.

Les trois glorieuses de Moltke l'Ancien (1864-1871)

De 1864 à 1871, la Prusse réalise l'unité de l'Allemagne par la force, comme le souhaite son chancelier Bismarck, probablement le plus grand homme d'État du XIXe siècle. L'armée a pour cerveau Helmuth von Moltke.

Chef de l'état-major général, il renoue avec la tradition de vitesse, d'audace et d'agressivité de Frédéric II, tout en intégrant les techniques et méthodes d'organisation moderne : télégraphe, chemin de fer, planification, section géographique et statistique, section d'histoire militaire, manuel d'instruction pour les chefs des grandes unités, Kriegsspiel, etc.

Après une mise en bouche contre le Danemark en 1864, la grande explication contre l'Autriche pour le contrôle du monde germanique a lieu à Sadowa (Königgrätz pour les Allemands), le 3 juillet 1866. L'affaire est chaude, la victoire chanceuse, une fois encore. Les chefs de corps prussiens se montrent indisciplinés, le système logistique s'effondre. Les Autrichiens avaient de la ressource, mais l'empereur François-Joseph préfère signer la paix à Prague le 23 août. Côté mythe, le rêve de l'Entscheidungsschlacht semble s'accomplir : cette seule bataille décide de la guerre, vite et à peu de frais. Face à Napoléon III, en 1870, il en va autrement. Pourtant, l'ineptie diplomatique de l'empereur, celle de ses chefs militaires (Mac-Mahon, Bazaine...) sont les meilleurs atouts allemands. La mauvaise surprise est l'absence de bataille décisive. Sedan (2 septembre 1870), qui livre 80 000 prisonniers et l'empereur, ne décide de rien. Les Français avaient encore une carte à jouer, les Allemands présentaient des faiblesses (de nouveau la logistique). La lutte s'est arrêtée, côté français, du fait de la discorde civile et de l'absence d'un véritable état-major capable de coordonner les efforts. Autriche 1866, France 1870 : la Prusse a vaincu difficilement des adversaires isolés dans des guerres limitées. Mais, curieusement, après 1871 et la proclamation de l'Empire allemand, ses chefs se focaliseront sur les batailles déclarées abusivement décisives et élevées au rang de mythes militaires : Sadowa et Sedan.

La Première Guerre mondiale : seule contre le monde… et poignardée dans le dos

Les Allemands, comme leurs adversaires occidentaux, sont surpris par le caractère de cette guerre, longue, industrielle et longtemps immobile. Ils croient d'abord pouvoir assimiler la campagne contre la France à une gigantesque et unique bataille d'enveloppement, la manœuvre Schlieffen. Erreur énorme qui leur coûte l'entrée en guerre du Royaume-Uni et une guerre sur deux fronts. Face aux Russes, Ludendorff remporte à Tannenberg, en septembre 1914, une « bataille de Cannes », comme on les aime au grand état-major : bel enveloppement, destruction de l'adversaire, faibles pertes. Mais, dès novembre, c'est l'enlisement dans les tranchées à l'ouest, où, curieusement, l'Allemagne se montre innovante dans la défensive. Elle s'adonne à sa guerre préférée, celle du mouvement, en Pologne puis dans les pays Baltes et en Roumanie (1916). Au prix de deux ans et demi d'efforts, elle parvient à faire sortir la Russie du conflit ; mais l'aveuglement stratégique de Ludendorff y fait entrer les États-Unis en avril 1917 après qu'il a déclaré la guerre sous-marine à outrance.

Les offensives du printemps 1918 lancées par Ludendorff en France renouent avec le mouvement, mais aucune des impasses opérationnelles n'est levée et l'on n'aboutit qu'à l'épuisement. Finalement, l'Allemagne perd la guerre d'attrition, celle que Frédéric et Moltke s'étaient toujours juré d'éviter. Français et

Britanniques lui ont damé le pion sur les plans opérationnel, technique, industriel et stratégique. Mais la défaite de l'Allemagne sera dissimulée par une escroquerie historique toujours signée Ludendorff, le « coup de poignard dans le dos » donné par les politiciens de gauche.

La Seconde Guerre mondiale : l'apogée du mythe et… la défaite la plus totale

« La Blitzkrieg a mené à la renaissance motorisée de la pensée de Cannes », a puissamment résumé l'historien allemand Karl-Heinz Frieser. En 1935-1936, les Allemands ont cru en effet avoir trouvé les instruments qui rendraient son efficacité à leur conception de la bataille décisive, demandée par Hitler qui veut des campagnes rapides et économiquement peu coûteuses. Ces instruments favorisent à la fois la percée (couple blindé/aviation tactique) et le mouvement (moteur et chenilles tout-terrain, ravitaillement aérien, communications radioélectriques). Cette martingale appelée Blitzkrieg leur permet pendant trois années (1939-1942) de percer où et quand ils veulent et de mener dix encerclements d'anthologie qui donnent 4 millions de prisonniers ! Le mythe de la supériorité militaire germanique s'impose alors, devenant même une arme psychologique aux mains de Goebbels. Pour autant, cette efficacité tactique ne peut en aucun cas permettre au IIIe Reich de remporter une guerre mondiale. Arrêtons-nous au préalable sur ces dix encerclements (Kessel, « chaudrons », comme les appellent les Allemands), car ce sont eux qui ont établi, y compris chez les Alliés, l'idée que la Wehrmacht a atteint une sorte d'apogée historique qu'aucune autre armée n'égalera jamais. Formidable tour de passe-passe, escroquerie géante opérés par le perdant avec le concours de ses nouveaux alliés américains au temps de la guerre froide.

Cannes : la pensée allemande prise à son propre piège

par Thierry Widemann

Une mécanique parfaite, qui se déclenche pour piéger l'ennemi et l'anéantir. Les militaires allemands voient dans la tactique d'Hannibal à Cannes un système de victoire automatique. Au point de se faire prendre au piège, eux aussi…

Plaine de Cannes, au sud-est de l'Italie, 2 août 216 av. J.-C. Le général carthaginois Hannibal observe la formation de l'armée considérable qui lui fait face : près de 80 000 fantassins massés au centre, 6 000 cavaliers sur les ailes. Tactique classique pour les légions : un centre fort, destiné à percer le centre adverse. Hannibal, lui, n'aligne que 40 000 fantassins et 10 000 cavaliers, rangés en un dispositif inverse de celui des Romains : des ailes fortes, formées d'infanterie et de cavalerie, et un centre faible composé de fantassins en ligne mince, disposés en arc, côté bombé offert à l'adversaire. Comme prévu, l'affrontement des infanteries légères et des cavaleries aux ailes voit la cavalerie romaine refoulée hors du champ de bataille. Comme prévu, les lourdes légions percutent le centre carthaginois, qui plie, mais ne rompt pas. En reculant, sa courbure s'inverse et aspire les légionnaires. Sur lesquels les ailes carthaginoises se referment… Les Romains, encerclés, sont anéantis.

C'est dans Polybe, l'historien grec qui raconte la bataille au IIe siècle av. J.-C., que le général Schlieffen, chef du grand état-major allemand en 1891, découvre le récit de la victoire d'Hannibal. Et Schlieffen est fasciné. C'est que le Grec ne dépeint pas seulement une simple bataille d'anéantissement remportée par le plus faible. Au moment où les légions se trouvent encastrées entre les deux ailes carthaginoises, Polybe précise en effet : « Les Africains placés à droite opérèrent alors un quart de tour pour attaquer à gauche et ceux qui se trouvaient à gauche, un quart de tour pour attaquer à droite. La situation elle-même leur indiquait ce qu'ils avaient à faire. » La manœuvre, donc, ne consiste plus en une succession de mouvements qui réagissent aux mouvements adverses. Elle devient un piège mécanique où l'adversaire déclenche lui-même le mécanisme de sa destruction : un stratagème.

Recette toute faite pour casse-tête franco-russe

Cannes n'est certes pas le premier exemple. La littérature antique en regorge, à commencer par celui du cheval de bois que les Troyens introduisent volontairement dans leur cité. Mais Cannes n'est pas qu'une curiosité du passé : c'est, pour Schlieffen, une réponse à un cauchemar stratégique nouveau. Consécutivement au choix diplomatique du Kaiser Guillaume II, qui refuse en 1890 de renouveler les traités passés avec la Russie, cette dernière se rapproche des Français… et scelle avec eux une alliance défensive le 27 décembre 1893. L'Allemagne est obligée d'entrevoir une guerre sur deux fronts. Schlieffen pense qu'il est alors indispensable d'obtenir préalablement une victoire à la fois rapide et décisive sur le front de l'Ouest, contre la France. Mais comment ?

Le chef d'état-major cherche son inspiration dans les livres d'histoire. Il songe d'abord à Leuthen, la grande réussite de Frédéric II en 1757. Mais le succès s'est révélé incomplet. Frédéric n'a pu se lancer en effet dans la poursuite nécessaire pour détruire l'armée autrichienne. Cannes, en revanche, s'achève par l'encerclement de l'adversaire : la phase de destruction est donc contenue à l'intérieur de la manœuvre. Cannes, en somme, est une petite guerre en miniature, un modèle parfait qui, *via* l'aura intellectuelle et le prestige de Schlieffen, va influencer durablement la machine de guerre allemande. Pas forcément à son avantage.

Stratagème n'est pas stratégie

Schlieffen, en effet, confond stratagème et stratégie. Cette dernière relève d'un raisonnement dialectique où, dans un jeu continu d'actions et de réactions, on s'adapte chaque fois à la manœuvre adverse. Rien de cela dans la pensée du stratagème : soit il fonctionne et il offre la victoire, soit l'adversaire flaire le piège et c'est l'échec. Si les Troyens avaient écouté Cassandre, qui les avait prévenus que le cheval cachait des guerriers, les Grecs auraient perdu la guerre de Troie… Cette perspective n'échappe pas à Moltke l'Ancien. Le patron des armées prussiennes puis allemandes de 1857 à 1888 est en effet convaincu qu'aucun plan de campagne ne résiste au premier engagement. Pour lui, un général responsable devrait considérer au contraire que la réaction de l'adversaire n'est jamais totalement prévisible et qu'il faut rester sur ses gardes. En stratège véritable, l'artisan des victoires de Guillaume Ier pense la guerre comme un processus dialectique.

Mais Moltke meurt en 1891, et son successeur désigné, Waldersee, est disgracié par le nouveau Kaiser, Guillaume II. Schlieffen, technicien empreint de théorie, perd de vue la dialectique. Il est fasciné par la bataille d'anéantissement, à laquelle il consacre de nombreux articles (publiés de 1907 à 1913 puis réunis sous le titre *Cannae*). Il entreprend aussi jusqu'en 1905 de mettre en application ses principes pour vaincre à l'ouest.

Le plan Schlieffen (concrétisé en une série de mémorandums et non comme un document « prêt à l'emploi ») repose sur l'hypothèse selon laquelle les Français vont chercher l'offensive sur la droite de leur dispositif, afin de reconquérir l'Alsace-Lorraine perdue en 1871. L'aile gauche allemande, faible, doit donc attirer à elle les assaillants, comme jadis le centre carthaginois. L'aile droite allemande se lancera alors dans un vaste mouvement qui, par le Luxembourg et la Belgique, enveloppera l'adversaire et entraînera la neutralisation de son armée. À la symétrie près (il n'y a qu'une aile enveloppante), il s'agit bien du stratagème tactique d'Hannibal, transposé à l'échelle stratégique.

Un échec faussement analysé

Ce plan en principe imparable est celui que Moltke, dit « le Jeune » (neveu du premier), devenu chef d'état-major, applique en 1914, bien qu'il le considère comme trop risqué. L'aura de Schlieffen est telle que nul n'ose remettre ses idées en cause. Mais comme l'aurait prédit Moltke l'Ancien, le stratagème ne résiste pas à la réalité. Conçu pour un paysage abstrait, dépourvu d'obstacles naturels ou militaires, le plan Schlieffen, dont le succès repose sur la rapidité d'exécution, est ralenti par le passage des fleuves, ainsi que par la résistance prolongée des places fortes belges. En outre, les Russes attaquent plus tôt que prévu, obligeant Moltke à alléger son aile enveloppante, en contradiction avec « l'esprit » de Cannes. Quant à l'aile « faible », au lieu d'attirer l'offensive française, elle résiste et contre-attaque ! Et le piège, éventé début septembre 1914 sur la Marne, va rouiller dans la boue des tranchées.

L'échec du plan Schlieffen, attribué aux seules erreurs de Moltke le Jeune, ne remet pas en cause la croyance dans le modèle de Cannes. « Grâce aux écrits de nos ennemis, nous savons à quel point nous avons approché, à plusieurs reprises, le succès final, en dépit de notre infériorité numérique, écrit en 1924 le général von Freytag Loringhoven*, ancien chef d'état-major, dans sa préface au *Cannae* de Schlieffen. La doctrine de l'annihilation n'est pas morte dans l'armée allemande. » De fait, le plan Schlieffen inspire toujours le plan originel d'invasion de la France en 1940, abandonné car tombé accidentellement aux mains des Français. Et l'ombre de Cannes plane encore sur la série de manœuvres en tenaille, inlassablement répétées (Minsk, Smolensk, Kiev, Viazma, Briansk, Kharkov…) pendant l'invasion de l'URSS en 1941, cherchant chaque fois – et manquant toujours – l'anéantissement de l'adversaire. Si la dimension du stratagème s'est estompée, l'idéal mécanique est demeuré une obsession. Jusqu'à la sclérose.

Ce que l'art militaire doit à l'Allemagne

Depuis l'avènement de la Prusse au XVIIIe siècle, les armées allemandes n'ont cessé d'innover, fournissant à leurs adversaires un modèle souvent copié, pas toujours égalé. Même si certaines de ces inventions tiennent plus de l'improvisation sur le tas que d'une véritable réflexion théorique.

Allgemeine Kriegsschule

Les réformes engagées par Scharnhorst en 1807 visent l'ouverture du corps des officiers à une nouvelle élite, choisie sur ses capacités intellectuelles. Cela suppose la mise en place d'un système cohérent d'enseignement assuré par l'État, au détriment de la formation individuelle par des précepteurs. Ce système comprend les trois Kriegsschulen (écoles militaires) de Berlin, Königsberg et Breslau, coiffées par l'Allgemeine Kriegsschule (Kriegsakademie ou académie militaire après 1859) à Berlin. On y entre par concours, les bourgeois ont ainsi leur chance face aux nobles. Le principe : si en temps de guerre, l'officier doit se distinguer par ses qualités morales, on ne peut en temps de paix assurer le recrutement qu'en vérifiant la culture générale et la formation intellectuelle des postulants. Les meilleurs élèves des Kriegsschulen peuvent accéder à l'Allgemeine Kriegsschule, qui dispense sur trois ans un enseignement mêlant culture générale, sciences de la nature, langues et matières proprement militaires. Les promoteurs du projet veulent former des officiers capables de penser par eux-mêmes. Avec le temps, cependant, l'enseignement se fait plus technique. Ainsi, en 1907, le second Moltke fait refondre les programmes au profit des seules matières jugées nécessaires à la formation de techniciens de la guerre. Pierre Jardin

Auftragstaktik

« À la guerre, écrit Clausewitz, les trois quarts des événements sur lesquels repose l'action sont plongés dans le brouillard d'une incertitude plus ou moins profonde. » Tout le problème est de savoir si l'on cherche à surmonter l'incertitude par un raffinement extrême du renseignement qui remonte à la tête, ou si l'on admet qu'elle est une donnée incontournable dont il faut s'accommoder. L'état-major allemand opte pour la seconde attitude. L'idée est que le chef fixe la mission (Auftrag) et laisse à l'exécutant le choix des moyens. Le terme d'Auftragstaktik apparaît tardivement, dans le Règlement tactique du général Otto von Moser, en 1889, mais le principe général a été posé par Scharnhorst et repris par Gneisenau ou Moltke l'Ancien. Quand il cherche à préciser le rôle du chef d'état-major, Scharnhorst définit une méthode de commandement qui sera la marque de l'armée prussienne : le chef doit donner des instructions qui laissent toute leur place à l'initiative et à l'autonomie de l'exécutant, mieux à même de saisir l'évolution de la situation sur le terrain. « Les plans doivent contenir tout ce que le subordonné ne peut décider par lui-même en vue d'obtenir un but précis, mais seulement cela, écrit Moltke. Les situations dans lesquelles l'officier doit agir en se fiant à son seul discernement sont variées. Ce serait prendre les choses à l'envers que de vouloir attendre des ordres dans des situations où des ordres ne peuvent être donnés. » Une telle doctrine suppose un corps d'officiers de haut niveau dont l'indépendance de caractère est encouragée. Car, selon Moltke, « la discipline est un principe, mais l'homme est au-dessus du principe ». Le prince Frédéric-Charles le rappellera à un officier jugé trop conventionnel : si le roi l'a fait officier d'état-major, c'était pour qu'il sache quand il doit ne pas obéir.

Pierre Jardin

Blitzkrieg

Blitzkrieg, guerre éclair… C'est probablement l'« innovation » la plus évidente, la plus citée. Et pourtant… Sa définition reste polysémique et ses origines sont mystérieuses. Parfois perçue comme l'application des principes nazis (innovation, soudaineté, violence, effroi) à la conduite de la guerre ou comme la dimension militaire du plan de conquête mondial voulu par Hitler, fait de campagnes courtes entrecoupées de pauses, elle est le plus souvent considérée comme une doctrine opérationnelle révolutionnaire où l'action combinée et concentrée des chars et des avions surprend l'ennemi, permet son encerclement et sa destruction rapide. En fait, la dimension idéologique, pure création de la propagande nazie, ne tient pas : mener des guerres courtes et rapides est un axiome depuis Frédéric le Grand. La dimension géopolitique ne résiste pas mieux. Soutenue par les historiens britanniques Klein et Milward, elle implique un plan dont on ne retrouve nulle trace chez Hitler. Il semble bien aujourd'hui qu'il s'agisse d'une fiction construite après coup, cherchant à donner une cohérence à des contraintes et des plans indépendants.

Reste la dimension opérationnelle. Si l'on suit l'Allemand Michael Geyer et l'Israélien Shimon Naveh, la Blitzkrieg est aussi un mythe doctrinal. Rien de théorisé là-dedans : il s'agit plutôt d'une simple expression de l'excellence tactique allemande, remise à l'heure des technologies modernes par quelques meneurs d'hommes opportunistes, Guderian et Rommel en tête. Combinée au plan Manstein – et à la faiblesse de l'adversaire français –, cette improvisation triomphante aboutit à Dunkerque en 1940. Mais en Russie et en Libye, la même tactique sans finalité opérative n'aboutit qu'à épuiser l'attaquant.

Nicolas Aubin

Cadets

Frédéric-Guillaume Ier crée en 1716 le Preussisches Kadettenkorps qui doit fournir une éducation aux enfants puînés de la noblesse. Ces derniers ne peuvent en effet hériter des terres familiales et se tournent donc vers le métier des armes. Par définition, on entre donc dans le corps des cadets lorsqu'on est fils de noble, les seules exceptions apparaissant en 1869 pour les fils de sous-officiers morts au combat ou de civils ayant rendu un service exceptionnel et périlleux à l'État. Peu généraliste, très tôt orienté vers une professionnalisation étroite, l'enseignement inculque à de jeunes garçons, dans le cadre plus que spartiate de véritables casernes, le culte du roi, le sens du devoir et le respect de la discipline. Entrés en général vers 11 ans dans le corps, les cadets en sortent à 17 ans après avoir passé un examen leur conférant le titre d'enseigne et leur ouvrant les portes de l'armée. Considéré par beaucoup comme un anachronisme, le corps des cadets est dissous en 1919.

Pierre Jardin

Coup de main aéroporté

Le 10 mai 1940, à 4 h 20, 9 planeurs contenant 69 paras allemands fondent silencieusement sur le toit désert du fort d'Ében-Émael, clé de la défense belge sur le canal Albert, et procèdent à la destruction systématique des coupoles et casemates, appuyés par les Stukas. Surpris, les 650 défenseurs, des artilleurs mal entraînés au combat d'infanterie, tentent de riposter, mais leurs efforts sont vains. Ignorant la faiblesse des assaillants, le fort capitule le 11 mai à 12 h 27. Parallèlement, trois autres commandos ont pris possession d'autant de ponts, ouvrant la voie aux chars. Ce beau succès, payé de 43 tués seulement, est le fruit des réflexions d'un vrai théoricien, le général Kurt Student, patron des paras depuis 1938. Son plan, mûri avec Hitler le 27 octobre 1939, a servi de modèle à toutes les opérations commandos aéro et héliportées montées depuis.

Pierre Grumberg

Défense en profondeur

Par principe, l'armée allemande est dressée à l'offensive. Mais le principe se heurte à la réalité lorsque, à partir de la fin 1914, les armées s'enterrent et organisent des fortifications de campagne. Des deux côtés, on commence par adopter le principe d'une défense maximale en première ligne, supposée briser une éventuelle attaque et éviter de perdre du terrain. Mais à partir de 1916, Ludendorff impose un système articulé en profondeur, constitué de deux lignes séparées par un profond glacis. Une première ligne faiblement occupée freine l'élan adverse et peut être abandonnée en cas de besoin. Le glacis lui-même, battu par l'artillerie disposée très en arrière, n'est tenu que par des groupes de combat mobiles ou des postes fixes d'infanterie séparés les uns des autres. Cette combinaison de moyens absorbe l'énergie de l'ennemi, tout en permettant de discerner la direction générale de son mouvement en vue de la contre-attaque. Celle-ci se déclenche lorsque l'ennemi aborde la seconde ligne ou « ligne de combat principal » (Hauptkampflinie), qui est moins une ligne qu'une zone où peuvent se déployer des troupes de choc. Ainsi, même dans la défensive, le principe offensif reste préservé.

Pierre Jardin

Feuerwalze

À partir de 1915, les artilleurs allemands testent un modèle de liaison entre l'artillerie et l'infanterie : le barrage roulant. Le bombardement massif, destiné à détruire à l'avance les positions ennemies, est abandonné au profit de tirs concomitants de l'attaque, pratiquement sans réglages. Le but est de paralyser l'ennemi par une série de rideaux de feu, déplacés automatiquement dans la profondeur du front adverse, selon un horaire minuté à l'avance, avec des allongements programmés de 200 à 400 mètres. L'infanterie suit au plus près, des plages d'arrêt, également préprogrammées, lui permettant éventuellement de serrer sur le barrage et de reprendre haleine. Au besoin, elle peut demander une accélération du rythme ou au contraire un ralentissement, voire un retour en arrière.

Pierre Jardin

Generalstab

Les déficiences du commandement révélées après le désastre d'Iéna en 1806 amènent les réformateurs groupés autour de Scharnhorst à reprendre la proposition faite en 1801 par le colonel prussien Massenbach : la création d'un état-major permanent. Un tel organe permettrait de regrouper les meilleures têtes de l'armée au sein d'un collectif chargé en temps de paix d'estimer les menaces et de préparer des plans d'opérations. Il jouerait en outre le rôle d'une pépinière fournissant aux différents chefs de corps des assistants chargés de les conseiller et de veiller à l'application d'une doctrine commune. L'idéal est une sorte d'« interchangeabilité », que le général Hans von Seeckt* résumera dans l'entre-deux-guerres en disant qu'un officier d'état-major « n'a pas de nom ». Mort en 1813, Scharnhorst ne concrétise pas le projet, créant simplement un embryon de bureau au sein de l'Allgemeine Departement du ministère de la Guerre qu'il dirige. C'est son disciple Karl von Grolman qui établit en 1814 la première structure : trois départements chargés de préparer une guerre contre un des adversaires potentiels de la Prusse (France, Autriche et Russie). Il crée aussi une section historique, élément essentiel de la formation des futurs officiers, et une section spéciale, le Truppengeneralstab, dont dépendent les officiers détachés auprès des chefs de corps et des divisions – l'organisme berlinois étant dès lors désigné sous le nom de Großer Generalstab (grand état-major), afin d'éviter toute confusion. Enfin, Grolman impose à ses Stäbler d'aller se retremper au contact de la troupe, tandis que de jeunes officiers sont détachés de leur unité à Berlin. Avec le temps, le Großer Generalstab s'étoffe d'une section de cartographie et d'une autre de renseignement, et se ramifie pour s'adapter aux priorités – l'importance de la planification des mouvements de mobilisation renforce ainsi en particulier le rôle de la 2e section qui en a la charge et celui de la section des chemins de fer. Il établit des liens organiques avec la Kriegsakademie, où ses membres enseignent. L'évolution la plus fondamentale est son émancipation progressive par rapport au ministère de la Guerre auquel il reste soumis jusqu'à Moltke l'Ancien. S'imposant par son talent stratégique comme conseiller militaire du roi, Moltke voit sa suprématie confirmée lorsque Guillaume Ier décide le 2 juin 1866 que les ordres concernant les mouvements de l'armée seront adressés directement aux commandants par le chef d'état-major. Ainsi le ministre de la Guerre s'éclipse-t-il devant un chef d'état-major devenu le personnage central du pouvoir militaire en Allemagne.

Pierre Jardin

Invasion aéroportée stratégique

Armés d'une doctrine aéroportée grâce au général Kurt Student, les Allemands appliquent dès le début de la Seconde Guerre mondiale l'enveloppement vertical afin de saisir des objectifs ponctuels, comme les aérodromes norvégiens et danois pris le 9 avril 1940. Les pertes sensibles déjà infligées par des défenseurs mal armés ne découragent pas Student de passer à l'échelon supérieur. Le 20 mai 1941, il lance 22 000 paras à l'assaut de la Crète. Fort mal défendue par les Britanniques, l'île tombe le 1er juin, mais les Allemands ont subi 30 % de pertes et perdu 151 avions de transport... Le prix payé pour cette indéniable victoire stratégique montre bien à Hitler les limites des ambitions paras. Il n'y aura pas d'assaut sur Malte, Gibraltar ou l'Irlande du Nord.

Pierre Grumberg

Kampfgruppe

D'un volume pouvant aller de celui d'une compagnie à quasiment celui d'une division, un Kampfgruppe (littéralement « groupe de combat » ; on traduirait aujourd'hui par « groupement tactique ») est la jonction temporaire d'unités d'armes variées sous un commandement unique, le temps d'accomplir une mission. Bien qu'ancien dans son esprit, ce n'est que dans les années 1930 que le concept du Kampfgruppe est réellement formalisé. L'innovation repose sur l'idée de constituer pour chaque mission l'unité la mieux adaptée pour la remplir, dans un esprit tant d'efficacité tactique que d'économie des moyens, seuls ceux nécessaires étant réunis. Cette approche « sur mesure » de la tactique s'avère, à l'usage, extrêmement efficace et joue à fond sur l'esprit de corps divisionnaire de la Wehrmacht pour transcender les rivalités interarmes : on appartient à telle unité avant d'appartenir à l'artillerie ou au génie. Bien que séduisant, ce concept se heurte cependant bientôt à des difficultés : réarticuler en pratique les dispositifs en cours de combat se révèle difficile. En outre, les Kampfgruppen exigent des cadres très bien formés, denrée de plus en plus rare à la fin de la guerre. Comme ses adversaires, dont les groupements tactiques interarmes sont souvent moins spécialisés, l'Allemagne doit délaisser l'optimum pour gagner en flexibilité. Pensés comme du sur-mesure, les Kampfgruppen deviennent alors du « prêt-à-porter », les divisions les créant une bonne fois pour toutes le temps d'une opération, en s'efforçant de les spécialiser sur une catégorie de missions : offensive, défensive, flanc-garde, etc. Benoist Bihan

Kriegsspiel

Lié au jeu d'échecs par ses origines lointaines, le Kriegsspiel (« jeu de guerre ») trouve sa forme en 1876 avec le modèle établi par le colonel prussien Julius von Verdy du Vernois. Deux partis (rouge et bleu), supposés manœuvrer des forces équivalentes (de l'ordre d'une brigade ou d'une division), s'affrontent au combat sur une carte ou un plan relief. L'unique règle du jeu est la liberté de décision, le but étant de cultiver chez les officiers la rapidité d'analyse et de réaction, en dehors des schémas préétablis. Instruits au préalable des données générales de la situation dans laquelle ils sont supposés se trouver, les deux partis reçoivent un ordre à exécuter, formulé de façon susceptible d'offrir plusieurs options. Chacun doit alors faire ses choix et rédiger ses ordres en conséquence, puis réagir aux mesures adverses. Pour finir, un arbitre dégage la conclusion. Les manœuvres sur le terrain sont un prolongement du Kriegsspiel, où l'on recherche le réalisme, en particulier lors des grandes manœuvres annuelles.

Pierre Jardin

Liaison directe sol-air

Si la Luftwaffe peut s'enorgueillir d'avoir enfanté un vrai théoricien génial, c'est bien de Wolfram von Richthofen* (1895-1945) qu'il s'agit. Lieutenant-colonel envoyé combattre en Espagne dans la légion Condor en novembre 1936, il y expérimente ses idées dès l'année suivante ; notamment celle d'intégrer aux états-majors franquistes des officiers de liaison de la Luftwaffe (Fliegerverbindungsoffiziere ou Flivos*), dotés de radios. Primitif, ce système est perfectionné à partir de 1940 : des véhicules radio spéciaux sont intégrés aux colonnes de Panzers afin de guider directement les frappes. Richthofen n'a pas tout inventé : la collaboration tactique air-sol est cohérente avec la doctrine édictée en 1935, qui encourage une guerre brutale, donc courte (toujours ce fantasme allemand...). En accélérant et fluidifiant le rythme des opérations, les Flivos jouent cependant un rôle clé dans les succès de 1940 et 1941. Mais faute d'avions en nombre suffisant et à cause de leur faiblesse logistique, les Allemands ne récolteront jamais totalement les fruits de leur innovation.

Pierre Grumberg

Ordre oblique

À Hohenfriedberg, en 1745, Frédéric II surprend les Autrichiens en renforçant l'une de ses ailes, tout en dérobant l'autre, volontairement affaiblie. Cette manœuvre, appelée « ordre oblique », a en fait été inventée par le général thébain Épaminondas à Leuctres en 371 av. J.-C. Peu réutilisé, l'ordre oblique a cependant été oublié... jusqu'à Frédéric, qui s'en fait une spécialité (elle lui obtiendra notamment le succès de Leuthen, remporté à 1 contre 2 en 1757). Lui seul dispose en effet à l'époque de l'audace, du coup d'œil et aussi de l'armée parfaitement entraînée et mécaniquement disciplinée capable de déployer une aile refusée sans se placer en position vulnérable.

Thierry Widemann

Pont aérien

Le 28 juillet 1936, deux trimoteurs Junkers* 52 de la Luftwaffe maquillés en avions civils décollent du Maroc pour Séville, inaugurant le premier pont aérien stratégique de l'histoire. Il s'agit en effet de faire franchir le détroit de Gibraltar, tenu par la marine espagnole loyale à la république, aux troupes marocaines, élite des troupes du putschiste Franco. L'opération « feu magique » (Feuerzauber), montée en quatre jours sur ordre d'Hitler, est une toute petite affaire : la vingtaine de Ju 52 (plus quelques avions italiens) s'usent vite à cause des sables d'Afrique du Nord, ne laissant qu'une poignée d'avions opérationnels. N'empêche, les 13 500 soldats chevronnés transportés jusqu'au 11 octobre (soit 180 soldats par jour en moyenne) contribuent à sauver la cause franquiste en péril, au prix d'un unique avion accidenté. Le pont aérien, que le général Arnold*, futur commandant en chef de l'aviation américaine, considérera comme la principale innovation de l'aviation militaire de l'entre-deux-guerres, tient plus au brillant talent d'improvisation allemand qu'à la réflexion théorique.

Pierre Grumberg

Panzergrenadier

Dès l'origine, l'armée allemande a su considérer le combat blindé comme un tout exigeant des unités interarmes mécanisées, héritières blindées des Sturmtruppen (troupes d'assaut) de la Première Guerre mondiale. C'est dans le domaine de l'infanterie que cette intégration se révèle la plus aboutie. Connues à partir de 1942 sous le nom de Panzergrenadieren (« grenadiers blindés »), les unités d'infanterie mécanisées de la Wehrmacht font partie intégrante de l'arme blindée. Dotées de semi-chenillés blindés, elles opèrent de concert avec les chars dans les mêmes espaces de combat, et surtout doivent se battre au maximum à partir de leurs véhicules, ne mettant le pied à terre que pour saisir leurs objectifs. Novateur lors de sa mise en place en 1937, ce concept se heurte cependant aux limites des capacités industrielles allemandes. Jusqu'à la fin de la guerre, à l'exception de quelques unités d'élite, pas plus d'un bataillon « mécanisé » sur quatre ne sera en fait doté de semi-chenillés, le reste se déplaçant en camion, ou, pis, à vélo à partir de la fin 1944. Le plagiat étant aussi une forme d'hommage, le concept sera cependant copié après 1945 par l'immense majorité des armées.

Benoist Bihan

Stoßtruppen*

La guerre de positions qui figent les fronts fin 1914 impose de créer des troupes spécialisées dans la reconnaissance en profondeur du dispositif ennemi ou dans la rupture pour ouvrir la voie à une attaque. Dans l'armée allemande, la première unité de ce type, formée de deux compagnies de pionniers, voit le jour en mars 1915. Au printemps 1916, elle donne naissance à un bataillon spécialement entraîné pour les attaques surprises, le « Sturmbataillon Nr. 45 (Rohr) », prototype et unité d'instruction de 15 nouveaux bataillons. En 1917, le haut commandement généralise ces unités qui comprennent quatre compagnies d'infanterie, une compagnie de pionniers, une compagnie de mitrailleuses, une section de Minenwerfer, une section de lance-flammes et une batterie de mortiers. Indépendamment des armes de poing et grenades, les hommes disposent d'armes automatiques, et les pièces lourdes sont démontables pour pouvoir être portées avec leurs munitions par deux ou trois hommes. Cette complémentarité donne une formidable puissance de feu. La cohésion et l'efficacité des unités sont dues à un entraînement poussé, une discipline parfaite, une très bonne connaissance du terrain, une préparation méticuleuse des entreprises, une grande rapidité dans l'action et, enfin, une tactique fondée sur l'infiltration en profondeur. Fer de lance de l'armée de Ludendorff dans la grande bataille de France en 1918, les Stoßtruppen y jouent parfaitement leur rôle. Elles constituent le modèle des troupes spéciales que toutes les armées développeront par la suite.

Pierre Jardin

Les officiers, une caste en dehors de l'État

propos recueillis par Pierre GRUMBERG

Ses victoires, l'armée prusso-allemande les doit à un corps d'officiers remarquablement formé et compétent, mais victime d'une grave cécité stratégique. Pourquoi ? Parce que cette caste de professionnels de la guerre, jalouse de ses privilèges et de ses intérêts, a toujours échappé au contrôle de l'État, explique l'historien Pierre Jardin.

PIERRE GRUMBERG. — Le corps des officiers prussiens, puis allemands, a vécu depuis ses origines et jusqu'à la Seconde Guerre mondiale une existence à part. Pourquoi ?

PIERRE JARDIN. – La réponse tient en partie à ses origines. Tout démarre entre 1640 et 1688 avec le Grand Électeur de Brandebourg, Frédéric-Guillaume, l'arrière-grand-père de Frédéric II. Dans l'Allemagne d'alors, ravagée par la guerre de Trente Ans, les structures politiques ont explosé et les souverains n'ont plus guère de pouvoir. Pour rétablir son autorité et reconstruire l'unité du territoire, Frédéric-Guillaume s'appuie sur la noblesse en lui proposant un contrat. Si celle-ci s'engage à assumer des charges administratives et militaires, elle bénéficiera d'une propriété inaliénable, transmise par primogéniture. Le Grand Électeur invente aussi pour les cadets de famille un Kadettenkorps, où son petit-fils Frédéric-Guillaume Ier (1713-1740) va puiser les officiers de la puissante armée qu'il organise. La carrière militaire devient une fonction naturelle pour les enfants de la noblesse.

Y a-t-il une autre filière pour devenir officier ?

Frédéric II le dit lui-même : « Être officier, c'est être noble. » Et il exclut toute autre source de recrutement. Ces origines impliquent le partage des valeurs et vertus nobiliaires classiques : sens de l'honneur, courage, dévouement au roi. Elles ont également un sens religieux, au sens protestant. Le *Beruf* – la profession –, c'est aussi, littéralement, un appel à remplir une mission indiquée par le doigt de Dieu.

Et pourtant, ce corps idéal va s'écrouler en 1806…

À Iéna, Auerstaedt et dans la campagne qui suit, le corps des officiers prussiens se révèle au-dessous de tout. Cet effondrement physique et moral aboutit à une crise grave à laquelle le roi Frédéric-Guillaume III (1797-1840) s'efforce de remédier. Il confie alors une commission de réforme de l'armée à un militaire brillant, mais roturier et pas même prussien, Scharnhorst.

Quels sont les remèdes que propose Scharnhorst ?

Pour lui, tout le problème vient de ce que « la Prusse n'est pas un peuple avec une armée, mais une armée avec un peuple ». Il faut donc renouer le lien entre nation et armée qui fait la force de l'armée française. Appuyée par August von Gneisenau, lui-même catholique d'origine autrichienne, la réforme aboutit à l'armée nouvelle qui reprend la lutte en 1813. Une armée de revanche, formée à l'aide de corps francs et de milices populaires, où l'on constate bientôt qu'un bon officier n'est pas nécessairement d'extraction nobiliaire. Pour la noblesse, c'est la menace de voir son statut social remis en cause, et elle va défendre ses positions. L'Offizierkorps va donc évoluer de façon dialectique, entre l'armée nationale voulue par Scharnhorst et l'élitisme nobiliaire.

Comment les nobles s'y prennent-ils ?

L'officier qu'envisage Scharnhorst possède des qualités militaires classiques – courage, coup d'œil, sens de la décision… –, doublées d'une formation intellectuelle : il doit avoir assimilé des matières abstraites, comme les mathématiques, mais aussi l'histoire, la philosophie… L'ennui est que la vraie sélection s'effectue toujours par cooptation, au sein des régiments, où la noblesse reste maîtresse.

Il existe pourtant de nouvelles filières…

Il est désormais possible de devenir enseigne en faisant montre de qualités intellectuelles, puis officier par le biais d'écoles préparatoires, les Divisionschulen. Mais cette filière concurrence celle des écoles de cadets. En pratique, la bourgeoisie va dominer les armes savantes – artillerie, génie – où la maîtrise des maths est indispensable. Les armes classiques – infanterie et surtout cavalerie – restent l'apanage des nobles. À de très rares exceptions, seuls ces derniers accèdent aux régiments de la Garde, l'élite qui permet d'obtenir les postes importants.

La bourgeoisie tente-t-elle de réagir ?

Non. Elle adhère au système par osmose. Les officiers bourgeois se laissent gagner par les rituels, la tradition, l'esprit de corps… À la fin du XIXe siècle, le corps des officiers reste coupé de la nation : Scharnhorst a échoué dans son ambition première.

Les gouvernements ne tentent-ils pas de démocratiser le recrutement ?

Tout le problème est que l'armée est séparée de l'État par le droit ! Jusqu'à la réforme constitutionnelle du 28 octobre 1918 qui soumet le ministre de la Guerre au Reichstag, elle échappe totalement au contrôle parlementaire. Le Kommandogewalt, le privilège du commandement, n'appartient qu'au souverain. Le roi (puis l'empereur) confie à son cabinet militaire la gestion des promotions, ce qui joue généralement dans le sens de la tradition.

À travers le système de formation, Scharnhorst a tout de même en partie réussi son objectif de faire de l'officier un intellectuel capable de réfléchir.

En partie seulement. Moltke l'Ancien est certes un véritable humaniste qui va à l'opéra, au musée, parle trois langues, écrit… Mais avec le temps, les matières considérées comme « non nécessaires » passent à la trappe. Ainsi, l'enseignement de l'histoire se limite seulement à l'histoire militaire ou celle des fortifications ; on ne propose plus de vision globale propre à ouvrir l'esprit. Ludendorff se vantera ainsi plus tard de n'avoir jamais ouvert un livre traitant d'un sujet autre que militaire. Cette sclérose va faire progressivement de l'officier allemand un pur technicien.

La Grande Guerre engendre-t-elle une remise en cause ?

Le problème en 1914 est de multiplier par dix une armée de 400 000 hommes encadrée par des officiers de carrière. La démocratisation s'impose donc, et se révèle efficace, comme en 1813. Rapidement formés, les officiers d'origine bourgeoise assurent le commandement direct au combat et le maniement des armes savantes. Là-dessus interviennent le désastre de 1918 et le traité de Versailles : la Reichswehr se limite à une force de 100 000 hommes, dont 8 000 officiers ! Cette contraction va jouer au profit de la vieille caste : les officiers issus du front sont pratiquement éliminés.

Le gouvernement ne perçoit-il pas les risques ?

Tous les gouvernements de Weimar veulent revenir sur le traité de Versailles et reconstituer une armée à partir du noyau de la Reichswehr : autant disposer dans ce cas de vrais « pros ». Et puis on leur a inculqué dès l'école le respect du corps des officiers.

Quelle va être l'attitude d'Hitler face au corps des officiers, dont il n'est pas issu ?

Il a besoin de la Reichswehr et ne touche pas à ses privilèges. Il lui sacrifie même ses SA. En échange, il obtient son soutien et son ralliement au régime. Ce qui n'est pas étonnant. Les nazis incarnent les traditions nationales, ils veulent retourner dans le concert des puissances européennes, abattre le traité de Versailles. Et cela plaît aux officiers, même s'il y a des réticents.

C'est Hitler qui, finalement, établit le contrôle politique des officiers…

Oui. Le service militaire est redevenu obligatoire en 1935, et la démocratisation intervient à travers le nombre. Beaucoup de nazis entrent à ce moment-là dans l'armée, qui se politise nettement, surtout au niveau des jeunes officiers. Et à l'échelon supérieur,

Hitler remplace les officiers de l'ancienne caste, dont il se méfie, par des roturiers, les Keitel, Jodl, Rommel, Model, Reinhardt, Schörner…

La vieille caste ne réagit que rarement : il faut attendre l'attentat du 20 juillet 1944…

Si certains officiers sont réticents face au nazisme, ils se taisent : comment s'opposer, en tout cas au début, à un chef toujours victorieux ? Il faut attendre 1944 pour que les vieux professionnels de l'ancienne caste réalisent enfin que la guerre est perdue. À Berlin, dans le Bendlerblock, là où Stauffenberg* et ses camarades ont été exécutés, la plaque qui porte les noms des conjurés énumère le gotha de l'armée prussienne. Cela n'a pas été facile pour eux, car ils avaient prêté serment de fidélité au Führer. Après cela, il n'y a plus que des durs. Et il faut souligner que, bien qu'ils aient eu des réticences vis-à-vis d'Hitler, les officiers allemands se sont battus jusqu'au bout. Comme des lions.

Comment perdre les guerres mondiales

par Benoist BIHAN

N'en déplaise à ses admirateurs, l'armée allemande a perdu les deux plus grandes guerres de l'histoire. Les limites de l'art et de l'outil militaire germaniques s'y révèlent alors d'autant plus fatales qu'elles s'aggravent mutuellement, sans être compensées par une intelligence stratégique à la hauteur de l'épreuve.

Pensée militaire : l'obsession de la bataille décisive

Après 1918 comme après 1945, les généraux allemands ont su se défausser de leurs défaites, les justifiant par des facteurs extérieurs : le « coup de poignard dans le dos » en 1918 et la responsabilité personnelle et unique d'Hitler en 1945. Pure malhonnêteté intellectuelle ! Si d'autres causes profondes de ces défaites invoquées par les généraux semblent moins contestables, comme l'absence de volonté politique à trouver une issue rapide au conflit ou la disproportion des ressources et des alliances, l'allégation de *victoires perdues* ne résiste pas à l'analyse. En fait, les deux faillites de l'Allemagne sont d'abord celle de son art militaire : si c'est en dernier ressort par le choc des armes que se décident les guerres, c'est bien là que l'Allemagne les a perdues.

Le bon outil pour la mauvaise guerre

L'armée allemande, celle de 1914 à tout le moins, est certainement la mieux préparée techniquement et tactiquement au combat de son époque. Coordination des armes, formation des cadres et des hommes, compréhension de l'effet des armes modernes et intégration de celles-ci dans la conduite du combat sont meilleures au sein de la Kaiserheer, l'armée de terre impériale, que chez ses adversaires – ou ses alliés. Cette excellence technique se maintient pendant l'entre-deux-guerres, où la Reichsheer*, grâce à son faible volume, peut entraîner ses hommes à un niveau de compétence inégalé. Après une baisse de qualité entre 1937 et 1940, due à l'expansion trop rapide de la Wehrmacht consécutive à son réarmement, l'excellence technique et tactique est de retour en 1941 pour l'opération « Barbarossa ». Constat identique dans la marine, excellente techniquement en 1914-1918 et en 1939-1945, ainsi que dans l'aviation dont les pilotes n'ont rien à envier à leurs adversaires, au moins jusqu'en 1943. Ce degré élevé de compétence technique masque cependant l'essentiel : sa légitime obsession pour l'excellence tactique a fait de l'armée allemande de la première moitié du XXe siècle un formidable outil... pour remporter les batailles du XIXe siècle.

Si la tactique joue en effet un rôle majeur dans le succès militaire, il ne suffit plus d'avoir un système de bataille pour l'emporter dans les campagnes modernes, pour ne rien dire des guerres : à partir du moment où les nations sont susceptibles de mobiliser l'ensemble de leurs forces vives, tant humaines qu'industrielles et financières, celles-ci sont en mesure d'alimenter en permanence le combat. Il devient ainsi extraordinairement difficile d'anéantir l'armée adverse en rase campagne pour désarmer l'adversaire et le conduire à la reddition.

Une stratégie à courte vue

Ce changement majeur, l'armée allemande refuse de le comprendre avant 1914, à l'instar, il est vrai, de la totalité de ses adversaires : comme leurs homologues français, britanniques, autrichiens et russes, les penseurs militaires allemands s'emploient trop à éviter une guerre longue, assimilée à une véritable apocalypse autant humaine – les pertes étant à juste titre estimées colossales – qu'économique, mais aussi sociale et politique. La crainte est tellement prégnante que tout conflit long n'entraîne un effondrement des sociétés européennes – voire de la « civilisation » – que les professionnels de la guerre se refusent à considérer autre chose qu'une guerre courte. Ce faisant, ils s'efforcent d'adapter aux armées modernes des méthodes de conduite des opérations d'un autre âge : en Allemagne, celle-ci prend la forme d'une « bataille totale » (Gesamtschlacht) continentale, passée à la postérité sous le nom de plan Schlieffen. La guerre, dans cette perspective, se résume alors à une séquence stratégique unique d'anéantissement, une Vernichtungsstrategie – mobilisation / déploiement / Gesamtschlacht – devant mener à l'enveloppement de l'armée ennemie suivi de sa reddition ou de sa destruction.

Cette séquence, à répéter contre chaque adversaire, constitue l'alpha et l'oméga de l'art militaire allemand.

L'ennui est qu'entre le déploiement des troupes et la fin des hostilités, les méthodes de conduite des opérations demeurent fondamentalement inchangées depuis 1870. Une fois le combat engagé, celui-ci est conçu comme un tout (Gesamt) : il n'existe aucune solution de continuité entre les différentes actions militaires conduites d'une aile à l'autre de l'armée. C'est la force, le flot du mouvement qui doivent emporter la décision. Que ce flot s'interrompe cependant, en raison des actions de l'adversaire ou par effondrement logistique, et c'est la catastrophe : en septembre 1914 sur la Marne, par l'attaque opportune de Joffre, ou en novembre 1941 devant Moscou, à cause d'un étirement logistique devenu excessif.

Voilà bien le défaut majeur de l'art militaire allemand : pensé tout entier en fonction de la bataille, il montre ses limites dès lors qu'il faut s'inscrire dans la durée. Ainsi, une fois la séquence stratégique unique mobilisation / déploiement / enveloppement-destruction passée, l'armée allemande, qu'il s'agisse de celle de Guillaume II ou de celle d'Hitler, peine à s'adapter. Il lui faut ainsi près d'un an et demi, entre la fin de la « course à la mer » d'octobre 1914 et Verdun en février 1916, pour envisager le simple maintien du front en vue d'un combat d'usure qu'aucun camp ne peut remporter. À l'attaque de Verdun ou en résistant sur la Somme en 1916, la Kaiserheer démontre que, en deux ans de guerre, elle n'a pas repensé ses méthodes offensives et défensives, conduisant à des pertes considérables pour un résultat nul. Cette incapacité à changer se manifeste dans la même lignée en 1942 à Stalingrad, où la Wehrmacht continue d'attaquer jusqu'au-delà de ses capacités logistiques – et subit un revers d'autant plus grave que l'adversaire soviétique s'est, lui, incroyablement adapté en un an.

La logistique, groß malheur…

La doctrine stratégique reste-t-elle donc immobile ? Pas totalement : entre 1916 et 1939, la Gesamtschlacht passe bien de deux à trois temps – d'enveloppement-destruction à percée-enveloppement-destruction – et sa logique évolue vers un processus d'optimisation des effets de destruction des armements dans le cadre d'un opportunisme tactique (la manœuvre stratégique dépendant désormais des résultats tactiques). Il ne s'agit cependant que d'un raffinement du même dogme.

Lorsque celui-ci échoue, l'Allemagne est condamnée à la défensive stratégique, faute de savoir – ou de pouvoir – faire autrement. Et les faiblesses structurelles de forces armées entraînées, organisées et équipées en fonction d'une unique forme d'opération apparaissent alors au grand jour, en même temps qu'elles soulignent les limites intellectuelles de l'art militaire germanique.

Incapable de s'inscrire dans la perspective d'un conflit long, la pensée allemande néglige assez logiquement ce qui fait durer l'effort, à commencer par la logistique de théâtre. Les Allemands improvisent en permanence le redéploiement de réserves qui sont plus tactiques (locales) qu'opératives (à la dimension d'un front) : une division d'infanterie par-ci, une Panzerdivision par-là, un groupe de bombardiers ou de chasse ailleurs… Et encore ce redéploiement n'est-il possible que si l'adversaire néglige d'agir en profondeur. Que l'aviation de bombardement frappe les nœuds logistiques, que les convois de ravitaillement soient menacés, qu'une percée subite désorganise les arrières et la défense s'effondre, comme en 1918 en France ou un peu partout au début de l'année 1944. Le soldat allemand subit alors le rythme qui lui est imposé, jusqu'à la fin, même si son efficacité tactique et technique lui permet d'infliger des pertes terribles.

Qu'il ait fallu autant de temps pour en finir prouve simplement que les adversaires de l'Allemagne n'étaient pas non plus parfaits, et souligne le rôle déterminant des capacités logistiques ; que rien, côté allemand, ne soit venu, même brièvement, renverser le reflux révèle les limites tant opératives que stratégiques du Reich : technocrates de la guerre, les chefs allemands n'ont jamais réussi à l'envisager dans une autre dimension que celle du combat.

Effort de guerre : les mauvaises priorités

Il serait exagéré de dire que la notion d'effort de guerre naît avec la Première Guerre mondiale. L'affrontement naval entre France et Angleterre au XVIIIe siècle est gagné par cette dernière avant tout parce qu'elle n'a besoin d'entretenir qu'une armée de terre minimale. Les guerres napoléoniennes sont autant affaire d'opérations militaires que de lutte entre ressources économiques, financières, humaines et matérielles. La guerre de Sécession (1861-1865), elle, fait apparaître pour la première fois l'importance de l'industrie pour la victoire finale. Si la notion de Materialschlacht (littéralement « bataille du matériel ») n'est donc pas neuve, elle tarde cependant à s'imposer dans la stratégie allemande.

Ces réticences tiennent certes au refus initial, tant en 1914-1918 qu'en 1939-1945, de mobiliser toutes les forces vives de la nation, choix qui découle des orientations stratégiques fondamentales des élites militaires et politiques allemandes, à commencer par le refus d'envisager autre chose qu'une guerre courte. Mais même une fois la décision prise de s'engager à fond, l'effort de guerre allemand demeure moins efficace que celui de ses adversaires. La raison tient à une conduite déficiente de l'effort de guerre dans les trois domaines clés que sont la recherche et le développement (R & D) technologiques, les choix de conception des matériels, et enfin la gestion de la production industrielle.

La technologie comme fin en soi

Les priorités en matière de R & D et la manière d'articuler recherche fondamentale, industrie et états-majors sont les clés de la conduite d'un effort de guerre moderne. Il s'agit d'introduire le matériel le plus adapté au bon moment, mais aussi de s'assurer que l'ensemble des outils technologiques à disposition demeurent compétitifs par rapport à ceux de l'adversaire. Or, l'Allemagne ne brille guère sur ces deux points.

Pourquoi ces faiblesses ? En 1914-1918, la faute en revient surtout à l'état-major. Conservateur dans ses choix technologiques, il n'encourage pas – contrairement aux Français ou aux Britanniques – des développements susceptibles de transformer le combat interarmes. Trop bons tacticiens, les Allemands estiment pouvoir se passer des chars. En outre, si cuirassés, sous-marins et avions sont aussi bons (voire temporairement meilleurs) que ceux des adversaires, la tendance est déjà manifeste à rechercher la performance technologique pour elle-même. C'est notable en particulier dans l'artillerie, où l'on multiplie, en dépit d'une piètre utilité militaire, les canons lourds sur voie ferrée type Paris Kanonen* – une course à la monstruosité que l'influence nazie poursuivra jusqu'au ridicule… Mais, de 1933 à 1945, le problème de la R & D allemande est surtout son caractère désordonné, déstructuré : les efforts sont menés sans priorité, et surtout en ordre dispersé.

La faute en revient à l'incapacité de l'Allemagne à concevoir correctement ses matériels. Pour qu'un effort de recherche appliquée soit efficace, encore faut-il fixer au bon endroit le curseur de la performance recherchée. Or, dès que l'Allemagne surmonte le conservatisme technologique initial du grand état-major après 1917, ce curseur ne cesse de monter jusqu'à aboutir, sous le IIIe Reich, à un vrai culte de la performance. Certes, prompt à succomber à l'attrait des « armes miracles » et persuadé que la suprématie de ses armes reflète la supériorité supposée de la « race aryenne », Hitler aggrave cette tendance. Mais il serait trop facile de lui imputer les ambitions excessives introduites dans le cahier des charges des chars Panther* et Königstiger, des avions à réaction Me 262 et Ar 234, des U-Boote type XXI*.

Gagner un combat, perdre la guerre

Logique avec elle-même, l'armée allemande s'équipe d'armements accordés avec sa doctrine : à terre, dans les airs, sur ou sous les mers, les armes sont destinées à livrer et gagner une seule et unique « Gesamt-Materialschlacht » – la supériorité des armes doit se combiner à celle des tacticiens pour obtenir la décision finale dans un gigantesque processus, limité dans le temps, d'optimisation des moyens de destruction. Sans penser au lendemain, l'industrie s'épuise donc à fournir des matériels complexes, impossibles à produire en nombre par manque d'une main-d'œuvre qualifiée (appelée au front) et du fait de délais de fabrication trop longs – aggravés par des méthodes souvent plus artisanales qu'industrielles et, surtout, par manque de matières premières rares nécessaires aux engins de haute performance. Dans un Reich enclavé et soumis au blocus, le tungstène pour obus antichars ou le nickel pour les aciers viennent à manquer, avec des conséquences immédiates sur la qualité : en 1944-1945, les blindages des chars allemands, en alliages de substitution, deviennent cassants. Ces choix mal avisés entraînent aussi la production d'engins neufs au détriment de pièces détachées, avec les conséquences que l'on peut imaginer sur les taux de disponibilité, etc.

Non seulement l'industrie allemande est victime de la qualité excessive des matériels attendus d'elle, mais elle est en outre handicapée par l'incapacité du gouvernement à rationaliser la production. Là où les États-Unis, la Grande-Bretagne ou, en 1914-1918, la France optimisent leur production autour d'un modèle donné de char ou de camion, et l'organisent pour garantir que, lorsqu'il existe des doublons, ceux-ci renforcent l'efficacité de l'ensemble (en cas par exemple de problèmes sur un modèle donné), l'Allemagne, qui ne dispose pas, répétons-le, de la même capacité de production, met en concurrence de nombreuses firmes pour la réalisation de prototypes, la production d'appareils de série et de sous-ensembles comme les moteurs. Au point culminant de cette gabegie, en 1943, l'industrie aéronautique fabrique 425 types et variantes d'avions, et la Wehrmacht aligne 151 types de camions et 150 de motos : un cauchemar pour des logisticiens déjà fort mal lotis.

Une industrie récalcitrante : la planification

La cause principale de la dispersion industrielle tient à deux facteurs surprenants. D'abord, les interférences des militaires envoyés dans les usines et qui ne cessent de réclamer des modifications de détail pour coller aux demandes du front. Ensuite, et de façon d'autant plus étonnante que l'Allemagne des deux guerres est régie par un État autoritaire, le gouvernement ne parvient pas entièrement à soumettre l'industrie à une planification cohérente. Cela s'explique justement par l'autoritarisme du régime et sa structure féodale, encore aggravée par le nazisme : les barons de l'industrie allemande tiennent des fiefs qui sont autant de groupes de pression, et ils parviennent à préserver jusqu'au bout leurs prérogatives. Contrairement aux démocraties qui, au nom de la primauté de l'intérêt national, préemptent les « intérêts du capital » (pour ne rien dire de l'URSS…), l'Allemagne reste le jouet d'intérêts de castes rivales, le « grand capital » allemand étant, en 1914-1918, l'allié des militaires, puis, à partir de 1933, celui des nazis, pour mieux préserver ses privilèges.

Stratégie : l'escalade sans les moyens

Si l'Allemagne a bien été battue en 1918 comme en 1945 par les armes, ces défaites marquent non seulement les limites d'un art militaire mais aussi le symptôme d'une faillite de sa stratégie d'État. Reposant sur l'emploi exclusif de la force armée pour garantir, par le désarmement de tous ses adversaires possibles, l'obtention de ses objectifs politiques intérieurs comme extérieurs, Berlin se heurte pendant les deux guerres à une succession d'échecs, sans autre réponse qu'une escalade systématique.

Ainsi, à l'automne 1914, l'échec sur la Marne de la bataille décisive prend l'Allemagne au dépourvu. Il faut plus d'un an au haut commandement – le gouvernement n'étant vu que comme un fournisseur de moyens – pour concevoir une nouvelle stratégie. Pas question de renoncer à l'emploi de la force : il s'agira cette fois d'atteindre le « moral » des Français, jugé proche de rompre. L'attaque sur Verdun qui résulte de cette nouvelle approche échoue encore et conduit à un nouveau vide stratégique. Non seulement la France n'est toujours pas battue à l'ouest, mais l'armée russe, à l'est, contre-attaque avec succès en 1916, en dépit de deux années de revers sévères.

Faute de solution, les Allemands surenchérissent : la guerre sous-marine devient illimitée en février 1917, puis la société allemande entière est militarisée afin de préparer les offensives dites « de la victoire » en France au printemps et à l'été 1918, avec un piètre résultat. La conception de celles-ci ne va toutefois pas au-delà de la percée initiale : c'est le déchaînement des forces qui doit obtenir par lui-même la décision, la percée devenant un objectif en soi.

Une surenchère futile et irréaliste

Ainsi, de l'armée ennemie à son commerce, des populations civiles (Londres et Paris sont bombardés) à son tissu social (le haut commandement allemand aide les révolutionnaires russes), le catalogue des « cibles » légitimes ne cesse de se rallonger et la stratégie allemande vise des buts de plus en plus ambitieux… Sans comprendre que cette escalade dans la violence épuise les ressources en les dispersant et renforce celles de ses adversaires : ainsi, la guerre sous-marine illimitée, destinée à étouffer le Royaume-Uni, précipite l'entrée en guerre des États-Unis !

Pourtant, le haut commandement allemand n'en a cure. Plutôt que de regarder en face l'échec des solutions militaires et la dimension autodestructrice de l'escalade, Berlin dénigre la réalité et s'obstine à rechercher la victoire à tout prix. En ramenant brutalement sur terre les décideurs civils et la population, l'échec des « offensives de la paix » du premier semestre 1918 en France fait s'effondrer le régime impérial, et la défaite militaire consacrée par l'armistice met fin, un temps, à l'escalade.

L'entre-deux-guerres marque un retour temporaire à la vision d'avant 1914, mais la Reichswehr n'a pas les moyens de ses ambitions. L'accession d'Hitler au pouvoir en 1933 et le réarmement à partir de 1935 semblent offrir enfin aux généraux la possibilité de renouer avec les projets de Schlieffen, d'autant plus facilement que la Russie, devenue URSS, est désormais considérée comme isolée politiquement d'un conflit européen. Le réarmement annonce une déception cruelle pour les chefs de la nouvelle Wehrmacht.

L'une des raisons du déclenchement des hostilités en 1914 avait été la prise de conscience par les chefs allemands que le temps jouait contre l'Allemagne dans le domaine des équilibres militaires. L'industrialisation de la Russie, en particulier, menaçait de faire définitivement pencher la balance en faveur de l'Entente. Plus de vingt ans après, leurs successeurs doivent se rendre à l'évidence : les efforts de réarmement ne permettent pas de compenser un déséquilibre des forces de plus en plus accentué en cas de conflit généralisé. Comme en 1914 – où l'entrée en guerre avait été préférée à la recherche d'une autre solution au problème du déséquilibre des forces –, la réponse de l'Allemagne sera la fuite en avant.

Un escalier vers l'abîme

Pour Hitler, les deux objectifs politico-idéologiques d'une hégémonie allemande sur l'Europe (particulièrement la conquête d'un « espace vital » à l'est) et d'une « régénération de la nation et de la race allemandes » exigent de conduire une guerre dont les finalités n'ont rien à voir avec les ambitions autocentrées de ses généraux. Là où ces derniers cherchent la victoire militaire – presque comme une ambition de carrière –, le Führer veut une guerre de conquête et d'extermination. En novembre 1937, Hitler force ses généraux à constater l'impossibilité d'atteindre par des moyens conventionnels une position militaire dominante en Europe. Pour échapper à l'impasse, et faute d'autre solution compatible avec leur conception strictement militaire de la stratégie, Hitler leur propose de s'engager dans un projet de transformation radical de l'ordre européen. Plutôt que d'accepter les limites de la force armée, les généraux allemands choisissent alors de la mettre pleinement au service du Führer.

Tout en faisant disparaître toute possibilité d'opposition sérieuse au nazisme en Allemagne, ce choix coupe une nouvelle fois la stratégie allemande des réalités stratégiques. Les succès initiaux de l'opportunisme stratégique d'Hitler en Europe centrale – annexion (Anschluß) de l'Autriche en mars 1938, puis celle des Sudètes, démembrement de la Tchécoslovaquie en 1938-1939 – achèvent de convaincre l'Allemagne et ses chefs militaires de la validité de la solution stratégique proposée par Hitler. Mais chaque nouveau pas en avant, s'il donne l'illusion du succès, accroît en fait les dangers : après Munich*, le démembrement complet de la Tchécoslovaquie conduit à une première escalade, avec la garantie donnée par le Royaume-Uni et la France à la Pologne. L'invasion de celle-ci déclenche la Seconde Guerre mondiale, et l'escalade stratégique s'accélère.

L'Angleterre s'obstine toujours

Après la conquête de la Pologne, l'Allemagne espère un temps que son nouvel opportunisme politico-militaire lui permettra de renouer avec son approche classique de la stratégie, reposant sur l'emploi de la force armée : la défaite de la Pologne permet en effet la concentration des moyens militaires allemands sur un seul front, l'Ouest, et la défaite de la France semble confirmer leur efficacité retrouvée. Le refus politique du Royaume-Uni de céder et de faire la paix fait cependant s'effondrer cette illusion, et, comme après l'échec du plan Schlieffen en 1914, la stratégie allemande est en panne. Hitler répond à ce vide en grimpant une nouvelle marche : la guerre, initialement menée pour refaçonner l'ordre européen, doit désormais accoucher d'un nouvel ordre mondial, dont l'avènement résultera de l'annihilation de l'URSS, suivie de l'instauration d'une hégémonie continentale eurasiatique de l'Allemagne, prolongée par l'allié japonais en Asie.

L'invasion de l'URSS en juin 1941 est l'aboutissement de cette escalade, mais, comme en 1917-1918, la stratégie allemande porte en elle les germes de son échec. L'accroissement permanent de l'enjeu rassemble contre l'Allemagne plus de forces qu'elle n'est capable d'en affronter. En transformant par deux fois une guerre européenne en conflit mondial, la stratégie allemande aboutit à une faillite apocalyptique payée d'un prix terrible. Que l'Europe n'a toujours pas fini de rembourser.

Quand les vaincus écrivent l'histoire

par Nicolas Aubin

« Pourquoi les gens font-ils une fixette sur des militaires allemands qui n'ont pas gagné une guerre depuis 1871 ? », s'étonne le romancier américain Tom Clancy. La réponse se trouve dans une escroquerie historique, qui a permis à la mémoire des vaincus de 1945 de devenir un totem adulé par ses vainqueurs. Comment ce mythe de l'excellence militaire allemande s'est-il construit ?

Été 1946, zone d'occupation américaine, Allemagne du Sud. Le colonel Potter et son équipe de l'Operational History (German) Section interrogent des milliers d'officiers capturés. La mission de Potter : améliorer l'efficacité de l'US Army en tirant profit de l'expérience allemande. Mais il peine à comprendre les arcanes de la Wehrmacht, il lui faudrait un guide. Franz Halder* est le candidat idéal : il a été chef de l'état-major général de l'armée de terre (OKH) de 1938 à 1942 et il est fréquentable car emprisonné par Hitler après l'attentat raté de juillet 1944. Ni une ni deux, il est libéré et prend la tête d'un groupe d'officiers chargé de relire, d'annoter et de synthétiser 2 500 documents manuscrits.

L'homme saisit immédiatement les possibilités qu'offre ce poste. Il se rappelle qu'en 1918 l'état-major impérial, en se faisant l'historien de sa propre histoire, a transformé une défaite en un prétendu Dolchstoß, un « coup de poignard dans le dos » planté par les sociaux-démocrates. En 1946, Halder a l'occasion de sauver sa caste ; la sauver de la justice en persuadant les vainqueurs que le corps des généraux a été victime et non complice du régime nazi ; la sauver du déshonneur en rejetant sur Hitler la responsabilité de la défaite et des atrocités commises ; la sauver de l'oubli en persuadant les Américains que les vétérans de la Wehrmacht leur sont indispensables dans la lutte contre l'URSS. À titre personnel, il échappe à deux procès et poursuit une guerre contre le bolchevisme, dont il a fait sa raison de vivre.

Halder et son stratagème

Le groupe qu'il a trié sur le volet travaillera de 1947 à 1961, éliminant les passages compromettants, construisant rapport après rapport un mythe cohérent dominé par des chefs qui ont su tirer la quintessence de leurs hommes et du matériel. Avec la guerre de Corée, les autorités américaines lui réclament de nouveaux dossiers. En 1952, Halder est invité à Washington pour évaluer le dernier manuel d'emploi des forces américain. Il a gagné son pari : la Wehrmacht est réhabilitée ; mieux, elle devient la tutrice de son vainqueur.

Convié à plusieurs conférences, il découvre que son stratagème a réussi au-delà de ses espérances. Partout, il est accueilli comme un héros. « On devrait bâtir une statue pour votre carrière de soldat, d'homme et de citoyen du monde », s'exclame un colonel conquis. Le phénomène croît avec la parution des témoignages du tankiste Kurt « Panzer » Meyer (*Grenadiere*, 1957) ou de l'aviateur Hans Ulrich Rudel (*Journal d'un pilote, de la guerre à la paix*, 1954). Il n'y est question que d'exploits, d'excellence technique et tactique, de camaraderie virile, de dévouement à la patrie, voire d'humanisme. Dans leurs Mémoires, Guderian (*Souvenirs d'un soldat*, 1950) et Manstein (*Victoires perdues**, 1955) se dépeignent comme des esprits visionnaires, frondeurs, stratèges et meneurs d'hommes de génie.

Quant à l'armée, jusqu'au bout elle aurait surclassé ses adversaires. Toutefois, écrit Paul Carell*, « c'était toujours la même histoire : l'astuce, la bravoure et même l'esprit de sacrifice se voyaient obligés de s'incliner devant la supériorité du matériel ». Tous l'exonèrent d'une quelconque connivence avec le nazisme. De telles hagiographies n'auraient pu être crédibles sans un terreau favorable et d'actifs soutiens. Or l'armée allemande dispose d'un crédit disproportionné depuis 1871, même pas entamé en 1918. Ensuite, durant la guerre, les Alliés se sont souvent abrités derrière le génie de leur adversaire pour justifier leurs échecs. Enfin, après guerre, des personnalités prestigieuses (Eisenhower, Montgomery*) et des historiens réputés (Liddell Hart, Blumenson) se font les avocats des vaincus et commettent des préfaces outrageusement favorables, les présentant comme de grands capitaines. En pleine guerre froide, les combattants allemands se muent en défenseurs de la civilisation en lutte contre la « barbarie bolchevique ». Il est possible de les admirer, de s'identifier à eux. Cette apologie profite aussi du discrédit jeté sur les autres armées, l'Armée rouge méprisée, la française humiliée, l'américaine à l'image écornée par les humoristes et la publication de *Men Against Fire**. Dans cet océan de médiocrité, le combattant allemand n'apparaît que plus rayonnant.

En 1955, la victoire de Halder est totale et la nouvelle Bundeswehr est construite autour d'un encadrement complet de vétérans de la Wehrmacht. La Generalität se retrouve aux affaires. Les jeunes GI sont fascinés par ces icônes qu'ils côtoient au sein de l'OTAN. Manstein, Speidel, honorés, multiplient les mémorandums. Guderian s'enflamme : « Le seul soldat au monde pouvant stopper l'Armée rouge est le soldat allemand. [...] L'US Army doit d'urgence adopter le modèle prussien. » Pour autant, l'impact reste marginal : si les Américains imitent la défense mobile « à la Manstein », le temps n'est plus aux grandes opérations mécanisées et les théoriciens se passionnent désormais pour le fait nucléaire et l'aéromobilité.

La science s'en mêle

En 1973, les flottements au sein du contingent envoyé au Vietnam provoquent un regain d'intérêt pour la Wehrmacht. Dans les écoles militaires, on ressort l'étude de Shils et Janowitz sur la cohésion des groupes primaires publiée en 1948. Les historiens militaires rouvrent le dossier. Le colonel Trevor N. Dupuy prétend démontrer mathématiquement la supériorité de l'armée allemande en concevant une contestable *quantified judgment method* (*A Genius for War*, 1977). Il conclut que 100 Allemands sont supérieurs à 155 Américains. L'Israélien Martin van Creveld renchérit (*Fighting Power,* 1982) : « L'armée allemande a été un magnifique outil de combat. Du point de vue moral, de l'élan, de la cohésion des troupes et de la flexibilité, apparemment, aucune ne l'égale parmi les armées du XXe siècle. »

L'excellence militaire allemande devient une vérité scientifique. Karl-Heinz Frieser (*Le Mythe de la guerre éclair,* 1995) arrive à la même conclusion : « La force de combat de la Wehrmacht ne reposait pas sur la "dynamique du national-socialisme", mais au premier plan sur une efficacité et un rendement inhérents au système. Ceux-ci étaient le résultat d'une évolution de plusieurs siècles, lors de laquelle les militaires allemands avaient développé une machinerie fonctionnant avec une extraordinaire perfection. » Ces historiens occidentaux survalorisent l'importance de l'excellence tactique et du professionnalisme, car, comme les Allemands, ils ignorent la dimension opérative de la guerre moderne. Ils sont donc « naturellement » portés à admirer le modèle allemand.

L'armée allemande est ainsi devenue un parangon. Dans les casernes américaines, il n'est plus question que de Schwerpunkt – le centre de gravité –, de Blitzkrieg, d'Auftragstaktik. Les mess se couvrent de portraits de stratèges allemands. La troupe accueille avec enthousiasme le casque « Fritz ». L'Army imitant la Wehrmacht de 1944 se tourne vers la gadgétisation. Le char Abrams s'inscrit dans l'esprit du Panther et le chasseur furtif F-117 dans celui du Me 262 à réaction. Ces bijoux technologiques ruineux, la hantise du mécanicien, sont supposés compenser l'infériorité numérique. Cette « Wehrmachtisation » trouve son aboutissement dans une nouvelle doctrine, l'Active Defense*.

La Wehrmachtmania gagne l'opinion publique

À cette date, l'excellence militaire allemande est devenue un cliché dans l'opinion publique. La littérature commerciale s'est emparée avec délice de ce sujet sulfureux. Aux États-Unis et en RFA, on peut citer Richard Landwehr, Mark Yerger et Franz Kurowski. En France, dès 1973, Jean Mabire a lancé la mode des monographies. La maison Heimdal en fait sa spécialité. À la fin des années 2000, elle consacre ainsi 2 200 pages, en six volumes, à la seule Leibstandarte SS Adolf Hitler (LSAH). La presse spécialisée n'est pas en reste, qui lui dédie le plus souvent ses unes. Le lecteur en redemande et le Grenadier vend mieux que le GI. En 1991, elle compare abusivement l'opération « Desert Storm* » à la victoire de Rommel à Gazala en 1942. Wehrmachtmania ?

La photo accroche le regard et conspire à la vulgate en marche. Des ouvrages luxueux puisent dans les archives de la Propagandastaffel et « si fascination il y a, c'est d'abord celle des images des matériels et de troupes réputées "d'élite". Ce n'est donc pas tant un succès de la Wehrmacht qu'un succès du ministère de la Propagande du Reich », constate Jean-Luc Leleu, ingénieur de recherche au CNRS. Le lecteur est ainsi immergé sans recul critique au cœur du formidable travail d'esthétisation de la violence et d'idéalisation du soldat allemand mené par les reporters de Goebbels.

Le texte suscite l'adhésion du lecteur par l'émotion et l'édifie à travers des portraits construits sur le modèle des vies de saints. Franz Kurowski, dans *Panzer Aces* (2002), empile les exploits de manière outrancièrement élogieuse et la Wehrmacht est décrite comme une école guidée par l'idéal chevaleresque. À les lire, les Allemands ne pratiquent pas une guerre de destruction au contraire des Alliés matérialistes, mais un acte de création tant dans la conception des opérations que dans leur exécution. Ces ouvrages empreints de romantisme sont tout bonnement révisionnistes.

Il n'en est pas de même des monographies de Heimdal. Écrites dans un style sobre sous forme de chroniques et donc, croit-on, sans parti pris, étayées par des archives minutieusement dépouillées, obsédées par la précision des matériels, elles ont l'apparence d'études objectives. Mais à bien y regarder, elles s'inscrivent aussi dans le registre de l'épopée. Nouvelles *Anabases*, elles sont écrites à partir de sources exclusivement allemandes rarement soumises à l'appareil critique. Elles ne proposent en fait rien d'autre que le regard porté par l'unité sur elle-même et contribuent à idéaliser une armée réduite aux Panzertruppen.

Au contact de cette prose, des milliers d'adolescents connaissent la même expérience que le lieutenant-colonel William Astore : « Quand j'étais enfant, je construisais des maquettes allemandes. Elles me semblaient plus “cool”, plus félines que les Sherman. Dans mon imaginaire, l'armée allemande avait été bien plus coriace et agressive. Méticuleux, professionnel, se battant à un contre cent contre les hordes bolcheviques impies, le soldat allemand était un dur à cuire. »

La bagarre contre les idées reçues s'engage

Toute cette littérature nourrit un processus de mémorialisation, c'est-à-dire, pour reprendre l'historien Pierre Nora, « la création d'une vision commune d'un passé fantasmé (un imaginaire) entretenu par un lien affectif propre à une communauté ». Cette mémoire collective s'incarne dans des figures tutélaires (Rommel), des lieux (Kharkov), des dates (22 juin 1941), des objets (décorations), une langue (le jargon technique). Elle trouve un écho dans la suspicion de qualité traditionnellement accolée aux produits *made in Germany*. Aujourd'hui, sa communauté transgresse les âges, les classes sociales et les tendances politiques. Pour Jean-Luc Leleu, « hormis une infime minorité de nos contemporains, la fascination ne m'apparaît pas d'ordre idéologique ». Certains se retrouvent sur des sites internet, *Feldgrau* ou *Croix de fer,* mais la plupart vivent seuls cette addiction en jouant à des *wargames*, en construisant des maquettes ou en collectionnant des objets.

Mais « par essence, la mémoire n'est en rien figée, insiste Jean-Luc Leleu. C'est oublier un peu vite que, depuis deux à trois décennies, les travaux des historiens battent en brèche nombre d'idées reçues – à commencer par celle d'une armée "propre". Le mythe d'une Wehrmacht de bout en bout efficiente a déjà vécu et les travaux en cours conduiront à réviser ce jugement ». Ainsi en est-il des travaux d'Omer Bartov et Wolfram Wette sur la dimension criminelle de la Wehrmacht, de David Glantz sur la guerre germano-soviétique, de Jean-Luc Leleu sur les Waffen-SS. Les revues commerciales nuancent désormais souvent les clichés. Comme toutes les idoles, la Wehrmacht idéalisée est condamnée à être brûlée.

SECONDE PARTIE

LES OPÉRATIONS

1939,

la Wehrmacht en rodage

Campagne de Pologne : la Blitzkrieg, vraiment ?

par Jean Lopez

La campagne de Pologne ? Une simple mise en jambes pour la Wehrmacht ! Le couple blindé/aviation tactique n'a fait qu'une bouchée de ces pauvres Polonais, qui n'avaient plus que le courage de leurs lanciers à opposer aux Panzers. Cette image, toujours vivace, est en fait une construction de la propagande allemande, reprise par les historiens d'après guerre. La réalité est différente.

Le film documentaire commandité par Goebbels sur la campagne de Pologne – *Feuertaufe*, « Baptême du feu » – est projeté en avril 1940 dans de nombreux pays. On y voit des masses blindées avançant irrésistiblement, couvertes par des Stukas, faucons omniprésents fondant sur tout ce qui bouge. Ces images ont atteint leur but : terroriser neutres et Alliés. Cette vision de propagande n'a pourtant pas grand-chose à voir avec la réalité. La défaite polonaise de 1939 n'est pas due au couplage technique du char d'assaut et de l'avion en piqué. La première et la principale cause de cette défaite est une situation géopolitique désespérée avant même qu'un seul coup de feu ne soit tiré.

L'état-major général polonais finalise son plan de défense du territoire en février 1939. Il part de prémisses justes : il n'est pas possible de vaincre la Wehrmacht. Il s'agit seulement d'organiser une résistance qui se maintienne au moins trois mois, de façon à permettre aux Franco-Britanniques de lancer leur propre attaque à l'ouest. Des Alliés et d'eux seuls peut venir le salut. Devant 80 millions d'Allemands appuyés sur une économie quatre fois plus puissante, 34 millions de Polonais ne peuvent tenir longtemps. Deux éléments viennent gâter ce jugement lucide. Le premier est la décision de défendre l'intégralité du territoire polonais, notamment ses régions occidentales pourtant encerclées aux trois quarts par le Reich. Les zones industrielles, le meilleur du réseau ferré et les principaux centres mobilisateurs se trouvent en effet à l'ouest : Silésie, régions de Łódź et de Poznań, Varsovie. L'autre solution consistait à aligner la position de défense principale sur la Vistule et donc à abandonner la moitié occidentale du pays. Second élément, le pouvoir polonais a refusé, par crainte de se trouver adossé exclusivement, tant du point de vue de la profondeur stratégique que de la logistique, à son voisin oriental, l'Union soviétique, avec laquelle il a de mauvais rapports. La décision de couvrir l'ensemble du territoire se traduit par une disposition des armées qui épouse la forme convexe de la frontière occidentale, étirant la ligne de défense sur plus de 700 km. Six des huit armées polonaises se trouvent donc positionnées à l'ouest et au nord de la Vistule, face à la frontière allemande. Dans l'esprit du chef de l'état-major général, le général Wacław Stachiewicz, ces armées devront user l'adversaire le plus possible avant de se replier lentement vers la ligne Narew-Vistule (puis Bug-Vistule). Elles échangeront de l'espace contre du temps. L'état-major polonais introduit là une hypothèse risquée : ses armées seront capables de maintenir un front continu, elles pourront reculer en ordre, l'Allemand ne viendra pas perturber leur mouvement rétrograde.

Les contradictions de la politique polonaise éclairent en profondeur sa situation géopolitique. Depuis la renaissance du pays, en 1918, le mot d'ordre de la politique étrangère a été de ne choisir entre aucun des deux géants voisins, l'Allemagne et l'URSS. Il fallait, autant que possible, entretenir de bonnes relations avec chacun d'eux et soigner l'alliance avec Paris. En réalité, les rapports avec Moscou et Berlin sont exécrables dès l'origine. Varsovie s'en accommode, la faiblesse militaire germanique l'assurant de ne pas être prise entre deux feux. Tout bascule au tournant des années 1920-1930. La France se replie derrière la ligne Maginot ; l'industrialisation de l'URSS, lancée avec le premier plan quinquennal, en 1928, accouche d'une puissante Armée rouge ; l'arrivée au pouvoir d'Hitler, en 1933, aboutit à la naissance d'une Wehrmacht qui réarme rapidement. La Pologne se retrouve prise en sandwich entre deux colosses militaires.

Le plan stratégique polonais s'effondre sept mois avant l'attaque

Le maréchal Piłsudski – qui meurt en 1935 – et ses successeurs, parmi lesquels le colonel Beck, maintiennent la ligne du nini alors même qu'autour d'eux tout a changé. On décide donc de signer des traités d'amitié avec les deux voisins. On flirte avec l'un puis avec l'autre, mais on ne choisit pas. Il est vrai que les perspectives ne sont guère riantes. Hitler veut une alliance militaire avec la Pologne pour attaquer l'URSS. Il veut aussi retrouver Dantzig et obtenir des facilités dans le corridor, en payant ces concessions avec des territoires soviétiques. Dans son esprit, cette alliance signifie la vassalisation de la Pologne. De son côté, Staline vise à récupérer la moitié orientale de la Pologne, qu'il estime devoir revenir aux républiques soviétiques de Biélorussie et d'Ukraine. Sur cette base, il n'est pas hostile à une alliance militaire avec Varsovie, dirigée contre le Reich, alliance qui équivaut aussi à une vassalisation. Entre deux maux, les dirigeants polonais n'ont pas choisi. Dans une vision romantique, on peut penser que c'est tout à leur honneur. Placée sous la lumière froide de la Realpolitik, leur décision a abouti à échanger la satellisation de leur État contre sa destruction intégrale !

À peine finalisé, en février 1939, le plan stratégique de l'armée polonaise s'écroule. En effet, l'occupation de la Bohême-Moravie en mars 1939 et la vassalisation de la Slovaquie par Berlin allongent d'un coup le front de 300 km au sud. L'état-major doit prélever sur ses réserves pour constituer une armée des Carpates. L'Allemand, qui a l'initiative puisqu'il est l'agresseur, peut donc attaquer où il veut, à partir du nord, de l'ouest et du sud, sur 1 000 km. Il a en outre une parfaite connaissance du dispositif adverse, étudié depuis 1920 et mis à jour par un vaste réseau d'espions. Enfin, dernier clou du cercueil, le 23 août 1939, la signature du pacte Molotov-Ribbentrop* oblige l'état-major polonais à divertir encore des forces (un sixième du total) pour garder un peu moins mal son immense frontière de 850 km avec l'URSS. Voulant tout défendre, les Polonais ne défendent plus rien. Sans faire entrer en compte chars ou avions, la Wehrmacht était déjà certaine de l'emporter pour une raison fort classique, qui n'a rien à voir avec la Blitzkrieg : elle peut concentrer ses forces où elle veut quand l'adversaire émiette les siennes.

Des rapports de force moins déséquilibrés qu'on l'a dit

En termes numériques bruts, au premier abord, le rapport des forces ne semble pas exagérément favorable aux Allemands. Ils alignent 1,5 million d'hommes, répartis en 54 grandes unités (30 autres demeurent à l'ouest, face aux Français), les Polonais 1,3 million en 49 divisions et brigades. Rien d'écrasant, donc, pour les personnels. La structure des forces offre des contrastes beaucoup plus forts. L'artillerie (tous calibres) est de 7 266 tubes contre 1 667 aux forces de Varsovie ; le rapport qualitatif entre les systèmes de tir est encore plus au désavantage des Polonais. L'élément mobile de l'armée polonaise consiste en 11 brigades de cavalerie, 1 brigade blindée et 2 brigades d'infanterie motorisée ; celui des Allemands, en 6 divisions blindées plus une formation bricolée (le Panzerkampfverband Kempf), 4 divisions légères et 4 divisions d'infanterie motorisées (sans chars). Côté polonais, 340 engins blindés contre 3 478 en face. Bigre, 1 contre 10 ! Un coup d'œil plus approfondi modère ce rapport de forces. Le parc blindé polonais consiste en engins légers : 170 chars 7TP, 50 Vickers de 6 tonnes, 53 Renault R35, 67 Renault FT17*. Les engins allemands se répartissent en 2 668 Panzer I et II, 278 chars tchèques type 35* et 38, 98 Panzer III et 219 Panzer IV. Si les Polonais peuvent compter sur les honnêtes canons de 37 mm de leurs 7TP, R35 et de quelques Vickers (soit 240 machines), les Allemands n'ont de bons que leurs chars tchèques 38, leurs Panzer III et IV, soit (véhicules de commandement – non armés – déduits) 368 machines. Les Panzer I et II – 76 % du parc total – sont, en effet, des engins conçus pour l'entraînement, peu armés et peu blindés, qui n'auraient jamais dû voir le combat. Le type I n'est doté que d'une mitrailleuse, le type II d'un canon de 20 mm dont l'obus pèse moins de 200 grammes. Les tourelles sont si exiguës que l'on n'a pu installer qu'une radio réceptrice ; l'émission est réservée aux véhicules de commandement. Si l'on range, comme l'on devrait, n'étaient leurs chenilles, les Panzer I et II parmi les automitrailleuses, il vient un rapport de forces de 240 chars contre 368, ou contre 587 si l'on inclut les très médiocres chars tchèques 35. Soit, au pire, un rapport de forces de 1 contre 2,5.

Dans cette campagne, toutefois, comme dans les autres, le combat char contre char n'est pas le cas le plus fréquent : ce qui compte, c'est la mobilité et la capacité interarmes. Or, les 15 divisions rapides, fleuron de la Wehrmacht, sont motorisées à 100 % ou à 80 % pour les divisions légères. Les divisions Panzer et les divisions légères marient régiments et bataillons de chars, de motocyclistes, d'automitrailleuses, d'artillerie, de transmissions et du génie. Elles peuvent se déplacer à 30, voire à 40 km/h, éclairer loin devant, s'infiltrer par les routes et les chemins disponibles, si la météo est clémente, ce qui sera le cas en Pologne. Leurs transmissions sont abondantes et modernes. En revanche, elles sont à la peine devant les fortifications et dans les villes. Faute de puissance, les divisions rapides de 1939 ne sont pas capables de crever un front fixe. Si elles ne savent pas rompre, elles peuvent exploiter. Pour augmenter leur capacité d'exploitation, l'OKH en a regroupé 7 en 3 corps. Le XIXe corps, commandé par le général Guderian, appartient au groupe d'armées Nord (1 division Panzer, 2 divisions d'infanterie motorisées). Les XIVe (2 divisions d'infanterie motorisées) et XVe corps (2 divisions légères) sont affectés au groupe d'armées Sud. Il est à noter que les 8 autres divisions rapides sont saupoudrées sur 4 corps mixtes, où elles se mêlent à de l'infanterie. Les moyens rapides ne sont donc pas entièrement concentrés, loin de là.

Un plan d'encerclement géant

Le domaine aérien est celui où le désavantage polonais est le plus criant. Avec 433 appareils (159 chasseurs, 154 bombardiers, 120 avions de reconnaissance et de liaison), les forces aériennes à damier rouge et blanc ne font pas le poids face aux 2 152 avions de la Luftwaffe (1 000 bombardiers dont 335 Stukas, 700 chasseurs). Alors que presque tous les appareils allemands sont de type moderne, la force aérienne polonaise ne peut réellement compter que sur 114 bombardiers légers monomoteurs PZL P23B Karas et 36 bombardiers bimoteurs PZL P37 Los. Une misère face aux escadrilles de Me 109, même de types D et E, pour ne parler que de la chasse. Les transmissions, les installations au sol sont infiniment meilleures côté allemand.

Le plan de campagne allemand, simple et classique, prend acte de la forme concave du front pour placer deux groupements puissants aux ailes – 3e et 4e armées au nord, 8e, 10e et 14e armées au sud. Au centre, on se contente de boucher le trou et de faire du bruit. L'idée est de procéder à un encerclement géant en faisant marcher le plus vite possible les deux ailes, en leur donnant pour point de rendez-vous la région de Varsovie. 80 % des forces polonaises devraient ainsi se retrouver prises dans un énorme chaudron.

L'attaque allemande démarre le 1er septembre. Malgré leur connaissance des concentrations adverses, les Polonais sont surpris par l'attaque brusquée d'une armée qui a mobilisé vite et de façon semiclandestine. Immédiatement, les 5 armées allemandes (plus 1 corps slovaque) s'emparent de l'initiative. Au nord, la 4e armée traverse le corridor de Dantzig, puis fait face, au sud, aux côtés de la 3e armée partie de Prusse-Orientale. Derrière l'écran de ces deux armées, le corps de Guderian est envoyé loin devant en solo pour aller traverser la Narew à Łomza. Il doit ensuite marcher vers Brest-Litovsk de façon à se trouver sur la rive est de la Vistule et empêcher les Polonais d'y édifier une seconde ligne de résistance. C'est l'idée originale de la campagne. Au sud, les 8e, 10e et 14e armées doivent se battre durement pour avancer de 70 km en cinq jours. Bousculées, les divisions polonaises laissent apparaître des trous par où s'infiltrent les deux corps rapides, les XIVe et XVe. Marchant plus vite que les Polonais en pleine retraite, ils atteignent la Vistule centrale le 10 septembre et prennent au piège 6 divisions à Radom. Le 8 septembre, une division Panzer parvient à Varsovie. Deux armées polonaises sont encerclées autour de la rivière Bzura et détruites après une semaine de combats violents. On se battra encore jusqu'à la fin septembre, notamment autour de Varsovie assiégée durant vingt jours. Jamais les unités polonaises n'ont pu exécuter leur plan de retraite derrière la Vistule. Elles ont été trop durement accrochées par l'infanterie allemande, qui les a fixées, et n'ont rien pu faire pour empêcher les corps rapides d'aller loin sur leurs arrières. Le 17 septembre, l'Armée rouge attaque à son tour et occupe en quelques jours ce qui reste de territoire national. Les unités survivantes n'ont plus d'autre choix que de se réfugier en Lituanie, Hongrie et Roumanie, pays neutres. Le 1er octobre, tout, ou presque, est terminé.

« Notre infanterie ne vaut pas celle de 1914 »

La Wehrmacht a gagné en un mois. Est-ce une performance ? Oui, si l'on pense que les Polonais espéraient tenir trois fois plus longtemps. Non, si l'on songe qu'en 1916, en à peine plus de deux mois, von Mackensen avait détruit l'armée roumaine sans une seule division rapide et avec un massif montagneux à franchir dans les pires conditions. Non encore, si l'on songe à l'impossible position géopolitique des Polonais, aux innombrables lacunes techniques de leur armée, à l'indigence de leur aviation ainsi qu'aux fautes de leur état-major général qui n'a pas su ordonner la retraite à temps. Dans son journal de guerre, le général Halder, chef de l'état-major général de l'armée de terre (OKH), fait ce constat amer, partagé par tous les chefs de grandes unités : « Notre infanterie ne vaut pas, et de loin, celle de 1914. Il lui manque l'impulsion de l'avant, tout se fonde sur les chefs, d'où les pertes en officiers. En première ligne, les mitrailleuses se taisent parce qu'elles craignent de révéler leurs positions. » Les pertes sont jugées trop importantes. Plus de 15 000 tués et 25 000 blessés (70 000 et 130 000 chez les Polonais), 819 chars hors de combat (dont 244 définitivement), 564 avions détruits ou très endommagés. Si l'on regarde la campagne dans le détail, les dysfonctionnements n'ont pas manqué. Plusieurs unités rapides sont tombées en panne d'essence, et elles n'ont pu repartir que grâce à des largages aériens en catastrophe. Une seule d'entre elles a réellement été décisive, la 1re division Panzer du général Reinhardt, qui s'infiltre entre les armées de Łódź et de Cracovie et parcourt 25 km le 5 septembre. Le corps de Guderian s'est peu battu : il a roulé, seul, loin de l'action principale. La 4e division Panzer s'est cassé les dents à Varsovie et a dû reculer. Le Panzerkampfverband Kempf n'a pas été capable de prendre Rózan, faute de savoir faire jouer ses armes à l'unisson, et a perdu la moitié de ses chars. Les divisions légères sont un demi-échec.

En définitive, c'est l'infanterie allemande qui a fait le gros du travail. Elle a fixé puis percé l'adversaire, l'a contraint à reculer sur 200 km sans lui lâcher la gorge. Elle a mené seule le gros de la bataille d'encerclement de la Bzura, qui lui donne 170 000 prisonniers. Les divisions blindées, surtout la 1re, ont joué un rôle d'infiltration important, certes, mais plus limité que prévu. La coopération entre avions et Panzers est un mythe. En Pologne, on n'a pas vu les Stukas servir d'« artillerie volante », attaquer PC et bunkers, bref déblayer le terrain devant les Panzers. Les quelques tentatives se sont soldées par des attaques sanglantes contre des positions… amies. La raison en est simple : la Luftwaffe n'a pas encore les capacités radio pour guider ses attaques depuis le sol. La formation révolutionnaire édifiée par le général Wolfram von Richthofen – le Fliegerführer z.b.V. – a été sous-utilisée. La Luftwaffe a aussi manqué son attaque surprise du 1er septembre contre les terrains polonais. Sa logistique a toujours été en retard pour aménager les terrains pris à l'adversaire. En revanche, elle a été efficace dans les missions d'interdiction dont, il est vrai, elle avait fait sa priorité : attaque du réseau ferroviaire, des routes, des centres de mobilisation, des colonnes en marche, de certains ponts. Elle a démoralisé et fatigué les Polonais en les contraignant à se déplacer de nuit.

La Wehrmacht sait se remettre en question

Pour le malheur de la France, le haut commandement allemand va tirer toutes les leçons de la fausse Blitzkrieg polonaise. La Luftwaffe la première remet en question son système de communication avec l'armée de terre. Elle décide de doter de liaisons phoniques tous ses appareils d'observation Henschel 126. Elle multiplie les équipes de Flivos – officiers de liaison –, les rend plus mobiles, les dote de meilleures communications. Deux puissants corps de Flak, innovation mondiale, sont créés avec la double mission de DCA et d'intervention dans le combat terrestre. Le ravitaillement aérien est pensé pour la première fois à grande échelle, de façon à permettre l'avance ininterrompue des Panzers.

Dès novembre 1939, l'armée de terre soumet ses armées pourtant victorieuses à un entraînement d'une très grande dureté, poussant à leurs limites hommes et organisations. On ne connaît aucun effort comparable dans toute la Seconde Guerre mondiale, sauf, peut-être, celui des forces alliées dans le semestre précédant le D-Day. Alors que la majeure partie des unités françaises passent la drôle de guerre à tuer le temps ou à s'entraîner comme en temps de paix, les divisions allemandes sont reprises en main durant trois mois d'enfer dans des camps en Pologne et en Allemagne orientale. On rappelle aux commandants des divisions, régiments, bataillons et compagnies qu'ils ne peuvent, sous peine de lourdes sanctions, envoyer des rapports exagérés sur leurs pertes, la force de l'ennemi ou les difficultés du terrain. On reprend les bases du combat interarmes, du camouflage, de la reconnaissance et de la sécurité des unités en marche ou au bivouac, domaines défectueux en Pologne. On apprend le combat de nuit et en terrain accidenté, où les Polonais se sont montrés les plus forts. Des exercices spéciaux sont imaginés pour dresser l'infanterie à passer de l'attaque à la défense sans solution de continuité, et inversement. Les unités de Panzers reprennent le b.a-ba : masser les chars et non les émietter, ne pas avancer sans infanterie, se trouver toujours près de son artillerie, éclairer dans toutes les directions. Les officiers subalternes et les sous-officiers sont soumis à des programmes spéciaux de leadership. L'accent est porté sur l'autonomie de décision, la capacité à exercer un commandement supérieur si la situation l'exige. De tous, on exige initiative, hardiesse et esprit offensif. Le 10 mai 1940, la Wehrmacht sera fin prête. L'outil est alors bien plus tranchant que celui du 1er septembre 1939. La première vraie Blitzkrieg peut commencer.

Lanciers contre Panzers : une légende germano… polonaise !

par Yacha MacLasha

Chevaliers indomptables ou Don Quichottes pathétiques ? La fameuse charge, lance au poing, des cavaliers polonais contre les Panzers a servi toutes les propagandes. Sauf que ce combat légendaire… n'a pas eu lieu. Les Polonais n'étaient tout simplement pas si bêtes !

« L'acte suicidaire le plus romantique et le plus idiot de la guerre moderne. » C'est par cette phrase lapidaire, combinant estime et mépris, que Simon Jenkins, chroniqueur du quotidien britannique *The Guardian*, résumait en 2009 la fameuse charge des lanciers polonais contre les Panzers d'Hitler, sans doute l'un des épisodes les plus célèbres de la Seconde Guerre mondiale dans le grand catalogue des clichés. Folle bravoure ou crétinisme aveugle ? Depuis la guerre, les avis ont toujours varié. Churchill rapporte ainsi comment les Polonais « ont vaillamment chargé une masse grouillante de chars et voitures blindées, mais sans pouvoir leur faire grand mal avec leurs épées et leurs lances ». Le général Guderian, lui, dénigre ses adversaires arriérés : « La brigade de cavalerie Pomorska, ignorant la nature de nos chars, les avait chargés avec des épées et des lances et avait souffert de pertes énormes. »

Selon leurs convictions, les historiens suivent ces deux traces. « Apparemment persuadée que les tanks allemands n'étaient que des maquettes en fer-blanc, la cavalerie polonaise attaqua lances couchées », se moque ainsi le négationniste britannique David Irving dans *Hitler's War* (1977), tandis que la revue de l'armée canadienne célèbre en 2005 l'esprit de résistance des Polonais qui, « armés de leur seul courage et de lances », ont été massacrés en attaquant les blindés. En France, l'épisode a valeur d'exemple : il illustre ainsi à lui seul la campagne de 1939 dans le documentaire *Apocalypse* (2009). « Une bataille d'un autre âge est [alors] livrée par les lanciers polonais qui se font massacrer en chargeant les tanks allemands », commente Daniel Costelle. D'un autre âge ? C'est pourtant sa vision qui est périmée. « Plus de soixante-dix ans après, le mythe demeure largement admis, même dans les milieux militaires », se désole l'historien Jan Szkudliński, du musée de la Seconde Guerre mondiale de Gdańsk. Car toute cette histoire n'est que légende, pur fantasme.

Construction d'un dossier à charge

Tout démarre le 1er septembre 1939, en début d'après-midi, aux premières heures d'une guerre qui n'est encore que germano-polonaise. Alors que la Wehrmacht s'élance à l'assaut du couloir de Dantzig (aujourd'hui Gdańsk), le colonel Kazimierz Mastalerz, commandant du 18e régiment de uhlans* de la brigade Pomorska, surprend à découvert, près du village de Krojanty, un bataillon allemand d'infanterie sortant d'un bois. Chargeant sabre au poing, le colonel repousse dare-dare les envahisseurs stupéfaits. Mais avant que les cavaliers ne se réorganisent, surgissent quelques automitrailleuses à croix noires, accompagnées de troupes motorisées. Leur feu, dévastateur, abat une vingtaine de soldats polonais, dont le colonel Mastalerz. Mais les Allemands, échaudés, se méfient... « Le commandant de la 2ᵉ division motorisée allemande avertit son supérieur, Guderian, commandant du XIXᵉ corps, que son unité est attaquée par la cavalerie polonaise et, “face à la pression intense”, demande la permission de reculer », raconte Jan Szkudliński.

Jusque-là, rien d'autre qu'une escarmouche de rencontre, banale en début de conflit. Mais cette minuscule affaire va grossir dans des proportions imprévues grâce à l'apparition fortuite sur les lieux, le lendemain, du correspondant italien Indro Montanelli. Journaliste au *Corriere della Sera* en dépit de ses opinions antifascistes notoires, ce dernier rapporte comment la cavalerie polonaise a chargé des chars allemands sabre au poing, soulignant son courage et son héroïsme.

L'affaire de Krojanty ne serait sans doute jamais sortie de l'ombre sans un second épisode, qui va donner du corps au mythe. « Le 19 septembre, à Wólka Węglowa, près de Varsovie, le 14ᵉ régiment de uhlans charge l'infanterie allemande pour briser un encerclement, reprend Jan Szkudliński. Mais il y a des chars et des mitrailleuses derrière les fantassins. Les Polonais subissent donc des pertes, ce qui ne les empêche pas de percer. » Le lendemain, Mario Appelius, correspondant de guerre italien lui aussi, mais fasciste convaincu, décrit à son tour comment la cavalerie a chargé les Panzers.

L'affaire est décidément trop belle pour la propagande allemande, ravie de trouver là l'expression d'un de ses mantras d'avant guerre, celui de la supériorité technologique et intellectuelle du IIIe Reich sur le barbare polonais. Dès octobre 1939, la couverture du magazine des jeunesses nazies *Der Pimpf* (« Le Mouflet ») affiche l'épisode. En 1941, les services de propagande réalisent *Kampfgeschwader Lützow* (« Escadron de combat Lützow »). Le film met en scène une colonne motorisée chargée par les cavaliers polonais… promptement exterminés par les seigneurs de la Blitzkrieg. Faute d'archives sur les combats de septembre 1939, ces images sont réutilisées dans plusieurs documentaires, où, mélangées à des scènes authentiques, elles gagnent en crédibilité.

L'épisode s'installe d'autant plus rapidement qu'il quitte l'histoire pour la littérature et le cinéma et recouvre ainsi un aspect positif, souligne Jan Szkudliński. Dans *Le Tambour*, paru en 1959, le romancier allemand Günter Grass fait ainsi du cavalier une figure romantique. Surtout, les Polonais célèbrent eux-mêmes en leurs uhlans l'exemple du sacrifice de soi et du courage patriotique. Le pseudo-épisode est notamment au cœur du film *Lotna*, réalisé en 1959 par Andrzej Wajda, au message plus subtil qu'il n'y paraît : les T34 maquillés de grossières croix blanches que chargent les cavaliers n'ont-ils pas été fabriqués en URSS ?

Ni obsolètes ni romantiques

Le mythe ne demandait qu'à naître, donc. La réalité, pourtant, est tout autre : les centaures de la brigade Pomorska ne sont ni des chevaliers d'un autre âge ni des Don Quichottes. Pour commencer, la cavalerie polonaise de 1939 n'a rien d'un méprisable anachronisme. Il s'agit d'une composante classique de toutes les armées à l'époque, une force puissante et autonome : ses 11 brigades, totalisant près de 70 000 hommes, représentent non seulement environ 10 % de l'armée, mais aussi son élite. Distingués par leurs bottes et uniformes élégants, les cavaliers sont généralement recrutés dans la classe bien éduquée des propriétaires terriens.

Aussi attachés soient-ils à leurs régiments et leurs traditions, ces militaires n'ignorent rien de la guerre moderne. En 1937, l'armée polonaise a publié au sujet du « combat entre les unités de la cavalerie et des blindés » une directive qui prévoit, compte tenu de l'ampleur du développement des armées mécanisées tant allemandes que soviétiques, d'adapter sa tactique – par exemple, en amenant les engins chenillés à s'engager dans des terrains rocailleux où les neutraliseront canons antichars Bofors de 37 mm (un modèle suédois très efficace contre les Panzers légers alignés en 1939), artillerie à cheval (75 mm) et mitrailleuses dont sont dotées organiquement les brigades de cavalerie. Pas de place là-dedans pour la lance, bien évidemment abandonnée, mais pour une arme originale, légère et puissante : le fusil antichar wz.35*. Quant à la charge sabre au clair, elle est formellement déconseillée au profit de l'attaque à pied.

Les œillères du haut commandement

Cette doctrine a-t-elle pour autant été appliquée ? Jan Szkudliński l'affirme : « Il y a eu 19 combats impliquant la cavalerie pendant la campagne de 1939, et dans 90 % des cas les hommes avaient mis pied à terre. En effet, le principal avantage de la cavalerie reposait non dans la puissance de la charge, mais dans la mobilité. Personne n'avait d'illusions sur un éventuel combat contre les chars et la cavalerie n'a nullement tenté de les charger. » Jamais la cavalerie polonaise n'a d'ailleurs démérité pendant la campagne, insiste l'historien : « Elle s'est révélée, au contraire, l'élite de l'armée polonaise en maintenant sa discipline et en menant des opérations performantes. »

Maintenant, pourquoi les Polonais, s'ils connaissaient la menace des blindés, se sont-ils contentés de chevaux ? En raison, d'abord, d'une méprise de leur haut commandement : le rôle inestimable joué par la cavalerie contre la tentative d'invasion russe de 1920 lors de la guerre soviéto-polonaise* confirme les chefs dans la conviction erronée que le cheval reste incontournable. Beaucoup estiment que le char est surévalué et qu'il sera possible de le détruire en l'attirant en terrain difficile. Si certains généraux comme Władysław Sikorski, grand vainqueur de l'Armée rouge devant Varsovie en 1920 et future âme de la Résistance en Angleterre, saisissent l'importance de la mécanisation, la malchance veut que l'État soit aux mains d'un autre militaire, le maréchal Józef Piłsudski, jusqu'à sa mort en 1935. Or, le prestigieux « fondateur de l'armée polonaise », qui s'estime seul compétent en affaires martiales, vieillit et perçoit de plus en plus mal les impératifs liés à l'armement et aux doctrines.

Ce retard intellectuel signalé, il faut souligner cependant que l'état-major de Varsovie, à la différence de ses équivalents occidentaux guère plus clairvoyants, n'a pas le choix. En dépit d'un gros effort financier, la Pologne pauvre et sous-industrialisée ne peut consacrer à sa défense sur la période 1935-1939 que 1/30e des sommes investies par le IIIe Reich. Ce manque de moyens limite à environ 300 le nombre des chars (dont une moitié est obsolète) embrigadés par Varsovie, plus 575 minuscules « tankettes » de 2,5 tonnes à mitrailleuse.

Ni charges écervelées, ni lances, ni doctrine périmée, donc… Du vent ! Et pourtant le mythe perdure, et perdurera longtemps. *The Guardian* a certes corrigé son tir, publiant rapidement un correctif et une contre-chronique. Reste qu'en 2011 encore, la « charge de Krojanty » est reconstituée sur place, sous la forme d'un grand spectacle avec blindés, motos, chevaux et figurants en tenue… Comment donc se débarrasser de ce mensonge historique si les premiers offensés s'y complaisent ?

1940,

la plus folle des victoires

Contre la France, le bon alignement des planètes

par Nicolas Aubin

Parmi les victoires nazies – conquête surprise de la Norvège, ruée dans les Balkans, encerclements géants en URSS –, aucune n'a la charge émotionnelle de celle contre l'armée française, cette armée que l'on pensait être la première du monde et qui a été balayée en six semaines. L'ampleur même du triomphe forge l'image d'une armée nazie surpuissante. Pourtant ce succès doit beaucoup à l'effet démultiplicateur du choc de deux imaginaires guerriers différents et à un concours de défaillances françaises et de circonstances.

« La guerre n'est pas seulement affaire de rapports de forces et de matériels, souligne l'excellent Philippe Garraud, chercheur à l'Institut d'études politiques de Rennes, trop tôt disparu. Elle est aussi fonction de conceptions et de représentations qui orientent et conditionnent l'action militaire et la stratégie choisie. » Des deux côtés du Rhin, l'expérience de la Grande Guerre donne lieu à des enseignements radicalement différents en fonction des ressources et des contraintes propres.

Guerre dissymétrique, temporalité dissonante

Les Français imaginent une « bataille conduite », une bataille où la supériorité du feu sur le mouvement rend impossible toute percée décisive, où la décision passe par une guerre d'usure à travers une succession de combats minutieusement exécutés. La bataille conduite est une symphonie qui a besoin d'un commandement centralisé et d'une armée homogène pour multiplier les coups sur un large front*. Dans cet imaginaire, le tempo est dicté par une minutieuse planification. En effet, dépendant du parapluie de l'artillerie, l'avance se réduit à une succession de modestes bonds sans quête de la percée. Le char y est indispensable pour muscler les assauts ; la France en possède près de 2 600 (chars FT* exclus), lents, à faible autonomie, mais bien protégés. Seule la cavalerie met sur pied 3 divisions légères mécaniques (DLM) au format proche d'une division blindée, mais les généraux les émietteront au profit de l'infanterie dès le 14 mai. Il est vrai que les employer en masse et en pointe pour accélérer la manœuvre est, dans la logique française, l'assurance de s'isoler et de s'épuiser sans profit. Ce serait revenir à la doctrine offensive si sanglante et stérile des années 1914-1916. De même, en défense, la priorité est de colmater (c'est-à-dire de reconstruire une ligne continue). Cette doctrine, fille de 1918, n'est pas absurde : les Américains débarqueront en 1944 avec une vision assez similaire. Mais les Français ne l'ont pas correctement actualisée. Ils manquent de mines, de tubes antiaériens. L'aviation est surclassée. Alors que le Reich attaque le 10 mai avec 4 000 appareils aux trois quarts opérationnels, les Français n'ont de disponibles que 1 286 des 4 300 avions en métropole (un taux misérable de 32 %). Où sont les autres ? Le reliquat est pour l'essentiel dans des escadres en cours de rééquipement et d'instruction ou bien tenues en réserve en prévision d'une guerre longue. Cette situation conduit à une infériorité considérable au point et au moment focaux encore aggravée par des procédures de coopération terre-air défaillantes et un déficit d'outils de communication et d'entretien qui ne permettent en moyenne qu'une sortie quotidienne et rarement à l'endroit le plus vital. De plus, l'armée s'est sclérosée. Tankistes et fantassins n'ont plus l'habitude de combattre ensemble tout simplement parce que les manœuvres ou les simples exercices ont été trop rares ou trop scénarisés. Chez les Alliés, la situation est similaire : tous utilisent le même logiciel mal mis à jour.

En face, parce qu'ils ne peuvent se permettre une guerre longue, les Allemands ont exploré une autre voie. On a longtemps dépeint leur Blitzkrieg comme une révolution. Il n'en est rien. Elle s'est contentée d'ajouter des innovations qui ont décuplé l'efficacité des tactiques d'infiltration agressives traditionnelles : le char qui amène au plus près l'appui-feu ; le camion, le jerrycan* et la radio qui accélèrent le tempo ; la pervitine* et des procédures autorisant quatre missions quotidiennes de Stukas comme artillerie volante qui augmentent le rendement de l'outil. Pour autant, une telle doctrine n'est pas simple à mettre en œuvre. Le commandement par objectif (Auftragstaktik) exige un excellent encadrement. Par chance, ce savoir-faire survit à la défaite. Au sein de la lilliputienne armée de Weimar, 4 000 officiers triés sur le volet deviennent des experts. En outre, la Wehrmacht a l'occasion d'aiguiser son épée à plusieurs reprises : en 1938 lors de l'annexion de l'Autriche, en 1939 en occupant la

Bohême-Moravie et en envahissant la Pologne. Elle n'est cependant pas exempte de fêlures. Le matériel n'est pas toujours au niveau. Le petit 3,7 cm antichar est obsolète. Les Panzer I et II ne sont que des chenillettes construites en attendant mieux. Moins de 40 % (955) des 2 612 engins blindés engagés peuvent être considérés comme de vrais chars, et encore compte-t-on les 330 chars de conception tchèque et les 350 Pz III aux performances encore bien décevantes. Seules 4 des 10 divisions de Panzers correspondent aux attentes de Guderian, les autres sont incomplètes. L'armée manque de camions (à peine 120 000, les Français en ont plus du double) comme de semi-chenillés et avance à 90 % à la vitesse du cheval. Sa structure même présente un pari risqué. Les meilleurs officiers, soldats et matériels forgent en effet une pointe de 10 divisions blindées et 6 motorisées parfaite pour une guerre courte et mobile, mais derrière le manche est trop long et trop fin ; seule la moitié des divisions d'infanterie est apte à l'offensive, les autres peuvent au mieux tenir le terrain. Que la guerre s'allonge et la pointe va s'émousser, les unités de faible valeur vont se retrouver exposées. Ainsi, la Wehrmacht ne dispose d'aucune supériorité numérique ; quant à la supériorité qualitative, elle n'est réelle que pour un huitième de l'armée.

Pour Philippe Garraud, la fracture la plus profonde entre ces deux imaginaires réside dans leur temporalité dissonante : lenteur, économie des forces et planification contre vitesse, rendement et initiative. La clé de la victoire repose alors dans la capacité de chacun à imposer son rythme. Pour y parvenir, les plans de guerre sont déterminants.

Remaniements opérationnels aux répercussions considérables

Le 27 septembre 1939, Hitler annonce son intention d'attaquer la France le plus vite possible. Le 9 octobre, il fixe une date : le 25 novembre. Cependant, l'impréparation, la météo ou la fuite de documents conduisent à 29 reports étalés sur huit mois. Les premiers plans étaient sans imagination, reprenant la manœuvre Schlieffen de 1914. Celui du 9 octobre prévoyait un mouvement tournant à travers la plaine belge pour conquérir le plus de terrain possible en Hollande, en Belgique et dans le nord de la France afin de « mener contre l'Angleterre une guerre aérienne et maritime prometteuse, et disposer d'un vaste glacis couvrant l'accès du bassin de la Ruhr ». Hitler n'imaginait pas alors vaincre la France, mais seulement la repousser. À partir du 31 octobre, Manstein, chef d'état-major du groupe d'armées A, après de multiples discussions avec Guderian, conçoit une solution appelée à devenir le « coup de faucille » : attirer les forces alliées en Belgique par une attaque de diversion, tandis que le gros des forces mécanisées traverserait la forêt des Ardennes, franchirait ensuite la Meuse sans attendre les divisions d'infanterie avant de filer plein gaz jusqu'à la mer pour encercler la masse de manœuvre ennemie. Le plan est d'une audace inouïe : un ippon au premier mouvement. Que cela coince dans la forêt ou sur la Meuse et les Français garniraient les rives escarpées du fleuve de troupes, rendant le franchissement impossible. Pire, la pointe allemande se retrouverait enlisée en terrain défavorable, incapable de peser sur la bataille, tandis qu'en Belgique la Wehrmacht n'aurait pas les moyens de percer les défenses ennemies. Ce serait un retour à la guerre d'attrition de 1914, mais à 100 kilomètres de la région industrielle de la Ruhr. L'état-major n'y croit pas. Manstein est muté en Prusse-Orientale. Tout change lorsque le 17 février 1940 il rencontre Hitler qu'il n'a aucun mal à faire adhérer à son projet. Ainsi, sans ces reports successifs, les Allemands auraient réédité le plan pour lequel les armées françaises s'étaient préparées, et en plein hiver, donc sans l'appui régulier de la Luftwaffe.

Ces neuf mois d'attente conduisent Gamelin* à remanier également son plan ; un remaniement qui démultiplie involontairement l'efficacité du plan Manstein. Depuis le milieu des années 1920, les Français imaginent une guerre longue – aucune offensive n'est prévue avant 1941 et une mobilisation totale de l'économie. En attendant, il est vital de garantir l'inviolabilité du territoire national en stoppant l'ennemi sur la frontière du Nord-Est (mission confiée à la ligne Maginot renforcée de 4 armées) et en occupant préventivement la Belgique pour couvrir le nord du pays (avec la masse de manœuvre et le corps expéditionnaire britannique). En 1936, l'accord militaire franco-belge est dénoncé outre-Quiévrain. Il devient impossible d'entrer préventivement en Belgique. Gamelin ordonne alors une motorisation de son corps de bataille dans l'espoir de le projeter d'une centaine de kilomètres le jour où les Allemands violeront la neutralité belge. Il risque une bataille de rencontre pour laquelle l'armée française n'est pas conçue. Pour s'en prémunir, le stratège accélère la mise sur pied des DLM chargées de freiner les Allemands le temps que les gros se retranchent derrière la Dyle. L'ensemble demeure cohérent. Mais en novembre, Gamelin commence, à la demande des Britanniques, à étudier les options pour venir aussi en aide aux Pays-Bas. En mars, l'option retenue est celle d'une avance profonde jusqu'à Breda. Ce pari consomme sa seule réserve mobile (la 7e armée) jusque-là placée dans la région de Reims. Il ne lui reste que quinze divisions dispersées. Trop peu, trop loin. Aux premières heures du 10 mai, la mécanique infernale s'enclenche. L'armée, forte aux ailes et dégarnie au centre, se jette dans la gueule du loup. Ces changements ont creusé la fracture temporelle. Il faudra des jours pour corriger le déploiement français, plus qu'il n'en faut aux Allemands pour réussir leur ippon.

La drôle de guerre pénalise aussi les Français, car au lieu de servir à instruire les conscrits, les mois s'étirent en travaux de fortification. Gamelin identifie bien la Blitzkrieg, mais ne trouve aucun remède, si ce n'est incantatoire. Il inonde ses subordonnés de 145 instructions, mais n'en vérifie pas l'exécution. La troupe ne peut dès lors apprivoiser le matériel moderne livré en quantité (en particulier dans l'armée de l'air) ; 3 divisions cuirassées sont mises sur pied, mais il s'agit d'un regroupement décousu de bataillons. Finalement, ce répit devient néfaste. Il n'en est rien outre-Rhin, où des dysfonctionnements dans l'emploi des Panzers et dans leur coopération avec l'infanterie et l'aviation sont corrigés. Les divisions d'infanterie motorisées sont allégées et gagnent en souplesse. Les 4 divisions légères (leichte-Divisionen) dotées d'un seul bataillon blindé, créées pour satisfaire la Kavallerie, peu performantes, sont rattachées aux Panzertruppen et transformées en Panzerdivisionen (de la 6e à la 9e). Pour la première fois, une masse mécanisée de 80 000 véhicules est regroupée sous commandement autonome. À l'aide du matériel saisi (1 000 pièces d'artillerie tchèques, 1 400 canons antichars…), 49 nouvelles divisions sont constituées. L'outil est à la fois poli et étoffé.

Concours de circonstances

Les Allemands disposent dès lors d'un jeu excellent et comme la chance sourit aux audacieux, ils en jouissent de manière insolante. Dès le premier jour, le fort d'Ében-Émael tombe quasiment sans combattre à la suite d'erreurs ubuesques de la garnison. *Bis repetita*, au niveau du Schwerpunkt de Sedan : la 55e DI, une division médiocre de série B du non moins médiocre général Lafontaine, s'y est retranchée depuis des semaines, mais a négligé des positions clés où aucune mine n'a été posée. Elle réussit même l'exploit, si j'ose dire, de se faire surprendre en pleine relève par Guderian, perdant l'unique avantage tactique de la défensive : une installation et une connaissance du terrain occupé. Guderian, pour sa part, planifie avec un représentant de la Luftwaffe un bombardement novateur, « une offensive à outrance » avec 1 500 appareils se relayant pendant plusieurs heures. Son supérieur von Kleist*, sceptique, lui préfère une frappe plus classique, mais son ordre n'est pas exécuté… pour le plus grand bonheur des Allemands. Le bombardement sidère les défenseurs. Des détachements d'infanterie et du génie en profitent pour passer à bord de radeaux. Les points d'appui, une fois isolés, sont démantelés pour qu'ils ne puissent plus gêner le génie qui commence à faire passer le fleuve aux Panzers. Le 14 mai, des groupements interarmes contournent ce qui peut l'être et écrasent les contre-attaques confuses de quelques bataillons où chars et infanterie combattent séparément. La 1re division cuirassée française rameutée dans le secteur de Flavion est prise en flagrant délit de ravitaillement. Le 15, les Allemands débouchent en terrain libre. Au même instant, les généraux français évoquent une contre-offensive en tenaille, mais l'armée n'en a ni le savoir-faire ni les moyens techniques. Partout, elle est prise de vitesse, sa chaîne de commandement vole en éclats, les unités sont fractionnées, abandonnées à elles-mêmes, incapables de générer du feu. Les sirènes des Stukas sonnent le glas des trois piliers de la bataille conduite : maîtrise du temps, commandement centralisé et puissance de feu.

Au sommet, les généraux sont stupéfiés par cette guerre « scélérate ». Gamelin, dont Jules Romains a dit qu'« il était de ceux chez qui la liaison se faisait mal entre la puissance intellectuelle et la puissance d'agir » – ajoutant : « Ce qui est rare, c'est qu'un rêveur de ce type ait pu devenir général en chef » –, n'est qu'un spectateur. Quand on lui suggère de prendre le contrôle des opérations, il se contente d'acquiescer en ajoutant : « Bien entendu ; prévenez-moi du moment et de l'occasion. » Ultime atermoiement d'un homme et d'un commandement compassés fonctionnant au ralenti. Nombre de ses subordonnés partagent en effet son déficit de caractère (Huntziger, Garchery, Billotte), plusieurs s'effondrent psychologiquement, sans parler de ceux jetés sur les routes qui finissent par se faire capturer (Giraud) ou tuer (Billotte encore, Bouffet). En face, la Wehrmacht semble une nouvelle fois touchée par la grâce. Alors que plusieurs généraux supérieurs (von Rundstedt, Busch, Kleist) et Hitler en personne tergiversent, craintifs, d'une contre-offensive sur les ailes, leurs chefs de corps et de division (Guderian, Reinhardt, Rommel, Hoth), tacticiens hors pairs, leur forcent la main et foncent vers la Manche, imposant un tempo qui ne laisse aucune chance aux Alliés. Lenteurs françaises et prises d'initiatives allemandes se conjuguent pour accélérer le déséquilibre, en guise d'ultime dissonance temporelle.

L'inégal rapport au temps entre les deux doctrines explique donc profondément la victoire allemande. Elle est celle d'une armée disposant d'un noyau interarmes doté d'une forte cohésion, mobile et faisant preuve d'initiative face à une armée de masse attentiste et dépourvue de réactivité. Mais elle n'aurait jamais été aussi spectaculaire, ni même certaine, sans les lourdes déficiences françaises (erreur de déploiement, lenteur des procédures, commandement défaillant) et un concours fatal de circonstances. Décidément, pour la Wehrmacht, mai 1940 restera comme le mois où toutes les planètes étaient alignées.

Les divisions d'infanterie, le revers de la Wehrmacht

La structure des armées allemandes rappelle que le réarmement a été précipité et inachevé. Commencé véritablement en 1935, il se matérialise surtout en 1936 avec le retour au service militaire de deux ans (un an après la France) et un plan d'armement pour 50 divisions. Mais malgré les sommes allouées, le réarmement est freiné par l'insuffisante production industrielle et la pénurie de cadres. En 1938, l'armée plafonne à 36 divisions d'infanterie. Pourtant, en 1940, à côté des 16 divisions mobiles, de la division de cavalerie, des 3 divisions de montagne et des 2 divisions aéromobiles, la Wehrmacht aligne 130 divisions d'infanterie (en excluant la poignée d'unités SS), fruits de 9 vagues de mobilisation. Mais seules les 35 de la 1re vague, les 16 de la 2e et les 14 de la 4e, mêlant soldats d'active et jeunes réservistes, sont pleinement opérationnelles. Le niveau baisse avec les 21 unités de la 3e vague, dite de Landwehr (territoriale), et surtout à partir des 5e et 6e vagues (9 divisions équipées d'armes tchèques et juste aptes à défendre un terrain). Les lacunes flagrantes en

Pologne d'unités de réservistes conduisent d'ailleurs la Wehrmacht à un vaste programme d'instruction durant l'hiver et à des échanges de personnels et d'équipements pour harmoniser les niveaux et diffuser au maximum l'expérience acquise. Quant aux 36 divisions des dernières vagues, elles ne sont aptes qu'à la sécurité et à l'occupation du terrain tant elles sont pauvres en armes modernes, en artillerie, en radios, en chevaux, et privées de cadres formés. Leur seul mérite est de décharger le reste de l'armée de ces missions. Pour résumer, en mai 1940, l'Allemagne dispose en tout et pour tout à l'ouest de 19 divisions d'élite et de 60 divisions aptes à l'offensive, les 57 restantes faisant nombre. Conserver l'initiative était donc essentiel pour concentrer au bon endroit leurs meilleures unités.

Gembloux, échec à la Blitzkrieg ?

Le 14 mai, l'armée de von Reichenau, appât agité en Belgique, se présente devant la position d'arrêt où l'attendent la 1re armée française et le corps expéditionnaire britannique, à Gembloux. C'est seulement à cet endroit et à ce moment que les deux doctrines se sont fait face dans des conditions d'engagement optimales pour les Alliés. Les jours précédents, deux DLM ont arraché le délai nécessaire au déploiement de l'infanterie ; les effectifs sont importants (5 DI françaises, 3 anglaises) avec des réserves blindées (dont une division cuirassée, DCr) ; l'artillerie est pléthorique (120 pièces à la seule division marocaine). En face, les Allemands se présentent initialement avec 2 divisions de Panzers et 4 DI. Une attaque à la hussarde des Panzers échoue le 14, plusieurs compagnies n'ayant même pas réussi à se déployer, victimes du pilonnage. Le lendemain, afin d'empêcher les Alliés de se redéployer vers la Meuse, von Reichenau ordonne un assaut général. Toute la journée, la bataille est acharnée. Malgré l'engagement de plus d'un millier d'appareils, les Stukas ne musèlent pas l'artillerie française. Elle et les 25 mm antichars dispersent plusieurs assauts – un déferlement d'acier « jamais vu pendant la dernière guerre », témoigne le chef du Panzer-Regiment 5. Un bataillon de fusiliers se débande. Les Marocains repoussent la 4. Panzer, tandis que la 2. ID britannique ne cède pas un pouce de terrain. Entre un quart et la moitié des chars allemands sont endommagés. La 3. Panzer perce finalement le soir, mais trop tard et trop timidement pour pouvoir exploiter. Elle fait demi-tour. Le chef du corps motorisé, Hoepner, jette l'éponge. Il lui faudra une journée de repos avant un nouvel assaut. Plus au nord, l'infanterie allemande n'a conquis qu'une tête de pont sur la Dyle. Partout, le front français demeure cohérent et continu sans même avoir fait appel à la DCr. Mais, à 22 heures, coup de théâtre : la 1re armée, tournée par le sud par le « coup de faux », décroche, suivie des Britanniques, actant un recul qui ne s'arrêtera qu'à Dunkerque. Ce repli est bien mené. Reichenau n'a fixé personne.

Faut-il en conclure à la supériorité du couple « infanterie-artillerie » sur le binôme « char-Stuka » ? Pas si vite. La bataille a été extrêmement sanglante côté allié (près de 4 500 pertes, soit trois fois plus que chez les Allemands), les réserves de munitions s'épuisent, les lignes téléphoniques sont coupées et les contre-attaques – processionnaires – se délitent sous les coups des Stukas. À ce régime, l'armée aurait été exsangue en cent heures. Si les Français ont brisé le tempo allemand, il n'est pas certain qu'ils soient sortis vainqueurs d'une telle bataille d'usure si celle-ci s'était prolongée.

Ében-Émael, mythe allemand et histoire belge

par Hugues Wenkin

Clé de voûte de la ligne défensive belge, le fort d'Ében-Émael est considéré par les Allemands en mai 1940 comme un objectif à la fois stratégique et symbolique. La facilité avec laquelle ils s'en emparent provient toutefois plus des fautes belges que de leur supposée supériorité.

Dans la grande saga des opérations spéciales, la prise du fort d'Ében-Émael fait figure de cas d'école. Le 10 mai 1940 à l'aube, 69 paras de la Luftwaffe jaillissent par surprise de leurs planeurs sur le toit de l'ouvrage, porte bétonnée de la Belgique. À l'aide de charges creuses*, ces surhommes fanatisés, hyperentraînés et dopés à la pervitine neutralisent les puissants canons en quelques minutes avant de repousser des défenseurs dix fois plus nombreux. Les Panzers foncent, et ne s'arrêteront qu'à Dunkerque… Affaire bien connue ? C'est ce que l'on croit. Car il s'agit pour l'essentiel d'un coup stratégique sans importance, monté en épingle par les Allemands. Et dont la responsabilité repose plus sur la nullité de la défense que sur la supposée supériorité tactique et technique venue d'outre-Rhin.

Une clé forgée à Berlin

Le mythe prend source dans l'eau, comme de juste : celle du canal Albert. C'est pour protéger cette barrière artificielle qui sépare la Belgique des Pays-Bas et de l'Allemagne qu'un fort est érigé en 1932 sur les hauteurs proches de la ville d'Ében-Émael. Considéré comme le plus puissant d'Europe, l'ouvrage est bardé de canons servis par une garnison de 1 200 soldats. Son potentiel est cependant surestimé par le haut commandement allemand qui n'en connaît que la surface et pense réelles trois fausses coupoles que les Belges ont pris soin d'ajouter. Il est d'autant plus surévalué que son abandon est prévu avant même l'entrée en guerre.

Le 10 janvier 1940, en effet, les plans d'invasion du royaume ont été retrouvés dans un avion allemand écrasé… Bruxelles sort alors de son utopique neutralité armée pour s'enquérir des plans franco-britanniques. Or, Maurice Gamelin, grand patron des armées alliées, ne rêve que d'une bataille défensive sur la ligne la plus courte reliant la France aux Pays-Bas. Et celle-ci ne passe pas par Liège, au grand dam des Belges qui concluent, un peu tard, que la position du canal Albert, trop au nord, est intenable. Les Français estiment en effet qu'ils n'auront pas le temps de s'y installer en cas d'attaque brusquée ; et on ne peut leur donner tort. Aussi puissant, aussi coûteux soit-il, le fort – mais aussi la place forte de Liège, qui se transformerait en piège pour ses défenseurs – est condamné à l'abandon. Comment donc considérer comme un désastre la perte de ces défenses devenues inutiles ? De fait, elle n'aura que des conséquences mineures, car c'est dans les Ardennes, entre Dinant et Sedan, que se joue la campagne de mai 1940. Le raid allemand n'y prend donc qu'une importance symbolique : Goebbels le monte en épingle pour accentuer son impact sur les masses populaires, qu'il faut frapper d'effroi.

Friture sur la ligne

Le deuxième ferment du mythe d'Ében-Émael naît du fait que la Belgique n'aurait pas envisagé une attaque aéroportée. Rien de plus faux ! Les potentialités d'un tel assaut sont en fait bien connues du ministère de la Défense nationale dès 1935, quand l'ambassadeur à Moscou assiste aux démonstrations soviétiques en la matière. Si Bruxelles juge alors qu'il s'agit surtout d'un numéro de cirque, l'atterrissage forcé du 10 janvier rend la menace bien réelle : l'ennemi peut surgir des nuages et frapper n'importe où. Les bribes de plans allemands saisis par les Belges décrivent en effet par le menu une opération aéroportée pour s'emparer des ponts sur la Meuse, à hauteur de Dinant.

Sorti de sa léthargie, l'état-major émet plusieurs notes à destination des corps d'armée, en priorité ceux de la zone menacée, mais aussi ceux de Liège. Manquant singulièrement d'imagination, les officiers belges concentrent cependant leur énergie sur la défense des étendues agricoles susceptibles de servir de zone d'atterrissage. Personne ne pense que les 45 hectares offerts par le glacis sont appropriés pour accueillir des parachutistes.

Le commandant du fort, le major Jean Jottrand, n'est donc pas officiellement informé de l'épée de Damoclès qui le menace. Alors qu'il pourrait aisément se protéger d'un danger aéroporté en semant quelques mines et en installant barbelés et rails verticaux, le major défend le moral des troupes en installant… un terrain de football.

Rien de blâmable. Plus ennuyeux pour lui : Jottrand n'effectue pas non plus l'exercice de tir prescrit, au cas où, par son colonel installé à Liège pour contrer une invasion par la voie des airs. Mais ce supérieur n'a, il est vrai, qu'une autorité toute relative sur le fort, la position étant coiffée par le corps d'armée voisin installé à Tongres depuis 1939. Un transfert douloureux : fâchés de perdre le contrôle du fleuron de la défense bétonnée nationale, les Liégeois ont argué de la nécessité d'une mainmise technique et du besoin de commander les tirs en direction de leur dispositif pour garder l'usage des lignes téléphoniques enterrées, ne laissant d'autre choix aux Tongrois que des lignes aériennes pour communiquer avec le fort. Or, ces liaisons seront coupées au premier bombardement, non sans conséquence pour la coordination des opérations de nettoyage du massif fortifié.

Alfred vous passe le bonjour

Pas de surprise technique qui tienne, donc. Et encore moins de surprise tactique pour justifier la chute du fort. Comme l'ensemble des positions de la frontière, ce dernier est alerté de l'imminence d'une menace quatre heures avant l'assaut aéroporté ! Le mot d'ordre « Alerte Alfred » est transmis en effet à Ében-Émael à 0 h 30. C'est l'élément déclencheur d'une procédure qui devrait être rodée pour permettre à la garnison de se mettre en état de défense en moins de trente minutes. Et de fait, les ouvrages sont occupés dans les temps. Le problème réside dans la rigueur avec laquelle les tâches sont accomplies…

Il y a tout d'abord les réserves de munitions que l'on n'est pas autorisé à ouvrir sans raison. L'air du fort est humide et le contenu des caisses risque la corrosion si le reconditionnement n'est pas effectué correctement. Lors des alertes précédentes, les malheureux qui avaient osé violer l'enveloppe protectrice s'étaient fait réprimander : on ne les y prendra pas cette fois. La suite est tout aussi ubuesque. Lorsque tout son fort est en état de se défendre, Jottrand ordonne aux équipes occupant les blocs armés de mitrailleuses de revenir à l'entrée. Il s'agit de déménager les archives entreposées dans des baraquements extérieurs qu'il faut incendier pour dégager le champ de tir. Le personnel de piquet*, pourtant réglementaire, est également réquisitionné. Les organes de défense du massif sont donc dégarnis sur ordre du commandant !

Quant au rappel des éléments de la garnison dormant à l'extérieur, il n'est ordonné qu'à 2 heures du matin, et exécuté de façon rocambolesque. En principe, vingt coups de canon doivent être tirés aux quatre coins cardinaux pour donner l'alerte. Mais comme la coupole Nord est inoccupée, la mission échoit à la coupole Sud qui, au moment du tir, s'aperçoit que ses percuteurs sont montés à l'envers. Il faut l'intervention de l'armurier pour que les coups d'alarme puissent enfin partir à 3 h 25, soit trois quarts d'heure avant l'arrivée des hommes du détachement d'assaut allemand. Pour compliquer le tout, la garnison d'alternance qui dort à quelques kilomètres de là n'est pas alertée à temps. Partie trop tard, elle n'arrivera jamais.

C'est donc un fort bien alerté, mais mal préparé, qui voit tournoyer dans son ciel les planeurs du détachement Granit, le groupe de 86 hommes (en réalité 69, à la suite de défaillances de planeurs) chargés de le neutraliser. L'assaillant veut éliminer les défenses antiaériennes et clouer le bec aux pièces orientées au nord. C'est de là que doivent en effet déboucher les Panzers qui foncent faire leur jonction avec les paras chargés de prendre le contrôle des ponts sur le canal. Soudain, à 4 h 15, neuf planeurs s'abattent simultanément sur le massif et leurs occupants déboulent sur le glacis. Les quatre malheureuses mitrailleuses ne s'y opposent pas : elles n'ont pas reçu l'ordre de tirer… Leurs servants sont rapidement mis hors de combat.

Terrifiés par l'effet des charges creuses

Cela fait des mois – depuis le 2 novembre 1939 exactement – que les paras s'entraînent pour la mission sous le commandement du lieutenant Witzig* et l'action se déroule comme à l'exercice. Une minute après l'atterrissage, les deux cloches de guet sautent. Les Allemands inaugurent à cet effet des charges creuses (chaque groupe de 7 à 8 hommes emporte 2 charges creuses de 50 kg et 2 autres de 12,5 kg – sans compter 3 torpilles antibarbelés et 1 lance-flammes). À l'intérieur des ouvrages, l'effet est terrifiant. Les guetteurs sont pulvérisés sous les yeux de leurs compagnons d'armes. Ceux-ci refluent, horrifiés, dans les galeries, communiquant à la garnison le choc traumatique qu'ils viennent de subir. Dans l'urgence de l'instant, Jottrand donne des instructions erronées, neutralisant l'effet des rares armes en état de tirer. Les Allemands s'attaquent ensuite à la cloche d'un bloc périphérique, rendant les défenseurs du massif pratiquement aveugles, et détruisent le bloc mitrailleur Nord, ouvrant une large brèche dans la défense rapprochée de la superstructure.

Au fur et à mesure que les postes tombent, les chances d'enrayer l'attaque s'amenuisent… La conquête n'est plus qu'un jeu de dominos, la prise d'un ouvrage ouvrant la possibilité de détruire le suivant à moindre risque. Les hommes de Witzig déposent une charge à la base d'un tube de Maastricht 2. L'affût est refoulé vers l'intérieur, ouvrant une plaie béante dans laquelle ils s'introduisent, pistolet-mitrailleur au poing, après un grenadage en règle. Dans les minutes qui suivent, le second bloc mitrailleur et Maastricht 1 sont également mis hors d'état de tirer. À chaque fois, les mêmes scènes se reproduisent : les défenseurs, se croyant à l'abri sous leur masse de béton, sont médusés et refluent paniqués dans les entrailles de la forteresse.

Panique à bord

La mission principale de Granit est accomplie en à peine dix minutes, facilitée par le manque de réactivité et de nombreux dysfonctionnements des armes adverses. La suite n'est plus qu'un harcèlement des défenseurs qui va durer vingt-quatre heures. Tel un géant démembré assailli par un essaim de guêpes, Ében-Émael ne fait plus dès lors que subir les événements, perdant petit à petit ses moyens de défense périphériques. La garnison tente bien des sorties, mais ses artilleurs ne sont pas entraînés au combat d'infanterie. Mal armés, pilonnés par les Stukas à chaque pas, ils sont incapables de reconquérir les casemates occupées par les paras. Ces derniers, en revanche, disposent encore de beaucoup d'explosifs et, enhardis par leurs succès, s'appliquent à grignoter plus avant les possibilités de réplique des défenseurs.

À l'intérieur, le major Jottrand ne sort guère de son bureau, même pour coordonner les sorties de sa garnison avec l'unique renfort d'infanterie reçu de l'extérieur. Il ne cesse de réclamer une contre-attaque à la division d'infanterie qui entoure la place. Elle ne viendra jamais, à cause de la mauvaise coordination des forces belges. Les adjoints de Jottrand, pour la plupart jeunes et inexpérimentés, contiennent mal le malaise grandissant. L'infirmerie est surchargée et bientôt les blessés, râlant, s'amoncellent dans les couloirs, ajoutant au sentiment d'effroi. Au matin du 11 mai, un bataillon d'assaut allemand traverse le canal Albert et vient renforcer Witzig. Des canons antichars sont mis en batterie et s'attaquent aux derniers blocs périphériques en état de se défendre. Subissant des coups répétés et dans l'incapacité de les rendre, les soldats belges veulent déposer les armes. Réuni, un conseil de défense décide alors de demander les conditions d'une reddition honorable. Mais lorsque l'officier chargé de la négocier fait ouvrir les portes, les soldats se ruent à l'extérieur, offrant le fort sans autre forme de procès.

Face aux défaillances, une seule réaction : l'omerta

Les autorités belges d'après guerre ont préféré garder le silence sur les nombreuses lacunes présentes à tous les niveaux de la hiérarchie. Elles n'ont jamais démenti la version allemande, accréditant le mythe des surhommes hyperentraînés terrassant le Léviathan, masque opportun aux déficiences calamiteuses de la défense… La vision créée par Goebbels s'est imposée facilement et subsiste encore aujourd'hui. Dans les faits, si les procédures avaient été respectées et les bonnes instructions données, l'ouvrage d'Ében-Émael, alerté dans les temps, était parfaitement capable de repousser l'assaut : rien que le tir de 4 mitrailleuses légères sur les flancs de toile des planeurs aurait pu faire un massacre (le groupe Granit déplore au final 6 tués, contre 25 et

63 blessés aux défenseurs). La forme surprenante de l'attaque aéroportée et la charge creuse* ont eu moins d'influence sur le résultat que le choc traumatique provoqué par l'effroi de la bataille sur une troupe peu préparée, mal encadrée et dépourvue d'aide extérieure efficace, faute de coordination. Ében-Émael est, avant tout, une victime de l'armée belge.

« La Wehrmacht n'avait pas besoin de tanks pour percer dans les Ardennes »

propos recueillis par Pierre GRUMBERG

Ce ne sont pas les chars, mais les divisions Panzer – unités mobiles concentrant infanterie, artillerie, génie et appuyées par l'aviation – qui ont battu la France en 1940. Partant de ce constat et revenant sur tous les conflits, Jean-Claude Delhez[1] *remet en question le mythe des blindés.*

GUERRES & HISTOIRE. — D'où est venue cette idée de réétudier le rôle des chars ?

JEAN-CLAUDE DELHEZ. — Je n'avais jamais écrit là-dessus, excepté deux livres sur Guderian face à la cavalerie française et aux chasseurs ardennais. Et puis, il y a deux ans, je vais faire les courses au supermarché et je trouve une miniature de char B1 bis avec un fascicule. Je l'achète et cela me donne envie de relire des publications sur la campagne de 1940. Je constate alors que les chars français ont été une catastrophe,

1. Journaliste, passionné d'histoire et collaborateur de *Guerres & Histoire*, Jean-Claude Delhez a écrit plus d'une vingtaine d'ouvrages consacrés en particulier à l'année 1914 et à la Belgique. Il est notamment l'auteur de *Chars d'assaut, un siècle d'imposture* (Éditions Jourdan, 2017).

qu'ils n'ont servi à peu près à rien. Puis je tire sur le bout de laine et me demande si l'on n'a pas exagéré le rôle des blindés alliés, puis des blindés tout court. De là, je systématise mes recherches, en établissant une base de données de tous les engagements et des grilles de lecture chiffrées. Et cela confirme mon impression : les chars sont loin d'avoir été décisifs dans la percée de mai 1940. On est à cent lieues de la méthode miracle où les blindés tiennent le rôle principal.

Ce sont pourtant bien les divisions Panzer qui ont percé le front !

Oui, mais une division Panzer est une unité interarmes, qui encadre des composantes très différentes. Si l'on entre dans le détail des opérations, que l'on analyse finement la percée au niveau tactique – tout se joue en six jours – et que l'on regarde qui fait quoi comme je le propose dans mon livre, on constate que les chars interviennent très peu, surtout en appui de l'infanterie, comme en 1918. Quand ils agissent seuls, ils échouent la plupart du temps face aux canons antichars, dont on oublie souvent à tort l'efficacité. Dans les engagements qui mènent à la percée du corps Guderian, c'est l'infanterie qui fait le gros du travail. Quant aux engins alliés, leur action n'a guère eu d'effets. Tout cela ne correspond pas du tout à la vision qu'on a de cette phase clé de la campagne et qui a engendré un engouement excessif pour les chars. Tout le monde s'est mis à s'en équiper massivement : les Américains, les Japonais et aussi les Soviétiques, qui avaient freiné leur effort à la suite des performances décevantes de leurs blindés en Finlande.

D'où vient, selon vous, cette surévaluation dans la campagne de 1940 ?

Je pense qu'on n'a pas assez consacré d'études tactiques profondes à la période. On n'a pas suffisamment analysé les archives des deux côtés – quand elles subsistent, car beaucoup ont été détruites – pour savoir comment telle ou telle attaque s'est réellement déroulée. Pour être objectif, il faut également réaliser une cartographie précise, aller sur le terrain et se départir de tout nationalisme ou corporatisme. Faute d'avoir fait ce travail, on a confondu la Panzerdivision et le char pour donner naissance à une vision « tanko-centrée », en ignorant la vraie valeur du canon antichar. Face à une défense correctement établie, on ne passe pas ! Je ne suis d'ailleurs pas le seul à le souligner. Dès 1936, une note sur la conduite des grandes unités rédigée en France explique que le « canon antichar a le même effet sur le char que la mitrailleuse vis-à-vis du fantassin ». Aujourd'hui, les historiens américains Jeffery Gunsburg et Robert Doughty, qui connaissent bien le sujet, pensent également que le char a été surévalué. Mais, comme me l'a écrit récemment Jeff Gunsburg, ma thèse peut gêner beaucoup de gens. Pensez qu'aujourd'hui encore, la campagne de 1940 sert à justifier les budgets destinés aux blindés…

On peut concevoir que le char en tant que tel ne joue pas un rôle clé dans la défaite de la France. Il n'en reste pas moins qu'il est omniprésent par la suite !

Je ne le nie pas, de même que je ne nie pas que le char joue un rôle – utile, mais pas capital. Il connaît même un âge d'or au cours des années 1942 et 1943, quand l'industrie produit enfin des engins mécaniquement fiables et quand l'antichar perd momentanément sa supériorité : la munition à charge creuse n'est pas encore en dotation, la domination aérienne alliée n'est pas établie. En 1944, le char sert essentiellement d'antichar : il n'existe que pour se battre contre lui-même. Il mène une guerre dans la guerre, un combat stérile, déconnecté de la logique générale.

Votre ouvrage livre la même analyse sur l'offensive allemande de fin 1944 dans les Ardennes. Pourquoi avoir choisi cette bataille ?

Parce que la campagne de 1940 se situe au tout début du conflit et l'autre à la toute fin. Entre les deux, il y a une grande évolution dans le matériel et les tactiques. Le but est de voir comment la situation a évolué au terme de la guerre, en présence des matériels les plus puissants, notamment le Tigre, de généraux tel Patton* et d'innovations comme la charge creuse. Et je constate alors que les chars ne remportent un succès contre un adversaire qui en est dépourvu que dans 29 % des cas. En dépit d'une évolution technique spectaculaire, le ratio succès/échec, qui était marginalement positif en mai 1940 avec 11 succès pour 9 échecs, est devenu nettement défavorable.

On objectera que le char n'est pas forcément à l'aise dans les Ardennes qui sont un terrain vallonné et boisé, plutôt défavorable.

Je pense qu'on exagère le côté accidenté de la région. Quand on va sur place, on s'aperçoit que le terrain n'est pas tellement différent de ce que l'on voit partout en Europe de l'Ouest. Et puis si le char doit éviter la forêt, les lieux habités, les collines et montagnes, les cours d'eau, les zones humides, les îles, la pluie, la neige et, avec la puissance aérienne actuelle, les déserts, que lui reste-t-il alors ?

Qu'en serait-il des autres fronts, notamment de l'Est ?

Je n'ai pas pu analyser l'intégralité du conflit, il faudrait vingt ans d'étude pour autant de volumes que personne ne voudra publier. Mais je constate quand même qu'à Koursk, quintessence de la bataille de chars, c'est surtout l'artillerie qui s'illustre. Et quand on parle de la Normandie, on voit que les chars [alliés] restent deux mois sans percer. Après ça, la chevauchée de Patton est facile : les Allemands sont partis. Cela dit, encore une fois, le char a eu son utilité ! Il faut juste la relativiser, car il y a beaucoup de déchet.

Et l'après-guerre ?

Les armadas blindées de la guerre froide n'ont jamais servi et n'ont pas brillé pendant les conflits outre-mer : Corée, Indochine, Vietnam, Afghanistan... Dans les années 1980, Irakiens et Iraniens possèdent des masses de chars et pourtant leur guerre est une guerre de tranchées. Jamais ils ne percent. Quant à la guerre des Six-Jours, on oublie de dire qu'elle est gagnée par Isarël parce que son aviation est maîtresse du ciel : c'est l'avion, pas le tank, qui donne la victoire. En 1973, en revanche, quand cette maîtrise est contestée, les chars se font étriller le long du canal de Suez par les missiles à charge creuse dont les Égyptiens se sont équipés entre-temps.

Ils sont toujours cependant à la pointe de la doctrine de Tsahal...

Parce qu'ils correspondent bien à la psychologie des Israéliens, qui ont besoin de se sentir protégés. Le blindage du Merkava, le char le mieux protégé au monde, rassure : c'est leur ligne Maginot. Mais utiliser cet engin contre les Palestiniens en combat de rue, c'est une aberration !

Le char est-il obsolète ?

Le char n'est plus la meilleure arme antichar depuis l'arrivée du missile. Tout récemment, au Kurdistan, on a vu des Leopard 2 turcs percés par des armes conçues dans les années 1980 et tirées par des milices locales. Et ces engins ont perdu leur utilité dans des conflits asymétriques, menés souvent en milieu urbain. C'est vrai que l'on observe un regain d'intérêt avec le retour actuel à une logique de guerre froide : les Russes présentent le nouveau tank Armata, les Allemands réclament un nouveau char. Il y a une part de fantasme là-dedans. Et aussi les intérêts du lobby militaro-industriel.

Dunkerque, le miracle de la défaite

par Pierre GRUMBERG

Grâce aux ports et aux plages de la mer du Nord, 380 000 soldats anglais et français échappent aux griffes de la Wehrmacht, résultat improbable d'une opération montée in extremis *dans le chaos le plus extrême. Mais c'est aussi le résultat d'une débâcle dont la France ne se remettra pas. Jour après jour, en voici toute l'histoire…*

Tout commence le 10 mai 1940 par une opération téléphonée. Au château des Bondons de La Ferté-sous-Jouarre, le QG du front Nord-Est commandé par le général Georges*, il est 6 h 30 quand la sonnerie retentit. Au bout du fil, c'est Gamelin, le commandant en chef des armées alliées en France.

« Allô, Georges ? Vous êtes au courant ?

— Oui, mon général, dès la première heure. Alors, c'est la manœuvre Dyle ?

— Puisque les Belges nous appellent, pensez-vous que nous puissions faire autre chose ?

— Évidemment, non… »

Que faire d'autre, en effet ? Les Allemands qui viennent d'attaquer deux heures plus tôt la Belgique et les Pays-Bas font exactement ce qu'on attend d'eux. Comme convenu, le groupe d'armées n° 1 du général Gaston Billotte – 776 000 hommes, dont

236 000 Britanniques – s'élance donc au secours des armées du roi Léopold III* et de la reine Wilhelmine. C'est le printemps, les oiseaux et les Belges acclament les troupes qui passent la frontière, et pas l'ombre d'un Heinkel pour salir le ciel bleu.

11-18 mai : de la confiance à la panique

Le 11 mai, les 210 000 hommes de la 1re armée commandée par le général Blanchard bordent donc la Dyle, conformément au plan. Ils s'appuient à droite sur les 180 000 soldats du général Corap, chargés de tenir la face ouest des Ardennes, et à gauche sur les Britanniques de la British Expeditionary Force de lord Gort*, centrée sur Louvain. À l'extrême gauche, le long de la mer du Nord, la 7e armée – les 150 000 soldats de Giraud – pousse jusqu'à Breda, aux Pays-Bas. Pour ce bond de 200 km, on a choisi d'investir les forces les plus mobiles de l'armée, la fleur des troupes mécanisées qui devait être tenue en réserve, au cas où… Mais quel cas, puisqu'on a tout prévu ?

Le 14, à peine trois jours plus tard, le désespoir succède à la confiance : à 3 heures du matin, affalé devant sa carte, Georges sanglote devant ses officiers atterrés : « Notre front est enfoncé à Sedan ! Il y a eu des défaillances… » Pendant que le groupe d'armées n° 1 croyait fermer la grande porte en Belgique, les Panzers sont passés par l'issue de service, dans les Ardennes que l'on disait infranchissables. Hypnotisés par le serpent mécanisé qui se glisse dans le trou béant des lignes, Gamelin, Georges et Billotte restent les bras ballants, se bornant à ordonner de vagues contre-attaques et à réclamer des avions aux Anglais. Le lendemain, à 7 h 30, c'est Paul Reynaud, le président du Conseil, qui réveille Winston Churchill : « Allô ? Nous sommes battus. La bataille est perdue. »

Reynaud croit que les Panzers foncent vers Paris. Il se trompe. C'est vers la Manche qu'ils foncent, à raison de 50 km par jour ; et comme Gamelin l'avoue à un Churchill consterné au Quai d'Orsay, il n'y a pas de réserves mobiles pour les arrêter. Pendant que Georges tente tardivement de replier de Belgique ses troupes accrochées, la British Expeditionary Force (BEF) reste dans l'incertitude. Les officiers de Gort, qui ont vu pleurer ceux de Billotte, comprennent enfin l'étendue du désastre quand, le 17 mai, Georges demande benoîtement si une division à vocation purement ancillaire peut se positionner au sud d'Arleux, soit à 23 km à l'est d'Arras. Le 18 mai, Gort, pressentant le pire, dépêche un officier auprès de l'amiral Abrial*, commandant du secteur de Dunkerque, où tombent les premières bombes et les premières victimes civiles. Le soir, Guderian est à Péronne, à 75 km d'Abbeville et de la baie de Somme.

19 mai : le compte à rebours est lancé

Minuit sonne la nouvelle journée quand Gort rend visite à Billotte, au QG du groupe d'armées n° 1 à Wahagnies, afin d'évoquer la contre-attaque qui s'impose contre les flancs allemands exposés. « Eh bien, mon général, qu'est-ce que vous avez à me dire ? » « Pas de réserves, pas de plan et peu d'espoir », répond l'autre, avant de lâcher : « Je suis crevé… Et contre ces Panzers, je ne peux rien faire. » Convaincu que les Français ne bougeront pas, Gort fait contacter le War Office dans la matinée, puis à 16 h 30. En termes discrets, au cas où les Français écouteraient, Pownall, chef d'état-major de Gort, explique que ce dernier « étudie une possible retraite vers Dunkerque au cas où il y serait contraint ».

C'est la première fois que l'éventualité est mentionnée et, en accord avec Churchill, le général Ironside*, chef d'état-major impérial et patron de l'armée, s'y oppose : mieux vaut tenter une sortie au sud, tant que le rideau allemand reste mince, et encourager les Belges à suivre. Gort encaisse, mais Pownall n'en charge pas moins le lieutenant-colonel Bridgeman de travailler sur un plan d'évacuation. Côté français, le soleil se couche sur une note d'espoir : à 20 h 45, l'énergique Maxime Weygand* remplace Gamelin. En réalité, c'est un désastre : le nouveau venu annule les projets contre-offensifs de son prédécesseur pour aller prendre l'avis de ses subordonnés…

20 mai : les Allemands ont un pied dans la Manche

À Londres, dès le matin, Churchill donne ordre de rameuter, au cas où, tout ce qui flotte en vue d'une évacuation de la BEF, que l'amiral Ramsay*, commandant à Douvres, a pour mission de planifier. Déjà, les premiers échelons arrière de ladite force expéditionnaire rembarquent dans les ports de la Manche. Parallèlement, Ironside rend visite à Gort, puis va rencontrer Billotte à Lens. Ce dernier marmonne sa litanie : fatigué, rien à faire contre les Panzers… Ironside, qu'on surnomme « Tiny » (« minuscule ») à cause de son imposante corpulence, saisit Billotte par les boutons de sa vareuse et le secoue comme un prunier pour lui arracher la décision d'attaquer. La 1re armée de Blanchard partira du secteur de Cambrai (ville tenue par les Allemands) vers Bapaume le lendemain, tandis que la BEF sortira d'Arras (que Rommel a déjà laissée derrière lui). Mais Blanchard ne rédige qu'un ordre vague et tardif, à la fureur des Britanniques. Pendant que ce beau monde discute, Guderian pousse à Noyelles-sur-Mer. Le groupe d'armées n° 1 est alors coupé de ses arrières et du reste des forces alliées.

21 mai : coup d'épingle à Arras

À 8 h 35, au Bourget, Weygand embarque enfin dans un avion pour sa tournée. Il atterrit à Béthune, où personne ne l'attend. Un pauvre planton offre sa camionnette pour que le nouveau généralissime puisse téléphoner à la poste du coin, puis on déjeune à l'auberge avant de redécoller vers Calais. Weygand parvient ainsi vers 15 heures à Ypres pour rencontrer Léopold III. Billotte, qui le cherche partout, n'arrive qu'en cours de réunion. En dépit des réticences du roi, qui annonce l'écroulement imminent de son armée, on décide d'une double attaque, de Cambrai vers le sud et de la Somme vers le nord. Après quoi, le généralissime rejoint Abrial à Dunkerque, où il embarque à 18 h 30 sur un torpilleur « pour retourner en France ». Il arrivera à 5 heures du matin à Cherbourg. Entre-temps, Billotte se tue dans un accident de la route et Blanchard, son successeur, ne prend pas d'initiatives. Gort, arrivé trop tard lui aussi, est contraint d'acquiescer au plan Weygand.

Comme convenu, la BEF lance autour d'Arras l'attaque promise, mais avec 2 000 soldats au lieu des 15 000 prévus, et 74 chars, dont 16 seulement armés d'un canon. Les Allemands, surpris, sont bousculés. Mais les assaillants, vite épuisés et à bout de munitions, n'ont pas la force de percer et se replient en laissant la moitié de leurs engins sur le terrain. La contre-attaque – une des rares à se concrétiser, avec celle du colonel de Gaulle à Montcornet du 17 au 19 – a cependant un effet imprévu : elle avive les craintes de von Rundstedt, commandant du groupe d'armées A dont dépend la ruée sur la Manche.

22 mai : le serpent resserre son étreinte

À midi, Reynaud emmène Churchill au GQG de Vincennes, où Weygand, reprenant le projet Gamelin après cinq jours de délais, confirme l'idée de fermer le couloir des Panzers par une double attaque depuis Cambrai et Amiens. Churchill approuve, mais stipule que Gort, replié sur l'Escaut, devra garder une route de repli vers la côte. Il n'annonce pas pour autant une intention claire de rembarquement, ce que les Français lui reprocheront à juste titre… À Londres, le Premier ministre convoque le général Spears pour assurer une représentation auprès de Reynaud. Mais ce fin connaisseur de la France a égaré son uniforme et ne parviendra à Paris que le 25… En attendant, les Panzers se réorientent vers le nord. Le soir, ils encerclent Boulogne – d'où 4 368 Britanniques sont évacués, laissant la défense aux Français – et menacent Calais.

23 mai : les Belges à bout

Gort, qui rencontre Blanchard dans la matinée, comprend que la percée vers le sud est de plus en plus illusoire, d'autant que l'armée belge, arc-boutée sur la Lys, est à bout de forces. La BEF est placée en demi-rations, et certaines troupes destinées à piquer au sud pour l'offensive servent à replâtrer le front fissuré. À Dunkerque, où s'active l'énergique Abrial, quelques faibles défenses sont mises en place pour contrer une arrivée des Panzers depuis Calais encerclée.

24 mai : *Halt, Führerbefehl !*

Alors que les Panzers s'apprêtent à bondir jusqu'à Dunkerque, que rien ou presque ne protège, Hitler donne à 11 h 31 (heure française) l'ordre de stopper et même d'abandonner les têtes de pont établies sur les canaux. Ce *Haltebefehl* providentiel fait basculer la bataille, en octroyant aux troupes piégées un répit inespéré. Côté français, Weygand veut toujours sa grande contre-attaque, mais ordonne de créer sur la mer du Nord une tête de pont « aussi étendue que possible enserrant Dunkerque, indispensable au ravitaillement ». Camp retranché à tenir coûte que coûte pour les Français, point d'évacuation pour les Britanniques… La stratégie alliée est écartelée entre deux principes contradictoires, ce qui est immédiatement illustré par une dispute dans Calais assiégée. Partir ? Ou défendre jusqu'à la dernière cartouche ?

25 mai : Gort tranche le nœud gordien

Ce qui devait arriver arrive : sous la pression du groupe d'armées B de von Bock*, les Belges craquent à Courtrai et les Allemands menacent de prendre la BEF de flanc pour investir Dunkerque par l'est. Informé des intentions ennemies grâce à des plans capturés,

Gort prend à 18 heures la décision fatidique : aveugler la brèche avec les deux divisions de réserve prévues pour l'offensive Weygand – ce qui conduit à son abandon *de facto*. En réalité, Blanchard, qui vient enfin de prendre les rênes du groupe d'armées n° 1, estime que ses troupes sont épuisées et il est soulagé d'avoir à suivre les Britanniques. À 22 h 30, il donne l'ordre de la retraite vers un large périmètre compris entre le canal de l'Aa, la Lys et le canal reliant Gand à la mer, que le général Fagalde* est en train d'organiser, sous les bombardements incessants de la Luftwaffe. À Boulogne, les derniers défenseurs, tous français, ont rendu les armes.

26 mai : le fossé se creuse entre Paris et Londres

Gort coordonne ses efforts avec Blanchard quant à la retraite vers la côte, sans que le second, qui donne ordre de « tenir sans esprit de retraite », comprenne que le premier n'a aucune intention de rester. Le hiatus est entretenu à Paris, où les Britanniques, de plus en plus persuadés que la France va sombrer, se demandent comment évacuer le navire. Au War Office, à Londres, Halifax* évoque l'idée de négocier avec Berlin par l'entremise de Mussolini (l'Italie est encore en paix), mais Churchill refuse *mordicus*, au moins jusqu'à ce que le sort de la BEF se précise.

À Douvres, l'amiral Ramsay reçoit à 18 h 57 l'ordre de déclencher l'opération « Dynamo ». Objectif : évacuer 45 000 soldats de la BEF dans les deux jours. Faire mieux tiendrait du miracle. Au même moment, les Panzers repartent à l'assaut. Mais il est trop tard : Fagalde et son collègue Barthélemy ont eu le temps de muscler les défenses. Les régiments Großdeutschland et Leibstandarte SS Adolf Hitler (LSAH) apprennent à leurs dépens que le temps des grandes chevauchées est fini : leurs assauts sont repoussés avec de lourdes pertes par une infanterie française bien retranchée et soutenue par une artillerie efficace. Il faudra progresser maison par maison, jusqu'à la fin, face à une défense tenace et courageuse… Pour Calais, en revanche, c'est fini : 3 500 Britanniques et 16 500 Français sont capturés.

27 mai : premiers tours de « Dynamo »

À Douvres, marins français et anglais s'accordent sur les modalités du trafic, tandis que les terriens se rencontrent à Cassel pour coordonner la défense du périmètre. Il est grand temps, car le roi Léopold, qui pense la bataille perdue, a envoyé un émissaire aux Allemands dans l'après-midi, mais n'en informe les Alliés qu'à 18 heures. À Dunkerque, « Dynamo » enlève un premier contingent de 7 669 soldats. La Luftwaffe ayant détruit les installations portuaires, on improvise des points d'amarrage sur les brise-lames. Des plages, des jetées de camions sont construites à marée basse. Le ciel, qui éclairait jusqu'à présent les succès allemands, change de camp : si la mer reste calme, les nuages s'amoncellent et gênent les Stukas.

28 mai : les Belges jettent l'éponge

À 4 heures du matin, l'armée belge se rend, laissant un vide béant à l'est de Dunkerque. Les Allemands, gênés par les 200 000 prisonniers et les quelque 3 millions de civils qui encombrent l'ouest de la Belgique, ne démarrent qu'à 11 heures et se heurtent aux restes de la 60e division d'infanterie française, repliée *in extremis* à Nieuport dans des camions belges réquisitionnés. À l'ouest de la poche, les Britanniques tiennent bon à Cassel.

À Houtkerque, à 10 heures, Gort montre à Blanchard le télégramme reçu la veille de Londres, lui enjoignant de sauver les hommes, à défaut des meubles. La surprise passée, Blanchard est forcé en renâclant d'accepter un repli sur le périmètre de Dunkerque, ce qui implique de quitter la Lys, alors que l'essentiel de la 1re armée (commandée par Prioux) se trouve coincée au sud… Les 3e et 4e divisions de la BEF s'extraient vers les plages. Côté français, seul le corps d'armée du général de La Laurencie s'échappe du piège refermé à Armentières dans la soirée. Pendant ce temps, sur la côte, entre Dunkerque et La Panne, la Navy fait des prodiges d'embarquement, le temps exécrable interdisant la Luftwaffe de vol. Hélas pour la suite, une brigade de DCA britannique donne trop vite l'ordre de détruire plus de 100 de ses propres pièces de 94 mm…

29 mai : la Luftwaffe se surpasse

Weygand, enfin, se résout à accepter l'idée d'une évacuation et donne des ordres en ce sens. En dépit du ciel bas, la Luftwaffe effectue 430 sorties de bombardement sur Dunkerque, orage auquel l'artillerie, désormais à portée, joint son feu. La Navy, qui perd dans la seule journée 10 destroyers coulés (dont 2 par les vedettes et U-Boote de la Kriegsmarine) ou endommagés, commence à paniquer. On embarque cependant, et la journée dépasse au final les objectifs initiaux de « Dynamo ». La pression sur le périmètre est cependant soulagée par un changement radical côté allemand : les Panzers sont rameutés pour la grande offensive sur la Somme et le remaniement d'un front plutôt mal organisé prend du temps.

30 mai : défense au coude à coude

Rude journée pour les Allemands qui relancent l'assaut. Non seulement le temps bouché cloue les Stukas au sol, mais les Français tiennent bon, appuyés derrière les canaux, de solides ouvrages et sur le secteur inondé des Moëres. À l'ouest du périmètre, le 225e RI, en dépit du pilonnage, résiste tout l'après-midi et la soirée à un assaut en règle de la 9e Panzerdivision et du régiment LSAH. Au centre, Britanniques puis Français du 137e RI rejettent la 18e division d'infanterie du général Cranz au-delà du canal de la Basse-Colme. À Furnes, une contre-attaque furieuse des Coldstream Guards repousse la 51e division d'infanterie au-delà du canal de Loo. Pendant que les combats font rage, les embarquements vont bon train, Français et Britanniques coopérant plus efficacement.

31 mai : entente de moins en moins cordiale

Le climat se gâte à Dunkerque pour les 92 000 Britanniques et 156 000 Français encore présents dans la poche le matin. La mer qui s'agite pour la première fois et le ciel qui s'éclaire favorisent les 120 000 Allemands, enfin réunis sous commandement unique. Mais si les assauts gagnent du terrain, ils ne percent pas et la journée marque l'apogée des embarquements. Le prix est un affaiblissement spectaculaire de la BEF, très majoritairement bénéficiaire des évacuations, même si Churchill jure à Reynaud de « défendre Dunkerque jusqu'au bout ». Gort est rapatrié, et son successeur Alexander fait sèchement comprendre à Abrial et Fagalde, piqués, qu'il a ordre de partir, pas de tirer les dernières cartouches.

1er juin : la fête des Stukas

Avec le beau temps reviennent les Stukas, qui coulent 31 bateaux (dont 3 destroyers britanniques et 1 français). L'artillerie lourde se mêle au massacre, et les chefs décident de renoncer aux évacuations de jour. La journée, cher payée, n'en est pas moins un succès, la Navy évacuant pour la première fois une majorité de Français. La défense du périmètre, sous pression, commence à craquer, notamment dans les secteurs britanniques affaiblis par les départs.

2 juin : les Français seuls au monde

Amputé du secteur ex-britannique évacué de La Panne, le périmètre rétrécit alors que les Français, désormais presque seuls, se battent avec acharnement, lançant même à 6 heures les six derniers chars Somua dans une furieuse contre-attaque. À Bray-Dunes, limite est du périmètre, le général Janssen se fait tuer à la tête des restes de la 12e division d'infanterie motorisée. Les Allemands grignotent, arrachent Bergues, défendue bec et ongles derrière les bastions construits par Vauban, mais ne pénètrent pas. Au soir, la BEF est rembarquée, avec son personnel de quai spécialisé, ce qui en prive les Français. Artillerie allemande, désorganisation et contretemps forcent 6 navires à repartir vides.

3 juin : l'armée des ombres

Au matin, 25 000 Français résistent toujours, tandis que 20 000 autres sont prêts à embarquer. Après les combats acharnés de la journée, il est raisonnable d'espérer évacuer tout le monde dans la nuit, quand, des ruines, surgissent au soir 40 000 fantômes imprévus : ex-soldats des services et du train, traînards, semi-déserteurs, survivants d'unités détruites… Cette masse coagule sur les jetées, empêchant les unités combattantes d'accéder aux navires.

4 juin : le mot de la fin

À 2 heures du matin, Abrial et Fagalde parviennent à se glisser dans une vedette. À 3 h 40, le destroyer *HMS Shikari* embarque 383 derniers rescapés, dont le général Barthélemy. Un vapeur est sabordé ensuite pour bloquer l'entrée du port. C'est fini. Dans Dunkerque dévastée et calcinée, il reste 40 000 Français, que les vainqueurs rassemblent au matin, après une avance prudente. « Et les Anglais ? », demande Cranz au général Beaufrère. « Plus là, répond le commandant de l'arrière-garde sacrifiée avec un amer demi-sourire. Ils sont en Angleterre. »

Pourquoi Hitler a-t-il laissé échapper la victoire ?

par Jean Lopez

Depuis la spectaculaire et improbable évacuation de Dunkerque, réussie par les Alliés au nez et à la barbe de la Wehrmacht, cette question cruciale taraude les analystes. Manœuvre politique ? Impéritie militaire ? Hésitation fatale ? Les historiens allemands Frieser et Töppel ont des avis partagés.

Le 24 mai 1940 à l'aube, 7 divisions Panzer, 1 division motorisée et 3 régiments SS motorisés se tiennent alignés de Gravelines, sur la mer du Nord, à Lens, 100 km au sud-est. L'aile gauche de cette masse formidable, constituée de la 1re division Panzer et de deux régiments d'élite – Großdeutschland et Leibstandarte SS Adolf Hitler –, se trouve à 18 kilomètres de Dunkerque. Elle a même formé, au-delà du canal de l'Aa, plusieurs têtes de pont, notamment à Bourbourg, à 15 kilomètres du port flamand. Comme Boulogne et Calais sont en passe d'être enlevées par les 2e et 10e divisions Panzer, Dunkerque demeure la seule porte de sortie à disposition des forces alliées aventurées en Belgique et en cours d'encerclement. En face de la 1re division Panzer ne se trouvent que quelques régiments régionaux de travailleurs appartenant au secteur fortifié des Flandres.

Ces unités, constituées d'hommes âgés, dépourvues de moyens antichars et plus généralement d'armes lourdes, ne sont pas en mesure d'interdire aux Panzers d'être sur les quais de Dunkerque dans la journée du 24 mai. La Wehrmacht se trouve donc à la veille de ce qui aurait constitué la plus grande victoire militaire de tous les temps, détruisant ou capturant la 1re armée française et le corps expéditionnaire britannique (BEF). À 12 h 31, le 24 mai, un coup de téléphone venu du quartier général du groupe d'armées A, commandé par von Rundstedt, fait savoir aux chefs des unités blindées qu'ils ne peuvent en aucun cas dépasser la ligne sur laquelle ils se trouvent : Gravelines – Saint-Omer – Aire – Béthune – Lens. Les unités qui ont déjà franchi la « ligne du canal » entre Gravelines et Aire sont même priées de revenir sur leurs pas. Les commandants des divisions Panzer manifestent leur incompréhension totale, mais cet ordre d'arrêt – *Haltebefehl* en allemand – est un ordre du Führer, qui s'impose à tous et doit être exécuté sans discussion. Pour les Britanniques, il représente le début du « miracle de Dunkerque ». Pour les historiens, il constitue une source d'interrogations jamais tarie depuis soixante-dix-sept ans. Pourquoi Hitler a-t-il donné cet ordre stupéfiant, qui semble frustrer ses troupes d'une victoire totale, et dont les conséquences sont incalculables ?

Un acte délibéré du Führer

Hitler a répondu lui-même à la question, et à plusieurs reprises. Le problème, c'est qu'il a donné plusieurs explications différentes, qui ont varié selon le lieu et l'interlocuteur. La plus folle, la plus provocatrice, mais aussi celle qu'il répète encore dans son testament politique, quelques semaines avant son suicide, est qu'il a volontairement laissé échapper le corps expéditionnaire britannique. Le 2 juin 1940, à Charleville, au QG du groupe d'armées A, il avance cette thèse une première fois devant un aréopage de généraux, notamment devant Blumentritt, le chef des opérations du groupe d'armées, qui rapporte ainsi sa déclaration : « Si les troupes britanniques avaient été faites prisonnières à Dunkerque, cela aurait pu donner aux Anglais le sentiment que leur honneur était souillé et demandait réparation. En les laissant échapper, Hitler espérait se les concilier. » De nombreux historiens ont mis cette magnanimité en rapport avec les déclarations anglophiles dont Hitler n'a pas été avare, il est vrai, depuis la rédaction de Mein Kampf, en 1924-1925. Il a répété des dizaines de fois que, pour des raisons ethniques et géopolitiques, la Grande-Bretagne était l'alliée naturelle de l'Allemagne, que son Empire était la plus belle création de l'homme blanc et son aristocratie un modèle d'orgueil racial. En trouvant un arrangement avec Londres, Hitler aurait attendu en retour qu'elle lui laisse les mains libres à l'est, pour sa grande explication avec le judéo-bolchevisme. Seul le refus de Churchill d'entrer dans cette combinaison aurait réduit à néant l'ouverture diplomatique audacieuse faite à Dunkerque.

Hitler a-t-il vraiment fait un « pont d'or » aux Britanniques pour préparer la voie à un accord avec eux ? « Absurde ! s'emporte Karl-Heinz Frieser, historien militaire allemand, auteur du célèbre Mythe de la guerre éclair (1995). La déclaration du 2 juin intervient le jour où Hitler a compris que les Britanniques ont réussi à échapper à la captivité. Il invente cette thèse pour dissimuler son erreur désastreuse et se dédouaner. Aucun homme politique allemand n'aurait pu être assez stupide pour laisser intentionnellement échapper l'armée britannique, qui aurait représenté une précieuse monnaie d'échange lors des négociations de paix. » Son collègue Roman Töppel, historien à Munich, renchérit : « Loin de vouloir ménager les Britanniques, Hitler a voulu les noyer dans un bain de sang dans la poche du Nord. Pour preuve, quand il apprend que les obus sont peu efficaces dans les terrains sablonneux, il ordonne de les remplacer par des obus de DCA à temporisation. Et Göring dit devant Erhard Milch*, inspecteur général de la Luftwaffe, que le Führer veut faire payer une note salée aux Anglais. » *Exit*, donc, la thèse d'un *Haltebefehl* dicté par on ne sait quelle magnanimité : Hitler aurait tué jusqu'au dernier Tommy s'il l'avait pu.

Risque d'enlisement

Parmi les raisons d'arrêter ses chars sur le canal de l'Aa, Hitler a également avancé plusieurs fois qu'il craignait de les voir s'enliser dans les marais des Flandres. Il les connaissait bien, dit-il, pour y avoir combattu lui-même durant la Première Guerre mondiale. De la boue, de la boue, de la boue ! Keitel, chef de l'OKW, le haut commandement de la Wehrmacht, vient appuyer en écho, faisant valoir la même expérience. Et Guderian lui-même, qui commande le 19e corps Panzer, aurait déclaré : « Attaquer dans un pays de polders avec des chars est une erreur. » Et il est vrai que les Français ont prévu d'inonder le secteur des Moëres – un polder situé sous le niveau de la mer – en cas de nécessité, comme les Belges l'avaient fait en 1914. Néanmoins, l'argument marécageux ne tient pas plus la route que le précédent. Premièrement, le 24 mai 1940, le terrain autour de Dunkerque est parfaitement solide après trois semaines d'un temps chaud et sec. Si Guderian prononce bien les mots cités ci-dessus, c'est le 28 mai, alors qu'il pleut depuis quatre jours. En revanche, le 23 mai, à minuit, il a bien donné l'ordre à la 1re Panzer d'aller à Dunkerque, sans se soucier du terrain. Deuxièmement, les Franco-Britanniques engageront dans les Flandres des dizaines de milliers de véhicules sans problèmes majeurs, même après que la météo se sera gâtée. Troisièmement, Hitler n'a jamais craint en URSS d'envoyer ses Panzers dans des zones humides autrement plus vastes que les polders du plat pays.

Le troisième argument hitlérien en faveur du *Haltebefehl* concerne le matériel. Après 350 kilomètres de chevauchée et quatorze jours de combat, les divisions Panzer auraient eu besoin d'une période de repos pour se refaire en hommes et en matériels et préparer ainsi au mieux la seconde phase de la bataille de France. Le général von Kluge*, commandant de la 4e armée, la plus puissante à la disposition de von Rundstedt, semble venir au secours de son Führer en faisant rapporter le 23 mai à Halder, chef de l'état-major général de l'armée de terre : « Les divisions Panzer ont perdu jusqu'à 50 % de leurs chars. » Or, de diverses déclarations faites après guerre, il ressort que ce chiffre est très exagéré. En réalité, beaucoup de chars ne souffrent que de problèmes mineurs et seront très vite sortis des ateliers divisionnaires. Sur les 753 qui ont été totalement détruits durant la campagne à l'ouest, à peine 200 l'ont été entre le 10 et le 23 mai. Peut-être même von Kluge a-t-il noirci la situation, car il est alors hostile à la poursuite de l'offensive vers le nord. Quoi qu'il en soit, la 1re division Panzer, la plus moderne de toutes, aurait pu s'emparer de Dunkerque sans souci, même avec la moitié de ses 256 chars.

Division dans la Wehrmacht

Si les trois principaux arguments donnés par Hitler lui-même pour justifier le *Haltebefehl* ne tiennent pas la route, qu'a-t-on d'autre ? Frieser défend la thèse d'un règlement de comptes entre Hitler et le haut commandement de l'armée de terre. Le problème de Dunkerque viendrait d'un différend entre deux groupes de généraux, les « progressistes » et les « conservateurs ». « Les conservateurs, emmenés par von Rundstedt et von Kluge, pensent, depuis le début de la percée, que les Panzers vont trop vite, explique Frieser. Ils craignent une contre-attaque française venue du sud, ou franco-britannique venue du nord. En revanche, von Brauchitsch*, commandant en chef de l'armée de terre, et Halder, qu'on peut alors considérer tous deux comme des "progressistes", veulent pousser sur Dunkerque sans délai. » Pour dénouer cette opposition, le 23 mai à minuit, von Brauchitsch et Halder décident d'enlever à von Rundstedt la 4e armée – et toutes les divisions Panzer – pour la confier à von Bock, commandant du groupe d'armées B. Ainsi, von Bock aurait la responsabilité de l'encerclement et de la destruction des Franco-Britanniques, tandis que von Rundstedt surveillerait le front Sud sur la Somme. « Quand Hitler apprend le 24 mai, à l'occasion de sa visite à Charleville, cette décision dont personne ne lui a parlé, continue Frieser, il pique une colère énorme, annule l'ordre et lance son *Haltebefehl*. Il entend ainsi faire comprendre à tous ses généraux qu'il a, lui, et personne d'autre, le dernier mot en matière opérationnelle. »

La thèse de Karl-Heinz Frieser est contestée par Roman Töppel : « Il est sûr qu'Hitler était en colère contre Halder et von Brauchitsch, qui avaient pris une décision très importante sans son accord. Mais cela n'est pas décisif pour rendre compte du *Haltebefehl*. D'une part, il ne faut jamais oublier que c'est von Rundstedt qui a donné l'ordre, dès le 22 mai, d'arrêter la marche des Panzers vers Dunkerque, et pas Hitler. D'autre part, il faut bien lire le *Haltebefehl* : Hitler accorde toute liberté d'action à von Rundstedt. Ce dernier aurait pu lever le *Haltebefehl*, s'il l'avait voulu ! Il le fera d'ailleurs, le 26 mai, mais il sera alors trop tard. Il est complètement absurde de soutenir qu'Hitler aurait gâché une grande victoire juste pour donner une leçon à l'OKH ! Enfin, si Hitler donne bien une leçon à von Brauchitsch, ce n'est pas par le *Haltebefehl*, mais en confiant directement à von Rundstedt le droit de décider de la suite de la campagne, c'est-à-dire en court-circuitant complètement le commandant en chef de l'armée de terre et son chef d'état-major. L'essentiel à comprendre est qu'Hitler est persuadé que c'est von Rundstedt qui a raison et pas l'OKH. »

Rommel crie au loup

La clé du « miracle de Dunkerque » se trouverait donc dans l'accord entre von Rundstedt et Hitler sur l'analyse de la situation militaire. Or, cette analyse est conditionnée par les contre-attaques alliées des jours précédents : les deux tentatives de De Gaulle à Montcornet, les 17 et 19 mai, et surtout celle des Britanniques à Arras, le 21 mai. Ces trois affaires, misérablement exécutées, et qui ne sont que des coups d'épingle tactiques, ont eu un écho disproportionné chez von Rundstedt, von Kluge, von Kleist et, par ricochet, sur Hitler. « Rommel, ajoute Töppel, a crié au loup quand les Britanniques l'ont attaqué à Arras.

Il a envoyé des rapports très exagérés sur ses adversaires. Il a ainsi contribué à nourrir la psychose d'une contre-attaque alliée de niveau opérationnel. » Cette contre-attaque n'a jamais eu lieu, mais ce qui importe, c'est que von Rundstedt et Hitler craignent qu'elle ne se déclenche et qu'un nouveau « miracle de la Marne », façon 1914, ne frustre une fois de plus les Allemands d'une victoire rapide.

L'excès de prudence de von Rundstedt l'amène donc à sacrifier la progression des Panzers vers le nord. « Il craint, continue Roman Töppel, que les quelques divisions Panzer affaiblies qu'il engagerait vers le nord ne soient elles-mêmes encerclées par les Franco-Britanniques en retraite, dont les forces sont encore considérables. Au lieu de pousser vers Dunkerque avec ce qu'ils ont sous la main, von Rundstedt et son chef d'état-major von Sodenstern choisissent d'assainir la situation autour d'Arras, puis d'attendre que toutes les divisions Panzer soient rassemblées et, enfin, que l'infanterie ait "recollé". » Les deux hommes privilégient donc le renforcement de la face sud de la poche, au détriment de sa fermeture complète à Dunkerque. Cette analyse repose sur une certitude, qui constitue l'autre faute du commandement allemand : aucune évacuation importante des forces alliées par mer n'est envisageable. Von Rundstedt, pur terrien, ne connaît rien aux choses de la mer et il ne voit pas plus loin que son secteur. Hitler, en revanche, aurait pu avoir un doute sur cette hypothèse. Mais ce doute est balayé, dès le 23 mai, par Göring qui certifie à son Führer que la Luftwaffe peut, à elle seule, empêcher les troupes alliées de rembarquer à Dunkerque.

Göring s'avance beaucoup, appuyé il est vrai par Jeschonnek, son chef d'état-major, toujours très optimiste. Que la grande victoire qui s'esquisse revienne avant tout à la Luftwaffe, l'armée créée de toutes pièces par le régime nazi, suscite son enthousiasme. En réalité, Göring engage son arme dans une bataille qu'elle ne peut pas gagner. Et il sous-estime les Britanniques : les Spitfire de la RAF, basés dans le sud de l'Angleterre, sont proches et pourront disputer ardemment à la Luftwaffe la maîtrise du ciel. « Personne, Hitler comme les autres, n'a pensé que les Britanniques pouvaient, d'une part gagner la côte si vite, d'autre part organiser une évacuation de cette ampleur en un temps record », conclut Roman Töppel.

Finalement, tout bien pesé, le « miracle de Dunkerque » s'explique par la conjugaison de la vigoureuse célérité britannique – qui tranche avec la mollesse générale des Français – avec une triple erreur d'appréciation allemande : une surestimation des capacités de réaction des Français au sud, une surestimation des moyens de la Luftwaffe, une sous-estimation de la RAF et de la Royal Navy. Le *Haltebefehl* n'est ni une manœuvre politique cachée ni la manifestation du dilettantisme militaire d'Hitler. Il résulte de cette triple erreur d'appréciation, partagée entre une partie du commandement sur le terrain, Hitler et Göring. Après tant de fautes et de malchance côté allié, il était plus que temps que le brouillard de la guerre masque un peu la bonne étoile des chefs de la Wehrmacht.

La guerre a-t-elle été gagnée à Dunkerque ?

par Nicolas Aubin

« Nous combattrons sur les plages, nous combattrons sur les terrains d'atterrissage, nous combattrons dans les champs et dans les rues… Nous ne nous rendrons jamais ! » Ce défi proclamé le 4 juin par Churchill martèle la détermination britannique à poursuivre la lutte. Mais aurait-il choisi ces mêmes mots si les 220 000 hommes de la BEF avaient été capturés ?

Imaginons un instant le désastre. Les chars de Guderian surgissant sur les plages de Zuydcoote et Bray-Dunes ; l'armée française, sur laquelle les Britanniques avaient placé tous leurs espoirs, décapitée ; la BEF forcée à une humiliante reddition ; les meilleurs combattants anglais en route pour les stalags – laissant les îles désarmées, sans espoir de secours à court terme de la part des États-Unis ou de l'Empire. Face à cette situation en apparence désespérée, le gouvernement ou le Parlement britanniques n'auraient-ils pas discuté l'option de liquider une guerre si mal engagée ? Répondre à la question impose tout d'abord de se pencher sur la politique, sur la personne de Churchill, irréductible ennemi de tout compromis. Or, sa position est précaire. Sa personnalité fantasque ne fait pas l'unanimité dans le sérail politique, ni même dans les rangs conservateurs dont il vient. Trois jours après sa nomination hésitante comme Premier ministre, à la suite de la désastreuse campagne de Norvège, son discours du 13 mai promettant « du sang, de la peine, de la sueur et des larmes » est froidement accueilli par son parti, dont le leader est son prédécesseur Chamberlain*, devenu *lord President* et numéro 2 du gouvernement. Churchill, francophile défenseur d'un Paul Reynaud fort décrié à Westminster, doit en outre accepter Halifax, principal apôtre de l'*appeasement*, au poste clé de secrétaire des Affaires étrangères.

Les *appeasers* exercent toujours une influence considérable et, à en croire l'historien britannique Ian Kershaw, Churchill n'a pas les moyens de leur imposer sa volonté. La destruction de la BEF aurait provoqué sa chute, et tout porte à croire qu'Halifax l'aurait remplacé pour prendre contact avec la diplomatie allemande, à la plus grande satisfaction d'Hitler, tout prêt à la modération pour sortir l'Empire britannique de la guerre et se retourner au plus tôt contre Staline. Le cours de la guerre en aurait été bouleversé, et pas dans le bon sens. Pour autant, ce scénario est moins lié que l'on ne croit au succès de Dunkerque. « La Grande-Bretagne aurait poursuivi la guerre, quels que soient les effectifs rembarqués », affirme François Kersaudy, biographe de Churchill, en accord avec Ian Kershaw et avec Christian Destremau, auteur d'une excellente étude : *Churchill et la France*.

La BEF tenue pour perdue

Cet avis unanime des historiens se fonde sur un fait incontestable : le refus de négocier avec Hitler *précède* l'évacuation. Il souligne d'abord la position des militaires : dans sa note « *A Certain Eventuality* », le Chiefs of Staff Committee, instance interarmes supérieure, recommande la poursuite du conflit avant même de connaître le sort du corps expéditionnaire : RAF et Royal Navy feront barrage à l'envahisseur. Cette attitude est d'autant plus importante que les grands chefs ne se font guère d'illusion. Dès le 23 mai, le général Ironside note : « Je ne crois pas que nous ayons grand espoir de tirer la BEF de là. » « Dans la meilleure hypothèse, une grande partie de la BEF et de son équipement sera inévitablement perdue », confirme lord Gort sur le continent. Le 26 mai, quand démarre l'opération « Dynamo », l'armée espère sauver 45 000 hommes. À la confiance des forces militaires, les politiques répondent par des sentiments plus flous. Halifax, encouragé par la diplomatie française, sonde les Italiens encore en paix, espérant voir Mussolini jouer les intercesseurs : après tout, le Duce ne voudrait certainement pas d'une Europe allemande. Lors des réunions décisives des 26, 27 et 28 mai et face aux propositions d'Halifax, Churchill doit louvoyer. Christian Destremau constate : « Le *Prime Minister* [répond] simplement qu'il est hors de question d'arrêter le combat, de se laisser entraîner sur une pente glissante par les Français car les propositions de l'Allemagne seront trop dures et inacceptables pour le Royaume-Uni. Il faut donc poursuivre la lutte. » Un consensus émerge alors sur le fait que le prix de la paix sera trop élevé. « Il n'était pas pensable, note Chamberlain au soir du 26, qu'Hitler consentît à des conditions que nous pourrions accepter, quoique, si nous pouvions nous sortir de ce pétrin en abandonnant Malte, Gibraltar et quelques colonies africaines, il [Churchill] sauterait dessus. » Ainsi, poursuit Christian Destremau, « Churchill n'exclut pas formellement de négocier un jour, mais il veut que ce soit en meilleure position. C'est donc paradoxalement le désastre possible pour le corps expéditionnaire qui le conduit, au cours de ces journées, à refuser provisoirement toute idée de négociation ».

Le 28, les accablantes nouvelles du front ne font que confirmer les craintes. Chamberlain est abattu. « Je n'avais guère d'espoir de les sortir de là, mais il existait une chance qui s'est presque évanouie. » Les Belges, en effet, capitulent et la défaite de la France est maintenant certaine. C'est alors qu'Attlee* et Greenwood*, les deux membres travaillistes du War Cabinet à cinq têtes où se joue la stratégie, adhèrent à la position de Churchill : négocier de concert avec des Français aux abois ne pourrait qu'amener le Duce à exiger l'inacceptable, sans même parler d'Hitler. Les Britanniques seraient contraints de rejeter l'offre, donnant l'impression de laisser tomber l'allié français incapable de faire de même. Chamberlain se rallie. Isolé, Halifax résiste, met sa démission dans la balance – geste qui pourrait faire tomber le gouvernement –, avant de finalement s'incliner. Il sera préférable d'attendre une proposition sans la quémander, une fois les Français hors jeu et quand Hitler aura compris qu'il lui est impossible de débarquer en Angleterre.

Combattre sans négocier

Sûr de son cabinet de guerre, Churchill peut ainsi déclarer aux 25 ministres qui n'en sont pas membres que « même si nous ne ramenions que 50 000 soldats, 100 000 étant un magnifique exploit, il serait vain de penser que, si nous essayions de faire la paix maintenant, nous obtiendrions de meilleures conditions de l'Allemagne que si nous persistions à nous battre. Les Allemands exigeraient notre flotte [...], nos bases navales, et bien d'autres choses encore. Nous deviendrions un État esclave ». Et le Premier ministre de conclure : « Bien entendu, quoi qu'il advienne à Dunkerque, nous continuerons le combat. » À ce moment, seulement 17 000 hommes ont été évacués.

Le 4 juin, une fois le miracle accompli, Churchill sort de l'épreuve considérablement renforcé. Il n'est désormais plus question de négocier, même en meilleure position. « *We shall never surrender* [Jamais nous ne nous rendrons] ! », tonne le Premier ministre aux Communes, dans un discours exaltant, summum de sa rhétorique. Certes, la tempête n'est pas totalement passée. « Le moment le plus dangereux, rappelle François Kersaudy, est intervenu au moment de la capitulation de la France, trois semaines plus tard. » En effet, Halifax noue de nouveau des contacts discrets, cette fois en direction de Berlin *via* des intermédiaires en Suède. Quand Churchill l'apprend, les fils sont immédiatement coupés et le « vieux lion » clôt le débat en faisant tirer sur la flotte française à Mers el-Kébir, le 3 juillet. L'heure des *appeasers* est alors passée : Chamberlain, atteint d'un cancer, est hors jeu. Halifax, n'étant pas député aux Communes, ne peut monter à la tribune et se retrouve isolé, alors que Churchill gagne le soutien des travaillistes et d'une partie des conservateurs. Quant à Hitler, qui attendait en juin les immanquables ouvertures de Londres, il se force le 19 juillet à appeler publiquement à une « paix de raison ». Sa proposition, aussi tardive que floue, est immédiatement rejetée. Diplomatiquement, donc, la perte du corps expéditionnaire n'aurait pas raffermi la position de Churchill.

Perdre la BEF aurait eu de gravissimes conséquences

Mais elle ne l'aurait pas affaibli, car il l'avait anticipée ; et le refus de négocier au pied du mur serait resté d'actualité début juillet. Assurément non, la guerre ne s'est donc pas jouée dans les sables du Nord : elle a basculé le 10 mai, quand Churchill a été nommé Premier ministre. Tout cela n'empêche pas que la perte de la BEF aurait eu pour l'Empire britannique des conséquences militaires gravissimes.

À la différence de la Heer allemande et de l'armée de terre française, énormes machines mobilisant des millions de soldats citoyens, la British Army est le parent pauvre des trois « services » britanniques. Londres ne veut pas répéter l'holocauste de la Grande Guerre, ressenti comme une erreur, et compte sur la France pour fournir les gros bataillons. Avec un budget inférieur à celui de la Navy et une conscription (limitée) imposée seulement en avril 1939, la British Army n'aligne à l'entrée en guerre que 890 000 soldats, organisés autour d'un noyau d'environ 230 000 professionnels, dont une partie est stationnée en Inde et en Extrême-Orient. Ces derniers, mieux formés et disponibles, constituent la moitié des 10 divisions combattantes de la BEF en mai 1940, en fait l'essentiel des troupes capables de se battre : il ne reste que 3 divisions prêtes au combat outre-Manche, ainsi qu'une brigade de chars légers. Le reste est en formation et manque de cadres et d'équipements.

Pour autant, la perte de quelque 220 000 soldats de la BEF aurait-elle tellement changé la donne ? À court terme, on peut en douter. Le matériel a été perdu, et les rescapés désarmés n'auraient pu freiner Guderian dans sa marche sur Londres : le général Ironside le sait bien, l'avenir dépend de la Royal Navy et de la RAF. Et à moyen terme, qu'aurait pu faire une armée diminuée ? Compter sur l'Empire, comme c'est le cas en Égypte, où l'essentiel des troupes vient des Dominions. Peut-être la pénurie aurait-elle même évité la désastreuse expédition en Grèce. Mais c'est à plus longue échéance que le bât aurait blessé. Tout au long de la guerre, l'armée doit affronter le manque d'effectifs et son vivier démographique est épuisé en juin 1944.

Sans les rescapés de Dunkerque, et même en ponctionnant ses services arrière, la British Army aurait dû réduire la voilure d'au moins 4 à 6 divisions à l'automne 1944. Avec des conséquences stratégiques probables : Churchill n'aurait sans doute pu imposer aux Américains les débarquements en Sicile et en Italie en 1943 ; et s'il l'avait fait, il aurait pris alors le risque de réduire sa participation à « Overlord » et à la campagne de France au niveau de l'armée française renaissante. La capacité du Royaume-Uni à peser dans la Grande Alliance aurait souffert : à Téhéran, à Yalta, Churchill, déjà en difficulté, n'aurait plus fait que de la figuration au côté des deux Grands. La surreprésentation des Dominions dans l'ordre de bataille n'aurait rendu que plus difficile la cohésion du Commonwealth. Dans les dunes du Nord, ce n'est donc ni la guerre ni la victoire finale qui se sont jouées, mais plutôt l'après-guerre d'Albion.

1941,

un empire à l'est

Balkans, 1941 : dernier sans-faute d'Hitler ?

par Jean LOPEZ

En avril 1941, la Wehrmacht remporte une victoire éclair qui lui livre la Yougoslavie et la Grèce. Ces deux opérations, que l'on réduit souvent à une seule, sont nées en réalité de deux crises très différentes et obéissent à des visées également distinctes. La préparation des Allemands est remarquable, du point de vue militaire et diplomatique. Mais qu'en est-il des conséquences de cette campagne charnière ?

Le 31 juillet 1940, Hitler décide de liquider l'Union soviétique « au printemps 1941 ». Immédiatement, il fait connaître qu'il ne saurait être question d'attaquer à l'est avec un flanc sud – les Balkans – à découvert. À cela deux raisons majeures. La première réside dans l'importance économique de la région : le Reich en tire le tiers de son pétrole (champs de Ploieşti, en Roumanie), le gros de son cuivre et de son chrome (Yougoslavie), des quantités de denrées alimentaires. Ces produits empruntent le Danube, artère essentielle qui traverse ou longe quatre pays notoirement instables : Hongrie, Roumanie, Yougoslavie, Bulgarie. La seconde raison tient au souvenir du camp retranché de Salonique, en Grèce, écharde enfoncée dans le flanc de la Triple-Alliance durant la Première Guerre mondiale, qu'Hitler, en bon rejeton du monde danubien, considère avec justesse comme une des causes de l'effondrement militaire du IIe Reich. Pas un soldat britannique ne doit mettre les pieds dans les Balkans, pas une base aérienne ennemie ne doit s'implanter à moins de 500 km des pétroles de Ploieşti : telle est la ligne rouge tracée à Berlin.

L'Italie met fin à la *pax hitlerica*

Le Führer n'entend pas soumettre les Balkans par la force militaire, génératrice de tensions nouvelles dans une région compliquée. Il s'emploie à lier les États au Reich par des traités d'amitié et des intérêts économiques multiples. S'il concède à son allié italien la domination du monde méditerranéen, il prévient plusieurs fois Mussolini d'avoir à respecter la « tranquillité » des Balkans. Mais le Duce cache mal son désir de dépecer la Yougoslavie et d'arracher à la Grèce une partie de ses îles ainsi que les territoires limitrophes de l'Albanie, occupée depuis avril 1939.

Hitler met alors lui-même en branle un mécanisme qui, de proche en proche, va bouleverser ses plans et l'engager dans une campagne militaire qu'il ne souhaitait pas. Le 12 octobre 1940, inquiet d'un possible coup de main soviétique ou britannique contre les pétroles roumains, il dépêche à Bucarest les généraux Hansen et Speidel. Accompagnés d'unités de DCA, d'une centaine d'avions de combat et d'une division motorisée, les deux hommes ont pour tâche première de protéger les puits sans lesquels la guerre ne peut être poursuivie. Quand il apprend l'événement, Mussolini s'écrit, indigné : « Hitler me met toujours devant le fait accompli ! Cette fois, je vais lui rendre la monnaie de sa pièce.

C'est par les journaux qu'il apprendra que j'ai occupé la Grèce. Ainsi, l'équilibre entre nous deux sera rétabli. » Le 28 octobre, sur un front de 140 km, 700 000 Italiens attaquent 300 000 Grecs.

La campagne se déroule en Épire, région montagneuse frontalière de l'Albanie. Mal commandées, mal équipées et encore plus mal ravitaillées, sept divisions italiennes progressent difficilement par des chemins muletiers dans la boue et la neige. Épuisées au bout d'une semaine, elles sont contre-attaquées à partir du 14 novembre par des Grecs particulièrement mordants et reculent de 60 à 70 km en territoire albanais. Fou de rage, Mussolini devra boire la coupe jusqu'à la lie en demandant l'aide de la Luftwaffe. En assurant un pont aérien entre Foggia, dans les Pouilles, et Tirana, 53 Ju 52 évitent aux Italiens d'être rejetés à la mer ; 30 000 hommes de renfort et 4 700 tonnes d'approvisionnements sont acheminés. La catastrophe italienne n'en est pas moins complète : 38 000 tués, 50 000 blessés, 64 000 hommes gelés et malades en cinq mois d'une campagne qui devait être une promenade.

De ce désastre datent la disparition de l'Italie comme grande puissance et sa soumission entière au IIIe Reich. Pour Hitler, la « tranquillité » des Balkans a vécu. La Grèce a en effet demandé une aide – très mesurée, pour ne pas braquer Berlin – à la Grande-Bretagne, qui envoie quelques troupes en Crète et une unité (symbolique) de la RAF à Athènes. Pour Berlin, c'en est trop. Le spectre de Salonique est de retour, les champs pétrolifères de Ploieşti reviennent dans le rayon d'action des bombardiers britanniques.

Hitler réagit en émettant la directive n° 18 (12 novembre 1940) : l'armée de terre doit immédiatement concentrer 10 divisions en Roumanie et, en cas de besoin, aller s'emparer de la Thrace et de Salonique (opération « Marita »).

Il ne s'agit encore que d'empêcher les Britanniques de se mettre à la portée de Ploieşti et d'affecter à l'opération le minimum de forces. Mais la Kriegsmarine et la Luftwaffe veulent plus : il faut occuper toute la Grèce et la Crète si l'on cherche à menacer vraiment les Britanniques en Méditerranée et à défendre le flanc sud du Reich. Hitler hésite : Staline ne va-t-il pas attaquer s'il investit trop de troupes en Roumanie ? Néanmoins, les préparatifs pour « Marita » sont poussés. Le Feldmarschall List est responsable de l'exécution du plan qui, lui dit-on, pourra être déclenché à partir de mars 1941. On lui confie à cet effet la 12e armée.

Le problème essentiel est diplomatique : pour attaquer la Grèce, il faut acheminer la 12e armée depuis le Reich à travers la Hongrie, la Roumanie et la Bulgarie. Des tractations aboutissent à faire adhérer ces trois pays au pacte tripartite. Le 28 février 1941, Hitler prévient Staline, dont il redoute la réaction, que la 12e armée va franchir le Danube et entrer en Bulgarie pour prendre position à la frontière grecque. À la stupéfaction des Allemands, Molotov, commissaire soviétique aux Affaires étrangères, se contente d'exprimer ses « regrets » d'une voix faible. Cette capitulation diplomatique fournit à Hitler une information décisive pour la suite : Staline a peur, il fera tout pour ne pas provoquer le Reich. Le 25 mars, la 12e armée a achevé sa concentration.

Sans autre choix, les Grecs acceptent l'aide britannique

Les Grecs observent de près ces manœuvres. Que faire ? Appeler les Britanniques au secours ? Ces derniers ne demandent pas mieux, mais ils n'ont pas grand-chose, disent-ils, à envoyer. Athènes ne peut donc que rechercher l'*appeasement*. Le Premier ministre Ioánnis Metaxás, puis son successeur, Aléxandros Korizís, en accord avec le roi Georges II, font savoir à Berlin leur désir de mettre fin aux hostilités avec Rome sur la base d'un retour au *statu quo ante* ; l'offre d'alliance de Churchill est repoussée. Mais Hitler se montre insensible à ces bonnes manières. Avec l'entrée des Allemands en Bulgarie, les Grecs n'ont plus le choix. Ils acceptent l'aide britannique. Le 7 mars, les premières troupes de l'Empire débarquent au Pirée. Quinze jours plus tard, on compte 35 000 soldats et 80 avions. Le 17 mars, Hitler prend sa décision définitive : toute la Grèce sera conquise, le corps expéditionnaire britannique jeté à la mer.

Pour la 12e armée, cela s'annonce difficile. L'armée grecque de Macédoine a massé ses trois meilleures divisions et le gros de ses canons lourds sur la ligne de fortifications Metaxás, qui court sur 200 km entre la frontière yougoslave et l'embouchure du Nestos. Bien conçue, cette ligne verrouille l'accès à la Grèce intérieure à quiconque se présente depuis la Bulgarie. L'armée de List est forte de trois corps : les XXXe, XVIIIe de montagne, XXXXe motorisé[1]. Au XXXe, à gauche du dispositif allemand, échoit la tâche la plus aisée : conquérir la Thrace orientale, non protégée par la ligne Metaxás. Le XVIIIe corps de montagne reçoit la mission principale : crever la ligne Metaxás entre la passe de Rupel et le lac Doïran et s'emparer de Salonique. Le XXXXe corps motorisé, en réserve, sera jeté en exploitation une fois la percée obtenue. L'affaire se résume à une attaque frontale de fortifications en zone montagneuse. Panzers et aviation seront de peu d'utilité dans la première phase

1. La Wehrmacht note toujours les numéros de ses corps d'armée en chiffres romains et écrit « quarante » avec quatre « X ».

et List se montre, à raison, préoccupé. Son inquiétude augmente lorsqu'on l'informe que le corps expéditionnaire britannique se masse, avec des armes antichars, derrière le fleuve Vardar. Le débouché du XXXXe corps motorisé n'est donc même pas garanti.

Reste le problème yougoslave. Que fera Belgrade en cas d'attaque allemande en Grèce ? Malgré la répugnance profonde qu'il éprouve envers ce pays, Hitler essaie de l'attirer dans son alliance. Mais le prince régent Paul et le ministre-président Cvetković préféreraient un statut de neutralité, ce qui exclut que l'armée allemande puisse utiliser le territoire yougoslave pour frapper les Grecs. Le 4 mars 1941, Hitler convoque le régent à Berchtesgaden et le soumet à un chantage menaçant. Paul cède et entre « dans l'amitié germano-italienne », non sans quelques compensations secrètes au détriment des Grecs. Le 25 mars, Cvetković paraphe à Vienne l'adhésion de son pays au pacte tripartite. Hitler est satisfait : la Grèce est isolée.

L'opération 25, chef-d'œuvre de l'OKH

Mais ce succès diplomatique est aussitôt remis en question par la fragilité même de l'État yougoslave. Le pays est miné, depuis sa création en 1918, par l'antagonisme entre Croates et Serbes. Les premiers se sentent attirés vers l'Allemagne et l'Italie qui les encouragent à l'indépendance ; les seconds tiennent à un État unitaire et leurs sympathies vont à la Russie et aux Franco-Britanniques. Dans la nuit du 26 au 27 mars 1941, des officiers serbes, appuyés par le général Simović, déclenchent un coup d'État. Le régent Paul doit quitter le pays, Cvetković est arrêté. Les Belgradois manifestent devant l'ambassade allemande. Simović annonce le retour de son pays à une stricte neutralité, tout en assurant… qu'il honorera les engagements de son prédécesseur. Le sens de ce coup d'État est ambigu ; il semble surtout obéir à la nécessité d'un rééquilibrage entre Croates et Serbes.

Hitler apprend l'événement à 9 h 30. Humilié, certain que les Britanniques sont derrière, pressé par le temps, il réagit avec une violence mauvaise conseillère. À 13 heures, il décide d'écraser la Yougoslavie « entre le 8 et le 15 avril ». L'OKH démontre alors qu'il est le plus remarquable instrument de guerre du moment en réalisant un tour de force. Le 27 mars, il n'a pas l'ombre d'un plan contre la Yougoslavie. En vingt-quatre heures, il dessine celui de l'opération 25 ; en trois jours, l'opération « Marita » est repensée de façon décisive ; en dix jours, 21 divisions, formant la 2e armée, sont acheminées, parfois sur 1 200 km, dans une zone difficile, et la coordination est assurée avec les trois armées alliées (Hongrie, Bulgarie, Italie) ; enfin, après douze jours d'opérations (6-17 avril), la Yougoslavie capitule, une armée de 1 million d'hommes disparaît du champ de bataille au prix de… 151 tués allemands. L'ensemble de l'opération – de la décision à l'exécution complète – aura duré vingt-trois jours !

La Yougoslavie ne peut raisonnablement pas défendre ses 3 000 km de frontières terrestres. L'OKH l'y contraindra en portant la menace partout : le XXXXe corps motorisé et le 1er groupe Panzer du général von Kleist frapperont au sud, face à la Macédoine ; les XXXXIe et XXXXVIe corps motorisés (trois divisions Panzer) partiront de Roumanie et de Hongrie, en direction de Belgrade ; le LIe corps et le XXXXIXe corps de montagne se rassemblent en Autriche, face à la Slovénie et à la Croatie. Un triple mouvement convergent n'aura pas de peine à crever les quatre armées yougoslaves étalées de Niš à Vukovar, puis à en détruire les 22 divisions. À cela s'ajoute la 2e armée italienne qui doit longer l'Adriatique depuis Trieste jusqu'à Dubrovnik. Au total, 500 000 hommes, 576 avions (Luftflotte 4) et un millier de chars face à 1 million de Yougoslaves équipés comme en 1914, à l'exception de 200 chars antiques et d'une aviation hétéroclite de 468 appareils. Plus important, l'OKH perçoit bien que le seul parti sensé de l'armée yougoslave consiste à se retirer vers le sud, par les vallées de la Morava et du Vardar, pour se lier aux Grecs et aux Britanniques. C'est la raison d'être du groupement Panzer de Macédoine : il foncera sur Skopje – centre de gravité stratégique de son adversaire – et s'emparera de l'interfluve Morava-Vardar, enfermant les Yougoslaves en Bosnie et en Serbie centrale. Simović est moins lucide : il n'affecte que 5 divisions d'infanterie à sa 3e armée chargée de défendre Skopje. La peur de voir se dissoudre l'entité yougoslave le contraint à en défendre toutes les parties.

Si le coup d'État yougoslave oblige Hitler à affecter de nouvelles forces à la campagne balkanique, il arrange néanmoins la direction de son armée de terre. En effet, List a désormais la possibilité d'envoyer la 2e division Panzer (XVIIIe corps de montagne) faire un crochet par le territoire yougoslave jusqu'à la ville de Strumica. La ligne Metaxás sera ainsi débordée par l'ouest, puis les chars fonceront directement sur Salonique par la petite vallée du Gallikos. Autre nouveauté due à l'ouverture du front yougoslave, à la droite de la 12e armée, le XXXXe corps motorisé aura à démolir la 3e armée yougoslave et à prendre Bitola qui ouvre la porte sur les arrières des forces grecques d'Épire, prises dès lors en étau entre Allemands et Italiens.

Face à 300 000 hommes aguerris, supérieurement armés, appuyés par 1 000 chars, les Grecs ne nourrissent guère d'illusions. Leurs 150 000 hommes disponibles dans ce secteur manquent d'armes lourdes, de canons antichars, et ne peuvent que tenir une série de positions fortifiées, de plus en plus faibles à mesure que l'on va vers le sud, ligne Metaxás, lignes Aliakmon 1 et 2. Surtout, l'armée grecque va devoir affronter le VIII. Fliegerkorps, la plus aguerrie et la plus innovante formation de la Luftwaffe. Fort de 414 appareils (dont 120 Stukas), commandé par le redoutable Wolfram von Richthofen, ce corps n'a rien à craindre des 99 appareils de la RAF (dont 19 Hurricane et 74 bombardiers Blenheim) et des 150 avions des forces aériennes royales helléniques, méli-mélo de chasseurs polonais PZL P24, Bloch MB151, Gloster Gladiator… Quant aux Britanniques, s'ils ont environ 60 000 hommes en Grèce, leurs forces combattantes, commandées par Wilson, se composent seulement d'une division australienne, d'une néo-zélandaise et de la 1re brigade blindée. Regroupées au sein d'une « Force W », elles stationnent en Macédoine centrale, gardant l'espace entre les 300 000 Grecs d'Épire (face aux Italiens) et les 150 000 de Thrace (face à la 12e armée allemande).

En quarante-huit heures, la ligne Metaxás est percée

Le 6 avril 1941, la 12e armée commence l'attaque contre la Grèce et le sud de la Yougoslavie. Comme prévu, le XXXe corps perce aisément les défenses grecques en Thrace orientale, rejetant les défenseurs de l'autre côté du fleuve Nestos. Le 8, la mer Égée est atteinte. Au centre, en revanche, le XVIIIe corps de montagne n'est pas à la fête. Ses divisions tentent de forcer la passe de Rupel pour déboucher dans la vallée du Strymon. En quarante-huit heures, malgré des pertes sensibles, l'avance ne dépasse nulle part 8 km. C'est le succès de l'aile droite de List qui décide de tout. La 2e Panzer pulvérise les faibles unités de couverture de la 3e armée yougoslave, avance de 30 km jusqu'à Strumica et tourne brutalement à 90 degrés vers le sud. Le 7 avril, la frontière grecque est franchie près du lac Doïran.

Devant la catastrophe, le général Bakopoulos lance sa réserve, la 19e division motorisée, contre les chars allemands. C'est un massacre. Les débris de l'unité parviennent à passer le fleuve Axios au moment où y arrive la 1re brigade blindée britannique. On ne peut faire mieux que de dynamiter les ponts. Au soir du 8, la 2e Panzer est déjà dans les faubourgs de Salonique. Les 60 000 soldats grecs de la ligne Metaxás capitulent le 9 avril.

Le XXXXe corps motorisé s'élance aussi le 6 avril au matin. Sa mission est double : couper les Yougoslaves de la Grèce, tomber sur les arrières des forces grecques qui tiennent les Italiens en respect en Épire. Malgré le sacrifice d'une division serbe, la 9e Panzer et la Leibstandarte s'emparent de Skopje. Où s'engager ensuite ? Vers l'Albanie, ordonne Hitler qui tient à se lier au plus vite aux Italiens, attaqués par les Yougoslaves et les Grecs. Vers le sud, où se trouvent les Britanniques, voudrait List. Hitler tranche, préférant sauver ce qui reste de prestige à son allié fasciste. List n'aura qu'un bout des deux unités blindées pour prendre Bitola le 10 avril et franchir la frontière grecque près de Florina. Où les SS s'arrêtent, stoppés net par la résistance des Britanniques qui espèrent défendre la péninsule derrière les lignes Aliakmon.

La deuxième phase de la bataille s'engage le 11 avril. Le XXXe corps et le XVIIIe corps de montagne franchissent l'Axios et avancent dans la plaine de Thessalie jusqu'à Edhessa. Les Grecs comprennent que leurs 14 divisions massées en Épire risquent d'être prises à revers. En hâte, avec l'aide de la Force W, on tente de garnir la ligne Aliakmon. Mais les généraux grecs discutent l'ordre d'abandonner l'Épire et la portion d'Albanie qu'ils ont de si belle façon gagnées sur les Italiens. Un temps précieux est perdu.

Si les Britanniques, entièrement motorisés, arrivent à gagner leurs positions sur la ligne Aliakmon 2, les Grecs échouent à se renforcer devant Florina. Le 12 avril, la 9e Panzer réussit à passer et avance dans le dos de l'armée d'Épire. Craignant d'être coupé de sa voie de retraite vers le sud, Wilson ordonne le recul jusqu'aux Thermopyles. Les 16 divisions de Macédoine occidentale et centrale décrochent trop tard et leur retraite tourne à la déroute sous les coups de l'aviation allemande. Elles capituleront le 21, à l'initiative du général Tsolakoglou : il désobéit à son roi et à son commandant en chef, Papágos, qui voulaient retenir le maximum d'unités allemandes au nord pour protéger la retraite des Britanniques.

Le reste de la campagne de Grèce est une poursuite sur 300 km. Les unités allemandes tentent d'empêcher le corps expéditionnaire britannique d'aller rembarquer à Athènes et dans le Péloponnèse. Les difficultés de ravitaillement des Allemands ainsi que des actions de retardement (Australiens et Néo-Zélandais aux Thermopyles) permettent aux troupes de l'Empire d'atteindre Athènes et le canal de Corinthe. Marchant de nuit pour éviter la Luftwaffe, elles gagnent Le Pirée et les ports du Péloponnèse (Nauplie, Kalamata) où l'embarquement commence le 21 (opération « Demon »). Von Richthofen a alors trouvé assez d'essence pour tenter d'empêcher ces opérations maritimes. Il coule

60 unités, mais le gros des 62 000 soldats de Sa Gracieuse Majesté parvient à s'échapper. Cependant, 8 500 demeurent en arrière. Les forces royales helléniques signent leur capitulation générale à Salonique le 23 avril. Le 30, la 5e Panzer atteint le port de Kalamata, au sud du Péloponnèse. Au loin s'éloignent les derniers cargos britanniques.

Belgrade est bombardée, Hitler tient sa vengeance

La campagne de Yougoslavie revêt un tout autre caractère. Les Allemands commencent les opérations sans déclaration de guerre, par deux jours de bombardement de terreur sur Belgrade. La ville, dépourvue de défense antiaérienne, a pourtant été déclarée ouverte. Mais Hitler veut venger l'affront du coup d'État de Simović. Les 6 et 7 avril, 500 bombardiers détruisent le quart de la cité, tuant entre 1 500 et 30 000 personnes, selon les diverses estimations.

La Yougoslavie est indéfendable malgré l'appel de 1 million d'hommes sous les drapeaux. Les combats sont peu vigoureux, sauf en Serbie, devant Niš, que la 9e Panzer met deux jours à prendre. Les avions de la Luftflotte 4 écrasent les rassemblements de troupes, interdisent routes et aérodromes, démoralisent aisément les unités croates et slovènes peu attachées à l'État yougoslave. Dès le 7 avril, Simović ne tient plus ses unités et la moitié de l'armée est déjà capturée ou évaporée. Zagreb tombe le 10 et Ante Pavelić* vient y proclamer l'indépendance de la Croatie. Le 11, les Hongrois se ruent à la curée, s'emparant d'une partie de la Voïvodine. Le 14, Belgrade, encerclée par une triple pince, tombe sans combat et, le lendemain, le général

Kalafatović, à qui Simović a abandonné ses fonctions de chef militaire, demande un armistice. Il n'aura droit qu'à une capitulation générale, le 17 avril.

Le succès allemand est extraordinaire, tous les contemporains s'accordent à le penser. Les Britanniques, en revanche, n'ont pas été à la hauteur, ni stratégiquement ni du point de vue opérationnel. Seule leur marine, comme d'habitude, a sauvé l'affaire en réussissant un second Dunkerque à l'échelle de 1/5e. Les Grecs se sont bien battus, mais, par haine et mépris de l'Italie, les généraux regroupés autour de Georges Tsolakoglou, futur collaborateur du Reich, n'ont pas tiré tout ce qu'ils pouvaient d'un repli d'Épire réalisé à temps. Les Yougoslaves ont été inexistants. Leur volonté de résistance a été, dès avant la bataille, paralysée par la colère d'Hitler et le risque de désintégration de leur État. Ils n'éviteront ni l'une ni l'autre. Ajoutons, à la décharge des soldats de Pierre II, que le bombardement de Belgrade semble avoir détruit d'un coup tout le système téléphonique du pays, plaçant Simović dans l'impossibilité de faire parvenir ses ordres.

Le bilan est-il cependant 100 % positif pour l'Allemagne ? Écartons comme secondaires un certain flottement opérationnel à Skopje et la surestimation évidente des forces yougoslaves (la moitié des unités allemandes engagées aurait suffi). Traditionnellement, les historiens relèvent deux conséquences négatives, pour les Allemands, de la campagne des Balkans : la naissance d'une résistance yougoslave efficace et un retard de cinq semaines sur le déclenchement de l'invasion de l'URSS, retard que les Allemands auraient payé cher (ce n'est toutefois pas démontré) devant Moscou en décembre 1941. L'efficacité de la résistance yougoslave est à relativiser. Le jugement porté sur elle a été obscurci par le « roman national » inventé par

Tito pour replâtrer le pays dans l'après-guerre. Jusqu'en septembre 1943, date du retrait italien, la Wehrmacht tient la Yougoslavie avec 4 divisions de troisième ordre et une unité de SS locaux. L'activité économique n'est guère perturbée par les hommes de Tito ou ceux de Mihailović*. Le Reich ne parvient-il pas à quadrupler ses extractions de pétrole local ? En réalité, les Yougoslaves se sont plus combattus entre eux qu'ils n'ont combattu les troupes de l'Axe.

Le second problème est complexe et loin d'être réglé, car les témoignages allemands sont contradictoires. Laissons ici la parole à Rolf-Dieter Müller et Gerd Überschär, auteurs d'une colossale étude historiographique sur le conflit germano-soviétique : « La thèse ancienne postulait qu'à la suite de la campagne des Balkans, l'attaque [contre l'URSS] avait dû être repoussée et un temps précieux avait été gâché [...]. Des études récentes ont conclu, cependant, que très peu de temps avait été perdu et ont relevé que la date d'attaque initiale, le 15 mai, n'aurait pu en aucun cas être tenue à cause, entre autres choses, des conditions météorologiques et des retards dans l'acheminement des matériels. » Ajoutons à cela nos propres interrogations : l'opération « Marita », qui mobilise la 12e armée, a-t-elle, à elle seule, conduit l'OKH à modifier le plan d'attaque en Ukraine ? Cela a-t-il vraiment affaibli l'aile droite allemande ? Quelles en ont été, si elles existent, les conséquences opérationnelles de cet affaiblissement sur l'avance vers Moscou ? Une véritable enquête reste à mener sur tous ces points.

Alfred Liskow, le soldat allemand qui voulait sauver l'URSS

par Yacha MacLasha

Communiste devenu soldat de la Wehrmacht, Alfred Liskow déserte le 21 juin 1941 pour annoncer à l'Armée rouge l'attaque générale du lendemain. Hélas, révèle notre enquête, répudier un démon pour en sauver un autre ne mène pas forcément au paradis.

Connaissez-vous Alfred Liskow ? Il y a peu de chances. Ce que l'on sait de lui se résume généralement à la simple mention de son nom dans les ouvrages traitant du conflit germano-soviétique. Il aurait été ce soldat allemand passé dans les lignes soviétiques pour prévenir du déclenchement imminent de l'opération « Barbarossa », l'invasion de l'Union soviétique en juin 1941. Héros pour les uns, traître pour les autres…

Qui donc était cet « inconnu célèbre » ? Son nom surgit en 1969, quand paraît à Stuttgart l'édition en langue allemande des souvenirs du maréchal Joukov, chef de l'état-major général de l'Armée rouge à l'été 1941. Il rapporte : « Vers minuit, le 21 juin, M. P. Kirponos, commandant du district militaire de Kiev, qui se trouvait à son PC de Ternopol, m'informe qu'un autre soldat allemand, celui-là du 222e régiment de la 74e division, vient de se présenter aux gardes-frontières après avoir franchi le fleuve à la nage. Selon ses dires, à 4 heures du matin, les troupes allemandes passeront à l'offensive. »

Si Liskow est bien caporal dans la compagnie du génie du 222e régiment, il appartient à la 75e division d'infanterie, et non à la 74e. Cette unité est intégrée au XXXXVIIIe corps de la 6e armée du Feldmarschall von Reichenau. Elle est en position sur la frontière entre l'URSS et le Gouvernement général (Pologne occupée par le Reich), à l'ouest de la ville ukrainienne de Sokal, à 140 km à vol d'oiseau de l'actuelle Lviv. Le 21 juin 1941 au matin, Liskow et sa division cantonnent encore sous camouflage à 5 km du Boug méridional, le fleuve qui matérialise la frontière à cet endroit.

Nombre de sources, notamment deux télégrammes du NKVD* et les Mémoires du général Fediuninski, commandant du 15e corps de la 5e armée, permettent de reconstituer la désertion. Ainsi, dans l'après-midi du 21 juin, Alfred Liskow apprend de son chef de compagnie, le lieutenant Schulz, que son unité doit gagner ses positions de combat. Bateaux et pontons sont approchés du Boug, dont le franchissement le lendemain, à la faveur d'une préparation d'artillerie, est l'objectif du génie régimentaire. Tout le monde s'active et Liskow en profite pour gagner la berge basse. Puis il traverse le fleuve à la nage (large ici de 60 mètres) vers 20 h 30, heure de Moscou. À 21 heures, il se rend à une patrouille de gardes-frontières du 90e district, unité appartenant au NKVD.

Liskow est alors en uniforme, mais n'a pas d'armes, ce qui lui épargne le sort réservé à ses camarades des unités spéciales chargées du renseignement et du sabotage en territoire soviétique, tués ou capturés, et dont les interrogatoires confirment une attaque le 22 juin. Emmené sous bonne garde à l'état-major du 90e district frontalier, Liskow attend jusqu'à 1 heure du matin, le temps qu'arrive un interprète. Il déclare alors être un ouvrier communiste, ancien membre de l'organisation paramilitaire du Parti, le *Roter Frontkämpferbund*. Il dénonce les dures conditions de vie du prolétariat allemand et vient prévenir ses camarades soviétiques que le Reich attaquera à l'aube du lendemain, vers 4 heures.

Staline ignore l'alerte

Si le commandant local du NKVD est surpris, ses chefs, auxquels la nouvelle est aussitôt transmise, le sont moins. On l'a vu, des « saboteurs » ont déjà parlé. En outre, d'autres soldats ont déjà déserté en juin : deux le 4, un le 18 et un quatrième le 21. Tous communistes déclarés, tous rapidement fusillés comme provocateurs. Staline le sait-il ? Pas sûr. Tout dépend de l'enquête préalable réalisée par le NKVD. Les Mémoires du colonel Fediuninski révèlent ainsi que le déserteur du 18 juin n'avait pas été cru car « sa personnalité n'inspirait pas confiance » et parce qu'il avait avoué qu'« il avait frappé son officier alors qu'il était en état d'ébriété, qu'il risquait d'être fusillé et s'était donc enfui pour cette raison ». L'arrivée de Liskow, en revanche, est connue de Staline : Joukov l'en informe lui-même par téléphone dans sa datcha de Kuntsevo. Mais le dictateur ne réagit pas et raccroche sèchement…

Le sort des malheureux prédécesseurs de Liskow n'a, en réalité, rien d'étonnant. Staline a en effet décidé d'ignorer les innombrables avertissements adressés par ses informateurs à l'étranger, mais aussi par Churchill et Roosevelt. Il considère qu'Hitler ne peut pas vouloir attaquer l'URSS, à laquelle il est lié par le pacte Molotov-Ribbentrop du 23 août 1939. En conséquence, tout soldat de la Wehrmacht prétendant avertir d'une attaque surprise ne peut être qu'un agent de « factions » à l'intérieur du parti nazi désireuses de brouiller l'URSS et le Reich et de trouver ainsi prétexte à une attaque.

Pourquoi donc Liskow s'en tire-t-il ? Parce qu'il déserte tardivement. L'armée ou les différentes officines de renseignement et échelons hiérarchiques soviétiques (NKVD, NKGB*) perdent plusieurs heures à échanger des télégrammes pour savoir que faire de l'Allemand. À 3 h 10, Liskow, transféré à Vladimir-Volynski, subit un contre-interrogatoire avec un nouvel interprète, un professeur d'allemand de la ville, tiré de son lit. Le déserteur répète la même histoire : chars, infanterie, génie, toutes les unités sont déjà en position d'attaque. Son interrogateur, le major du NKVD Bytchkovsky, a déjà transmis l'information au général Potapov, commandant la 5e armée stationnée en arrière du Boug méridional, qui a déclaré ne pas croire aux dires du déserteur. Bytchkovsky affirme dans ses mémoires que, malgré ses doutes, il a « convoqué tous les commandants de secteur et ordonné de renforcer la défense de la frontière et, pour cela, de placer partout des postes d'écoute ». Trop tard : l'interrogatoire est encore en cours quand la Wehrmacht ouvre le feu.

Un communiste convaincu

Ainsi donc, Liskow a échoué dans la mission qu'il s'était fixée… Car sa désertion n'avait rien d'une décision de dernière minute : elle obéit à la logique du personnage, sur lequel s'est penché l'historien polonais Hieronim Kroczyński. « Alfred Ernst Emil Liskow a presque 31 ans lorsqu'il déserte. Il est originaire de Drenow, près de Kolberg, en Poméranie, l'actuelle

Kołobrzeg. Son père Hermann meurt durant la Première Guerre mondiale et la famille sombre dans la misère. Sa mère Minna vient s'installer avec lui à Kolberg, peut-être pour profiter des œuvres de bienfaisance de l'église baptiste locale. Alfred devient menuisier sitôt après l'école primaire et est embauché à la grande scierie de Kolberg. En 1933, il épouse une ouvrière en couture, Clara Frank. Le couple a un fils, Detlef, qui mourra à 20 ans, juste après la fin de la Seconde Guerre mondiale. Alfred est appelé sous les drapeaux en 1939. »

Aucun doute sur les idéaux d'Alfred, insiste Hieronim Kroczyński : « Il est membre, absolument convaincu, du Parti communiste allemand, jusqu'à son interdiction en 1933. J'ignore s'il a continué par la suite à militer clandestinement. Les gens qui l'ont connu disaient de lui que c'était un type honnête et très sociable. En dehors de son métier, il se passionnait pour la poésie. » Idéaliste, Liskow est naturellement très attaché à l'URSS. Au point de préparer avec soin sa trahison. « Le 20 mai 1941, un mois avant la désertion, les Liskow ont divorcé, note l'historien polonais. Peut-être n'était-ce qu'une affaire intérieure au couple. Mais on peut aussi penser que Liskow a voulu ainsi ne pas exposer sa famille à la répression de la Gestapo, qui ne manquerait pas de s'abattre contre elle s'il était reconnu déserteur. »

Célébré par la propagande soviétique...

Quoi qu'il en soit, dès les premières salves de l'artillerie allemande, le 22 juin 1941 à 4 heures, Liskow « le provocateur » devient Liskow « le héros ». Au lieu de passer devant le peloton d'exécution, il est envoyé en grand secret à Moscou. On repère sa trace dans l'environnement du Komintern*, l'Internationale communiste, où les Allemands sont nombreux. Il participe à des meetings à Moscou, Kiev et Kharkov. La propagande soviétique, encore internationaliste dans les premières semaines du conflit, a en effet besoin d'une icône du « bon Allemand ». Communiste et ouvrier, issu d'une famille misérable, Liskow colle parfaitement au profil. La *Pravda* et les *Izvestia* du 27 juin 1941 publient des appels signés de son nom où l'on peut lire : « Je viens d'une famille d'ouvriers, mes parents haïssaient Hitler et son pouvoir. L'URSS est pour nous un pays ami. Nous ne voulons pas nous battre contre le peuple soviétique. En Allemagne, il y a beaucoup de familles semblables à la mienne. »

Ces tracts de juin 1941 semblent avoir profondément marqué les Soviétiques. Plusieurs décennies après ces événements, l'écrivain de Leningrad Dimitri Chtcheglov s'en souvient : « Le 28 juin, les murs de notre ville étaient recouverts d'affichettes où l'on lisait : "Alfred Liskow, un soldat allemand qui n'a pas voulu la guerre contre le peuple soviétique, a fait volte-face !" Une autre affiche était titrée : "Selon Alfred Liskow, l'abattement règne parmi les soldats allemands !" »

Liskow est donc instrumentalisé par la propagande soviétique. C'est de bonne guerre. Qu'en est-il côté allemand ? Pour la 75e division d'infanterie, il est… le tout premier soldat tombé à l'est pour le IIIe Reich ! Thomas Menzel, spécialiste des archives de la Wehrmacht à Coblence, confirme que le nom d'Alfred Liskow figure dans tous les états de pertes du 22 juin 1941 et ajoute : « Ce qui est intéressant, c'est que rien n'est écrit sur les raisons de sa mort, à la différence de la plupart de ses camarades. Le commandement a sans doute considéré qu'il s'était noyé dans le fleuve Boug. »

En juillet, en Ukraine, dans un avion soviétique abattu, une unité allemande trouve des centaines de paquets de tracts portant un appel d'Alfred Liskow aux soldats de la Wehrmacht. L'ex-menuisier de Kolberg y exhorte ses anciens camarades à se rendre à l'Armée rouge : « Le bâton d'un officier, la menace d'être fusillé obligent le soldat allemand à se battre, mais il ne veut pas cette guerre. Il aspire à la paix, comme la nation allemande tout entière. » À l'heure où la Wehrmacht tue ou capture les soldats soviétiques par centaines de milliers et avance de 40 km par jour, le texte a dû faire sourire les destinataires. La dénonciation de la coercition militaire tombe à plat dans une armée où soldats et officiers partagent largement les objectifs nazis de soumission et de colonisation de l'Est européen. La peur et la haine du judéo-bolchevisme les soudent plus sûrement que celle des tribunaux militaires.

Cela n'empêche pas la Gestapo d'enquêter immédiatement sur Alfred Liskow. On interroge sa mère Minna, son ex-épouse Clara, ses amis, ses collègues. « Même parmi les communistes, il se distinguait par son extrémisme. Avant guerre, il nous appelait aux barricades et il affirmait que nous devions le vénérer comme un Führer », lit-on dans la déposition d'un certain Paul Schröder, un ami du futur déserteur. L'image cadre mal avec celle du poète amical dépeinte par Hieronim Kroczyński.

… puis effacé de l'histoire

En octobre 1941, quand les troupes allemandes approchent de la capitale soviétique, les services du Komintern sont évacués en Bachkirie, à 1 500 km au sud-est de Moscou, vers l'Oural. Liskow, avec ses camarades communistes allemands, est chargé de faire de la propagande parmi les (rares) prisonniers de la Wehrmacht. Et puis… « Son nom disparaît alors presque instantanément de tous les journaux, comme s'il n'existait plus, souligne Hieronim Kroczyński. En réalité, Liskow se retrouve lui-même dans un camp du NKVD. Ce revirement s'expliquerait par un conflit que ce simple ouvrier allemand aurait eu avec Walter Ulbricht, chef de la section allemande du Komintern, ou avec Dimitrov*. » Rien d'impossible si l'on considère le Liskow caractériel décrit par Paul Schröder. On peut ajouter que le virage de la propagande soviétique de l'internationalisme vers l'ultrapatriotisme ôte beaucoup de valeur au personnage.

L'enquête de la Gestapo dure trois ans. Le dernier interrogatoire de la mère date d'août 1944. Selon le compte rendu qui en a été conservé, Minna est contrainte de renier son fils. Alfred n'était alors probablement plus en vie. A-t-il été exécuté ? Est-il mort dans un des camps du vaste archipel du Goulag ? « On l'ignore, répond Hieronim Kroczyński. Mais je ne désespère pas que les archives du FSB [service secret russe qui a succédé au KGB dissous en 1991] soient ouvertes un jour et que la lumière soit faite sur le destin d'Alfred Liskow. »

La campagne de tous les records

par Jean Lopez

Lors du déclenchement de « Barbarossa », 6 millions d'hommes, 18 000 chars et 12 000 avions se font face. L'Armée rouge est un colosse doté de matériels bien meilleurs qu'on ne l'a dit. En revanche, la Wehrmacht, pour imposante qu'elle soit, additionne de nombreux bricolages qui sont autant de faiblesses graves à moyen terme.

La Wehrmacht

La faiblesse des réserves humaines du Reich et l'insuffisante mobilisation de son économie ne permettent pas à la Wehrmacht d'être vraiment plus forte qu'elle ne l'était face à la France en mai 1940. Si l'on compte 1 200 chars supplémentaires, il n'y a que 8 divisions de plus (150 contre 142), pas plus de canons et 1 000 avions de moins. Encore ces chiffres masquent-ils le recours massif au matériel capturé en France. 84 divisions d'infanterie, 3 motorisées et 1 Panzer (soit 58 % du total) sont équipées de camions français, dont 13 000 unités sont livrées par Vichy au printemps 1941. Dans ces formations de deuxième ordre, l'artillerie antichar est aussi française (canons de 47 mm), les tracteurs sont souvent des Laffly, les engins de découverte des Panhard. L'approvisionnement de ces véhicules de capture en pièces de rechange et munitions se révélera insoluble. La moitié des Panzers ont des blindages et/ou des canons bien trop faibles. Faute de camions, 70 % de la traction et des transports dans l'infanterie se font à cheval. Ainsi, les divisions de piétons avanceront à 5 km/h, contre 40 km/h pour les Panzers. Les stocks d'essence, de munitions et de pièces détachées permettent d'assurer seulement de quatre à six semaines de combat.

Malgré son hétérogénéité, l'armée allemande possède un outil – son couple corps blindé/aviation d'appui – unique au monde par son efficacité tactique, son expérience et son moral. La division Panzer est alors le seul type d'unité à pratiquer à ce degré la coopération interarmes. Le corps des officiers allemands est supérieurement formé, les sous-officiers sont d'un niveau sans égal. Les tactiques de pénétration, de débordement et d'encerclement sont rodées. Les moyens de communication radio sont remarquables par leur densité et leur qualité technique, notamment les liaisons sol-air. Les 3 millions de soldats allemands ont confiance en leurs armes et en leurs chefs ; ils sont persuadés d'une victoire facile et leur moral est au plus haut.

L'Armée rouge

L'Armée rouge est gigantesque, bien plus que les Allemands ne le supposent. Elle dispose d'un matériel de combat abondant et souvent de qualité, de munitions et de carburant à suffisance. L'artillerie tractée est supérieure à celle des Allemands. De nouveaux matériels, en cours d'introduction, n'ont aucun équivalent au monde : le char T34, le système de roquettes Katioucha, le bombardier tactique Sturmovik.

Mais ce gigantisme cache de très graves faiblesses, techniques et humaines. L'infanterie va à pied, comme en 1914 : il n'y a pas 150 camions par division. Mais c'est là le moindre problème, car cette armée est traversée par quatre failles majeures qui vont la précipiter au fond du gouffre. Premièrement, les officiers bien formés sont très peu nombreux. L'Armée rouge a grossi trop vite, la formation n'a pas suivi ; le moral des cadres est au plus bas, après les purges sanglantes entamées en 1937 et toujours en cours. Les hommes, largement d'origine paysanne, sont travaillés par un sourd ressentiment contre un régime terroriste. Deuxièmement, l'Armée rouge a dédaigné de développer ses moyens radio, elle fonctionne toujours au téléphone et aux coureurs. Les exécutions par le NKVD du général Longva, chef des communications, et du remarquable ingénieur Aksenov, parmi cent autres, ne sont pas pour rien dans ce retard catastrophique, qui entrave la coordination des armes et la direction du combat. Troisièmement, la seule doctrine enseignée est celle de l'offensive. Personne, dans l'infanterie, ne sait comment se défendre contre une attaque des blindés et de l'aviation. Quatrièmement, la mise sur pied de l'arme blindée s'est faite de façon anarchique. Les 29 corps mécanisés* levés à la hâte en 1940 et 1941, forts théoriquement de 1 031 chars chacun, sont aveugles, sans logistique ni entraînement sérieux, accablés de malfaçons et de non-finitions. Leur valeur au combat est sans commune mesure avec celle des Panzers.

L'Armée rouge est un géant inefficient, accablé de maux, mais un géant qui peut apprendre et s'appuyer sur un pays immense, armé jusqu'aux dents… pour peu que l'adversaire lui en laisse le temps.

Les causes de la déroute soviétique

par Jean Lopez et Yacha MacLasha

Comment peut-on détruire si vite la plus grosse armée du monde ? La première raison du désastre, celle qui est au cœur de toutes les autres, s'appelle Staline et son régime de terreur.

L'effet de surprise

Staline s'est laissé totalement surprendre par l'attaque allemande. Il a refusé de croire jusqu'au dernier moment à ce qui était une évidence pour tous. « Staline flotte dans une sorte de vide depuis l'été 1940 parce que tous ses plans de guerre se sont effondrés d'un coup, explique Cynthia Roberts, professeur de sciences politiques au Hunter College (université de New York). Il a cru faire une excellente affaire en signant le pacte avec Hitler en août 1939 parce qu'il était certain que la France allait résister longtemps, que les pays capitalistes allaient s'épuiser mutuellement comme en 1914-1918 et qu'à la fin, c'est lui qui tirerait les marrons du feu. Ainsi pourrait-il réaliser ses visées expansionnistes, notamment récupérer tous les territoires ayant, à un moment ou à un autre, été sous la domination tsariste, et même au-delà en exportant la révolution sous contrôle soviétique. Mais ces plans opportunistes ont volé en éclats avec l'incroyable défaite française : Staline s'est retrouvé avec une Allemagne beaucoup plus forte et non beaucoup plus faible. »

Dès lors, le Vojd, qui n'a aucun doute sur l'infériorité de l'Armée rouge, est prêt à tout pour éviter une attaque allemande. Le 10 janvier 1941, il signe un accord commercial qui multiplie les livraisons au Reich de produits stratégiques : pétrole, caoutchouc, coton, manganèse, céréales. Et quand il apparaît que les Allemands ne livrent pas les machines et armements prévus en contrepartie – et pour cause –, Staline avale la couleuvre et continue à renforcer son ennemi. « Ces livraisons ont considérablement augmenté le potentiel militaire allemand et pas seulement pendant la première année de la guerre. Même durant la phase de préparation de l'opération « Barbarossa », Hitler ne put y renoncer ! » écrit l'historien allemand Rolf-Dieter Müller. Situation proprement extraordinaire : l'ours russe nourrit le loup qui va le dévorer…

Pourquoi cette cécité du chef soviétique ? Parce qu'il s'obstine à penser dans les termes purement rationnels de la diplomatie classique. Il n'est pas dans l'intérêt d'Hitler de l'attaquer, répète-t-il. Le Führer n'obtient-il pas tout ce qu'il veut de l'Union soviétique ? Ne serait-il pas insensé d'ouvrir un second front alors que la Grande-Bretagne n'est toujours pas battue ? « Selon l'ambassadeur américain Averell Harriman, rappelle Cynthia Roberts, Staline ne pouvait penser qu'Hitler l'attaquerait sans chercher à lui parler une dernière fois. Il était aussi persuadé que l'Allemand lui adresserait au moins un ultimatum. »

Sourd aux avertissements

Staline s'est donc bercé d'illusions. Son attitude est d'autant plus incroyable, ajoute Cynthia Roberts, « qu'à aucun autre moment au *XXe siècle, un chef d'État n'aura reçu – et ignoré – une telle masse d'avertissements et de preuves qu'une attaque se préparait contre lui* ». En tout, pas moins de 87 avertissements venant de sources séparées et fiables ! Y compris Churchill lui-même, l'espion soviétique Richard Sorge à Tokyo, les agents du NKVD aux quatre coins du monde, les rapports de l'aviation rouge et des gardes-frontières…

Sa réponse à ces informations qui contredisent ses certitudes sera de faire arrêter en juin 1941 puis fusiller Ivan Proskurov, patron du renseignement militaire. Et de le remplacer par Filipp Golikov qui, terrorisé, s'empressera de ne dire au dictateur que ce qu'il veut entendre : il ira jusqu'à nourrir son patron d'éléments de désinformation fabriqués par les services allemands. Dans son livre *Le Premier Cercle*, Soljenitsyne a ces mots clairvoyants : « [Staline] n'avait fait confiance qu'à un homme au cours d'une vie de défiance sans faille. Et cet homme était Adolf Hitler. » Molotov, commissaire aux Affaires étrangères, exprimera bien ce sentiment de confiance trahie. Lorsque l'ambassadeur allemand von der Schulenburg lui présentera la déclaration de guerre, il s'écriera : « Nous n'avons pas mérité ça. »

Une doctrine militaire inadaptée

Cet aveuglement de Staline n'aurait pas eu de conséquences aussi catastrophiques si, par ailleurs, l'Armée rouge n'avait opté pour une doctrine sans rapport avec ses moyens réels et la nature de son ennemi. Laissons de nouveau la parole à Cynthia Roberts, auteur d'un article de référence sur cette question : « C'est la déconnexion entre l'objectif politique de Staline – ne pas provoquer Hitler – et la doctrine hyper-offensive de l'Armée rouge qui est la véritable racine du désastre de 1941. Les archives soviétiques ouvertes en 1990 confirment qu'en juin 1941 l'Armée rouge était massivement déployée en avant. Dans le saillant de Bialystok, elle s'était même placée dans une situation impossible, qui invitait à son encerclement. Dans le même esprit, la déclassification d'une série de plans de déploiement des forces datant de 1940 et 1941 révèle les attentes irréalistes de l'état-major soviétique : l'armée serait capable d'absorber le premier choc d'une invasion avant de passer très rapidement à la contre-offensive pour porter le combat sur le sol ennemi. Jusqu'à la veille de l'attaque, la planification reposait sur la fausse certitude qu'un intervalle de dix à quinze jours séparerait les premières actions sur la frontière de l'engagement du gros des forces. »

La « non-provocation » défendue jusqu'au bout

« Avec les victoires allemandes en Pologne et en France, certains analystes militaires soviétiques – dont Gueorgui Isserson – et les rapports d'un espion russe à Paris avaient annoncé que l'élément clé de la Blitzkrieg était la réalisation de la mobilisation, de la concentration et du déploiement de la plus grosse part des forces dès le premier jour des hostilités, poursuit Cynthia Roberts. Mais la transcription sténographique de la dernière grande conférence d'état-major, en décembre 1940, nous montre une véritable aversion à l'idée de tirer des conclusions stratégiques de cette innovation germanique. L'expression qui revient le plus souvent est : "Ça ne peut pas arriver chez nous." Les généraux soviétiques ont demandé une mobilisation complète pour faire face à la menace. Mais Staline a refusé parce que cela contredisait sa politique de "non-provocation" de l'Allemagne. Il approuva certains déploiements de troupes, qui amorçaient une mobilisation partielle et secrète, mais refusa jusqu'au bout de mettre les forces en état de préparation maximale. Cette contradiction entre les moyens militaires et les objectifs politiques est l'explication centrale du désastre initial subi par l'Armée rouge. »

Concrètement, les aérodromes de l'avant étaient bondés de milliers d'avions alignés comme à la parade, sans camouflage ni DCA. La Luftwaffe n'aura qu'à les cueillir à l'aube du 22 juin. Les unités d'artillerie n'avaient pas leurs stocks d'obus à proximité et pas de camions pour aller les chercher. Les corps mécanisés manquaient de tout : carburant, radios, pièces détachées, viseurs, épiscopes. Les unités s'éparpillaient au petit bonheur des cantonnements sur des distances atteignant 40 km pour la même division…

Quelles auraient été les options soviétiques ? Une frappe préemptive visant à désorganiser les préparatifs allemands, comme Joukov le demandera le 15 mai ? Mais, vu l'impréparation globale, l'échec était assuré. Une contre-offensive massive partie des arrières proches, comme prévu par les différents plans établis en 1940 ? Mais il a été impossible de la déclencher, car la Luftwaffe a détruit tout le système de communication et les Panzers ont avancé trop vite, atteignant déjà à J + 4 les forces de second échelon. Ne restait qu'une possibilité, la défensive stratégique avec échelonnement des forces en profondeur. Mais cette position – défendue par le théoricien Alexandre Svetchine*, ancien général tsariste fusillé en 1938 – a été excommuniée dès le début des années 1930 par Toukhatchevski*, apôtre de l'offensive à outrance. « C'est pourtant la stratégie à laquelle la Russie a historiquement recouru lorsqu'elle était faible, remarque Cynthia Roberts, par exemple sous Pierre le Grand ou face à Napoléon. La défense mobile était en fait la solution la meilleure pour contrer la Blitzkrieg, comme certains généraux soviétiques, dont Joukov, le reconnaîtront... après la guerre. »

Un encadrement terrorisé

En 1937, pour des raisons de politique intérieure, Staline lance une gigantesque purge de l'Armée rouge, qui va durer jusqu'en 1941. Elle entraîne la disparition de la majeure partie de l'encadrement supérieur : 3 maréchaux (dont Toukhatchevski) sur 5, 11 commissaires adjoints à la Défense sur 11, 14 commandants d'armée sur 16, 60 commandants de corps sur 67, 136 généraux de division sur 199, les deux tiers des chefs de brigade et la moitié des commandants de régiment. Ainsi sont morts, au Goulag ou sous les balles du NKVD, les chefs les plus expérimentés, les plus imaginatifs, ceux qui, au début des années 1930, avaient placé l'Armée rouge à l'avant-garde en matière de mécanisation et de doctrine.

Au total, 54 714 membres des forces armées sont passés par les tribunaux militaires. Sur ce nombre, selon Roger Reese, professeur à l'université du Texas, 20 000 ont été exécutés, les autres déportés. Beaucoup, comme le futur maréchal Rokossovski, seront abominablement torturés, avant d'être relâchés et réaffectés à une unité sans autre explication. Si l'on rapporte le nombre d'officiers généraux tués à l'ennemi entre 1941 et 1945 au nombre des exécutés par le NKVD en 1937-1938, on obtient le ratio de 1 pour 2,5 !

Hommes sans expérience

Il n'est plus possible, après les travaux de l'Américain Roger Reese, de faire de cette purge la cause unique du désastre de 1941. Mais il est pour autant impossible de nier qu'elle soit pour quelque chose dans ledit désastre. En 1941, Staline est surtout entouré d'hommes sans expérience, tout dévoués à sa personne, peu disposés à l'initiative et rarement capables de l'affronter. Que pouvait attendre l'Armée rouge d'incapables comme Vorochilov et Boudienny, placés aux plus hautes fonctions ? Que pouvaient peser face au Vojd – le chef suprême – les jeunes promus comme Joukov, Vassilevski* ou Vatoutine ? Peut-on tenir pour nuls et non avenus les milliers de procès-verbaux d'interrogatoires menés par la Wehrmacht et qui parlent d'officiers résignés, terrorisés par leurs commissaires politiques, peu enclins à prendre initiatives et responsabilités ?

Comment expliquer, par exemple, que les Allemands relèvent 189 officiers parmi les déserteurs et prisonniers volontaires de la 289e division ? Le NKVD lui-même n'a-t-il pas arrêté pour attitude défaitiste, du 5 juillet au 1er septembre, 31 officiers supérieurs et 226 autres officiers rien qu'à la 26e armée ? Ce n'est que très progressivement que l'encadrement de l'Armée rouge retrouvera son équilibre. Et ce ne sera pas chose faite avant Stalingrad, à l'automne 1942.

Une troupe en crise morale et politique ?

Comment interpréter le fait que la Wehrmacht ait saisi 3 800 000 prisonniers en 1941 ? Empruntant le pas à Staline, de nombreux auteurs, à l'instar de Robert Conquest ou Joachim Hoffmann, ont estimé que c'était là le signe d'un refus de se battre explicable par un rejet du système terroriste stalinien. D'autres, tels Robert Thurston et les historiens soviétiques des années 1970 et 1980, y ont vu le simple résultat d'un commandement inepte et du manque de préparation.

Les premiers ont notamment relevé dans les archives que 1 prisonnier soviétique sur 16 est en réalité un déserteur passé à l'ennemi, une proportion trois cent trente fois plus importante que dans les armées française, britannique et américaine. L'historien russe Mark Solonine déclare pour sa part : « J'en suis venu à la conclusion que le moral défaillant de l'armée est une des causes majeures de la débâcle de 1941. J'ai essayé d'évaluer statistiquement ce fait. Par exemple, comment expliquer la perte de 6 290 000 armes individuelles en 1941, si ce n'est par abandon ? Comment rendre compte que de 60 à 80 % des voitures individuelles ont été sauvées de l'anéantissement et qu'on les a retrouvées en moyenne à 500 km du front ? Et que dire des 1 625 000 hommes qui ont omis de se faire enregistrer dans les bureaux de mobilisation en Ukraine, en juin et juillet 1941 ? *A contrario*, si la 14e armée a tenu bon devant Mourmansk* face à l'élite des chasseurs alpins allemands et à 1 contre 1, c'est parce que les hommes, dans l'environnement hostile de la toundra, n'avaient nulle part où s'enfuir ! »

Des percées allemandes fatales à la cohésion russe

L'historien Roger Reese a pris ce problème sous un angle très différent. Il s'est demandé pourquoi proportionnellement si peu de soldats soviétiques s'étaient rendus pendant la guerre contre la Finlande durant l'hiver 1939-1940 – où ils ont été souvent encerclés – et autant en 1941 ? Il relève que, dans le premier cas, les unités encerclées étaient de petite taille et qu'elles se sont formées en cercle autour de leurs officiers pour résister jusqu'au bout. Dans le second cas, les encerclements ont été gigantesques et les troupes ont reçu l'ordre de percer, alors qu'en Finlande elles avaient à rester sur place en attendant leur délivrance.

« Or, explique Roger Reese, la percée est un acte qui détruit très souvent la cohésion des unités, la chaîne de contrôle et de commandement. Quand les officiers sont tués ou que le système de communication s'effondre, les unités se fragmentent en petits groupes qui tentent de fuir par leurs propres moyens. C'est dans ces circonstances que les Allemands les attrapaient. Il est parfois paradoxalement plus facile de capturer un demi-million d'hommes désorganisés qu'un bataillon groupé autour d'un chef qui n'a pas à attendre d'ordres ou à coordonner ses actions avec d'autres unités. »

Une armée en crise de croissance

Au début de 1941, l'Armée rouge doit faire face à des tâches écrasantes. Il lui faut en effet, *primo*, gérer son expansion numérique de 1,3 million (en 1939) à 5 millions d'hommes (en 1941). *Secundo*, s'apprêter à accueillir une nouvelle génération d'armes complexes, comme le char T34, le bombardier tactique Il-2 Sturmovik ou le système de lance-fusées multiple Katioucha.

Tertio, analyser et rectifier les causes de sa misérable prestation face à la minuscule Finlande en 1939-1940. *Quarto*, analyser aussi le défi lancé par la Blitzkrieg en Pologne, puis en France, et trouver des solutions. Tout cela pose de formidables problèmes d'entraînement et de leadership à tous les niveaux. En d'autres termes, la montée en puissance de l'Armée rouge repose sur la quantité et la qualité de son encadrement.

Un manque cruel d'officiers

Or, les travaux de Roger Reese montrent que la situation, à la veille de la guerre, est catastrophique. L'Armée rouge n'a pu trouver les 255 000 nouveaux officiers nécessaires qu'en recourant à des expédients qui se révéleront fatals face à la Wehrmacht. Où trouver en effet pareille masse de spécialistes instruits dans un pays qui sort à peine du tiers monde ? Dans le corps d'officiers de réserve ? Il n'y en a pas : sont considérés comme tels les hommes ayant passé un examen supérieur quel qu'il soit et fréquenté l'armée entre un et quatre mois. Chez les sous-officiers ? Mais, à l'image de sa devancière tsariste, l'Armée rouge ne dispose pas d'un corps de sous-officiers professionnels. Tout – notamment l'entraînement, la formation de l'esprit de corps – repose sur l'officier.

Alors, pour boucher les vides les plus criants, on rappelle au service des anciens de la guerre civile complètement dépassés, on réduit le temps de formation d'un an, on accepte un abaissement du niveau des enseignements donnés dans les écoles militaires en y laissant entrer des hommes dont le bagage scolaire équivaut à notre certificat d'études. En dépit de cela, le 22 juin 1941, il manque encore 70 000 officiers… 75 % de ceux qui sont présents aux armées occupent leur poste depuis moins d'un an ; 68 % des lieutenants et capitaines ont reçu en tout et pour tout… cinq mois de formation. Le résultat, notamment dans l'infanterie, frappera les Allemands : une masse d'hommes sous-entraînés, sous-encadrés, qui ne sont habitués ni à leurs chefs, ni à leurs armes, ni à leurs camarades. Face à la meilleure armée du monde, cela ne pardonne pas.

Les erreurs des Allemands

par Jean LOPEZ et Yacha MACLASHA

En 1941, la Wehrmacht n'a, dans le cadre d'une campagne courte et sur un théâtre limité, aucun adversaire à sa taille. Et pourtant… L'OKH a bâti le plan « Barbarossa » sur une série d'hypothèses plus qu'optimistes. Il a négligé l'espace russe et le facteur temps, tenu son adversaire pour quantité négligeable et renoncé à toute forme de pensée opérative. Ces fautes majeures témoignent d'une cécité intellectuelle et d'un délire d'orgueil rarement rencontrés dans l'histoire à pareil degré.

Des objectifs délirants

Le calendrier des opérations imaginé par la Wehrmacht s'articule de façon très vague en deux ou trois phases :

1° Destruction du gros de l'Armée rouge à l'ouest de la ligne formée par la Dvina et le Dniepr. Une série d'encerclements menés à vive allure doit permettre de conclure cette phase essentielle dans un délai estimé entre quatre à huit semaines.

2° S'il reste quelques armées ennemies en état de combattre, elles se rangeront très certainement derrière cette même ligne Dvina-Dniepr, pour protéger le cœur du pays ; elles seront détruites le mois suivant durant la marche sur Leningrad, Moscou et Rostov.

Cette deuxième ligne sera atteinte au plus tard à la mi-octobre.

3° Une phase de simple poursuite et d'occupation amènera l'armée allemande au plus tard au 31 décembre sur une troisième ligne Arkhangelsk-Gorki-Astrakhan. La suite demeure floue, mais Hitler estime que, les ressources pétrolières, minières et agricoles de l'URSS étant entre ses mains, il aura les moyens de bâtir une marine et une aviation assez puissantes pour amener l'Angleterre à reconnaître l'hégémonie continentale de l'Allemagne.

Un simple coup d'œil à la carte montre que la direction allemande de la guerre ne recule pas devant l'idée de réussir à arracher en 21 semaines 3,5 millions de kilomètres carrés et 130 millions d'habitants à son adversaire, soit quatorze fois l'espace et six fois la population conquis en France en six semaines. Personne, dans les états-majors, ne hausse le sourcil à l'idée de faire parcourir aux 3 groupes d'armées entre 1 600 et 2 000 km (à vol d'oiseau), à travers un territoire difficile, favorable aux chars seulement en Ukraine.

Réalisable… en temps de paix

Ces objectifs supposent tout simplement que toute opposition ait disparu dès août, car le seul acheminement en temps de paix de centaines de milliers de véhicules et de chevaux, sur un espace aussi dilaté et aussi mal pourvu de routes, exigerait à lui tout seul le laps de temps que s'accorde la Wehrmacht. Enfin, personne, à l'OKH ou ailleurs, ne tique à l'idée d'attaquer *simultanément* et *partout* sur un front de 1 200 km (3 000 avec le front finnois) qui, du fait de l'évasement de la grande plaine russe, s'allongera à 1 900 km (distance Leningrad-Rostov).

Ces visées fantasmagoriques sont-elles le reflet de la mégalomanie du Führer ? Absolument pas. C'est le général Halder, chef d'état-major de l'OKH – le meilleur cerveau de l'armée allemande, dépositaire de l'héritage de deux siècles d'une brillante pensée militaire –, qui pose, en juillet 1940, le pronostic que « l'affaire devrait être réglée en quatre à six semaines ». Il propose même à Hitler de déclencher l'attaque à l'automne 1940. Il faudra l'intervention de ses rivaux de l'OKW, Keitel et Jodl, pour faire remarquer que rien n'est prêt pour affronter un pays connu pour ses boues d'automne, et qu'il conviendrait d'attendre le printemps 1941…

Nous avons vu plus haut que les moyens alloués à « Barbarossa » sont globalement à peine supérieurs (et même inférieurs pour la Luftwaffe) à ceux dévolus à la France et au Benelux en mai 1940 – alors même que la longueur du front est cinq fois plus étendue et la profondeur de la pénétration cinq fois supérieure ! Pis, ces contraintes d'espace s'aggravent de la contrainte de temps que se donne la direction allemande de la guerre. Il *faut* que le Russe soit vaincu avant la fin 1941, car, ensuite, le Reich n'aura plus assez de moyens économiques et humains pour faire face à un prolongement de la lutte sur deux fronts. C'est tout le dilemme de l'armée d'Hitler : ses moyens limités ne lui permettent d'envisager que des campagnes courtes et peu coûteuses. Si la guerre à l'est tourne à l'attrition, elle sera perdue, comme le montre le précédent de 1914-1918. Mais personne à Berlin n'envisage que l'Union soviétique puisse se remettre du coup de massue porté par l'opération « Barbarossa ».

L'absence de priorité opérationnelle

Dans l'immensité russe, quel doit être l'objectif prioritaire, celui dont la perte provoquerait la mise hors de combat de l'adversaire ? Seule la réponse à cette question permet de déterminer le centre de gravité des forces, c'est-à-dire la direction dans laquelle la poussée doit être le plus violente. Or, depuis le tout début de la planification de l'opération « Barbarossa », en juillet 1940, il y a une sourde mésentente entre Halder et Hitler.

Pour Halder, il n'y a qu'un objectif qui vaille : Moscou, la capitale politique et spirituelle, le grand carrefour ferroviaire, le centre industriel majeur. Hitler, en revanche, ne voit en Moscou qu'une « simple expression géographique ». À ses yeux, les objectifs les plus importants sont sur les ailes. Au nord, c'est Leningrad, berceau du bolchevisme, clé de la Baltique, porte vers Mourmansk et Arkhangelsk, les deux ports par où ne manquera pas d'arriver l'aide britannique. Au sud, ce sont l'Ukraine et le Caucase. L'Ukraine pour ses richesses agricoles et minières, pour la gigantesque zone industrielle du Donbass (la « Ruhr soviétique »), pour les côtes de la mer Noire. Le Caucase, pour son pétrole et pour gagner l'entrée en guerre de la Turquie aux côtés de l'Allemagne.

Ce manque d'unité sur l'objectif majeur de la campagne explique le compromis boiteux finalement adopté. Dès le début, le centre de gravité n'est pas clairement dessiné. Le groupe d'armées Centre reçoit 41 % des divisions (mais 50 % des chars), le Sud 41 % aussi (mais 33 % des chars), le Nord 18 %. Bref, l'effort est écartelé entre trois directions.

Marchandages permanents

Le pire, pour les Allemands, est que l'on demeure dans le non-dit. Halder pense qu'il parviendra à imposer son choix de Moscou. Hitler, lui, prévient qu'« à un moment ou à un autre », la priorité passera à la poussée vers Leningrad ou à celle vers l'Ukraine. Si bien que, durant l'été et l'automne, la priorité opérationnelle sera l'objet de marchandages permanents. Le Panzergruppe de Guderian, par exemple, recevra en août six ordres et contrordres sur la direction à prendre et il ne fera rien d'autre, durant un mois, que d'exécuter marches, contremarches et repositionnements pour, à la fin, imposer sa solution : aller chercher l'encerclement à Kiev. En juillet, Leningrad semblera prioritaire ; en août, ce sera Kiev ; en septembre, Moscou ; finalement, aucun des trois objectifs ne sera atteint.

En réalité, Hitler avait partiellement raison en fixant la priorité sur Leningrad et la zone nord-ouest. C'était probablement le premier objectif opérationnel, raisonnable et fructueux à atteindre. Le contrôle de la Baltique aurait permis de ravitailler par mer et d'amasser les moyens pour une seconde phase de la campagne.

Mais cela supposait deux choses : 1° que la Wehrmacht se place en défense sur les deux tiers du front (centre et sud) ; 2° que l'état-major soit capable d'accoucher d'un véritable concept opératif séquençant les objectifs en fonction des moyens. Au lieu de cela, la Wehrmacht s'est usée très vite à attaquer partout et constamment. La campagne a été pensée comme un enchaînement frénétique d'encerclements visant à la destruction biologique de l'ennemi. Halder a considéré l'espace russe non comme le lieu de déploiement d'un système militaire, mais comme un espace abstrait où l'on peut répéter mécaniquement des « batailles de Cannes » autant de fois qu'il le faudra. La Wehrmacht a, certes, accumulé des succès tactiques extraordinaires, mais elle débouche pourtant sur un fiasco stratégique sans appel.

La cécité logistique

Hitler s'est persuadé que la Blitzkrieg se gagne avec une logistique motorisée. Elle seule ferait preuve – à la différence du chemin de fer – de la puissance, de la souplesse et de la vitesse compatibles avec la progression des Panzerdivisionen. Cette vision moderniste se heurte à la dure réalité : l'Allemagne ne possède pas, alors, une puissante industrie automobile. Résultat, en prévision de « Barbarossa », on ne parvient à motoriser à 100 % que la logistique des Panzers. Le reste comptera en tout ou partie sur les charrettes à chevaux. Pour motoriser l'ensemble de l'armée allemande « à l'américaine », il aurait fallu 1 million de camions, alors qu'il n'en existe que 404 500, civils et militaires, dans tout le Reich. Autre évidence : la Wehrmacht aura besoin des trains pour ses transports. Là aussi, la réalité est amère : les chemins de fer allemands – la Reichsbahn – n'ont reçu aucun investissement dans les années 1930. Ainsi, quand éclate la Seconde Guerre mondiale, leurs moyens sont inférieurs en quantité à ceux dont l'armée du Kaiser avait bénéficié en 1914 : 21 700 locomotives contre 26 830, 700 000 wagons contre 835 000.

Les généraux allemands, quant à eux, ne s'alarment pas de ces contradictions. Ils ont reçu une formation qui met au premier plan la conduite des opérations, partie « noble » de l'art militaire, et relègue au deuxième ou troisième rang les questions d'approvisionnement et de transport. Cette attitude n'est pas trop gênante en France ou en Pologne, lorsque les distances à parcourir n'excèdent guère 500 ou 600 km, avec un réseau routier correct et des conditions météorologiques optimales.

Mais qu'en est-il de l'Union soviétique ? Les experts de la Wehrmacht rassemblent des chiffres alarmants. Le réseau ferré est de quatre à dix fois moins dense que celui de l'Allemagne. Il est isolé du reste du continent par un écartement des rails supérieur (1,524 mètre contre 1,435 mètre). Le réseau routier est épouvantable. On compte seulement 4 000 km de routes asphaltées ou bétonnées. Tout le reste sombre dans un océan de boue lors des pluies d'automne et de la fonte des neiges au printemps.

Face à ces conditions très défavorables, quelles performances peut-on attendre des camions ? Les calculs des experts de l'époque situent à 300 km au maximum la « distance de transport critique ». Au-delà, les poids lourds de 20 tonnes consomment trop d'essence et ne peuvent plus faire assez de rotations. Quant aux besoins, pour 3,4 millions d'hommes, 600 000 véhicules et 600 000 chevaux, ils s'élèvent au minimum à 60 000 tonnes par jour, rien qu'en essence, munitions et matériels indispensables, à l'exclusion même des produits alimentaires.

« Pas de destructions à grande échelle à redouter »

Sur le plan logistique, « Barbarossa » s'appuie sur les hypothèses suivantes :

1° Le gros de l'Armée rouge devant être détruit à l'ouest de la ligne Dvina-Dniepr, les camions assureront, seuls, tous les besoins durant quatre à six semaines jusqu'à 500 km des dépôts placés en Pologne. Ce qui fait déjà 200 km plus loin que la « distance de transport critique »... Chacun des trois groupes d'armées reçoit à cet effet une « colonne » d'environ 5 000 à 10 000 camions lourds, pouvant transporter 20 000 tonnes jusqu'à des dépôts de l'avant où chaque unité viendra s'approvisionner à son tour avec ses moyens propres.

2° Une pause opérationnelle de trois semaines permettra ensuite de rétablir le réseau ferroviaire jusqu'à la ligne Dvina-Dniepr. Le contenu des trains sera déchargé dans de nouveaux dépôts avancés, où les « colonnes » viendront piocher pour repartir vers le front. Ce rétablissement du réseau ferroviaire est indispensable à la poursuite de la campagne. Mais les questions essentielles ne sont pas tranchées : faut-il mettre le réseau ferré soviétique à l'écartement allemand ? Ou faut-il espérer que la campagne sera si rapide que le réseau russe sera capturé intact et pourra donc être aussitôt utilisé ? Il est décidé d'employer les deux méthodes. On prévoit de placer, par groupe d'armées, au moins une voie double et une simple à écartement européen, le reste à l'écartement russe. Ces voies devront permettre l'acheminement de 108 trains quotidiens au minimum. Quant au réseau russe, Göring affirme que l'état soviétique va « s'effondrer aussitôt comme un château de cartes et qu'il n'y aura pas de destructions à grande échelle à redouter ». Aussi ne s'inquiète-t-on pas de la faiblesse numérique des unités du génie ferroviaire, environ 40 000 hommes, à peine 20 % de plus que durant la campagne de France.

3° En se branchant sur ces dépôts avancés, les camions pourront de nouveau nourrir l'offensive sur 300 à 500 km, jusqu'à Leningrad, Moscou et l'Ukraine orientale.

4° La suite de la campagne devant être une promenade militaire, les unités avanceront vers les objectifs finaux en suivant les lignes de chemin de fer qui leur serviront de nourrice.

Aux esprits chagrins qui trouvent que toutes les hypothèses de ce plan sont extraordinairement optimistes, Wagner, responsable logistique de l'OKH, répond par la phrase magique ciselée par la propagande : « Au soldat allemand, rien d'impossible ! »

Sabotage des réseaux ferroviaire et électrique

Voyons comment se déroule la campagne du point de vue logistique. La première mauvaise nouvelle vient des chemins de fer soviétiques, qui devaient être saisis en bon état. Or, presque partout, les troupes rouges, au milieu d'une retraite sanglante, trouvent « l'intelligence stratégique » de détruire des centaines de kilomètres de rails et de ballast, des milliers de ponts, de gares, de dépôts, d'ateliers, de points de ravitaillement en eau et charbon, des dizaines de milliers de kilomètres de lignes électriques et téléphoniques, le gros de la signalisation. Sur un million de wagons, les Allemands n'en capturent que 53 000, chiffre dérisoire. Quant aux 20 000 locomotives, 18 000 s'échappent vers l'est.

Pour la Wehrmacht, c'est une véritable catastrophe qui va avoir deux conséquences. Premièrement, il faut faire venir le matériel roulant du Reich : 4 800 locomotives sont affectées à l'est, ce qui a pour effet de ralentir... la production des usines de guerre en Allemagne même ! Deuxièmement, non seulement il faut remettre les voies à l'écartement européen, mais il faut reconstruire presque à zéro les infrastructures ferroviaires. Avec quelle main-d'œuvre ? D'urgence, il faut envoyer 10 000 hommes de l'organisation Todt*, rappeler les personnels retraités de la Reichsbahn, affecter des dizaines de milliers de prisonniers de guerre et de civils réquisitionnés à ce chantier titanesque et imprévu. Mais les effectifs ne suffiront jamais à la tâche. Au 31 décembre, certes, 23 387 km de voies auront été mises à l'écartement européen. Mais c'est un travail bâclé, incomplet, qui ne laisse passer que des trains légers (moins de 30 wagons et des locomotives de 16 tonnes à l'essieu), roulant à 20 ou 40 km/h, souvent beaucoup moins, avec d'interminables arrêts, d'innombrables accidents, des embouteillages dantesques. En octobre 1941, on comptera 1 200 trains bloqués à Varsovie ! Aussi étonnant que cela puisse sembler, les ingénieurs de la Reichsbahn s'aperçoivent tardivement que le charbon russe ne peut pas être utilisé dans les chaudières : il faut le mélanger à du charbon silésien et à de l'huile pour pouvoir le brûler. Résultat, un train sur six entrant en URSS transporte… du charbon pour les trains !

Des colonnes motorisées en plein surmenage

L'autre problème gravissime résulte du surmenage des colonnes de transport motorisées. Les routes sont pires que prévu. À la moindre pluie, tout ce qui n'est pas chenillé doit s'arrêter, enfoncé dans la boue sur 80 cm. Les essieux cassent, la poussière bouche les radiateurs, ce qui détériore les joints de culasse. Réparer ? Impossible ! Il y a 2 000 types de véhicules, 1 million de pièces détachées différentes et… aucun stock.

Le problème des pneus se révèle insoluble : les 100 000 prévus en secours sont dévorés en un mois. Aussi les pertes grimpent-elles régulièrement. Au 31 décembre, 40 000 camions seront définitivement hors service. Les livraisons neuves (27 535) laissent un déficit de plus de 12 000 véhicules, soit 60 % des colonnes qui s'alignaient le 22 juin.

Le résultat de ce double désastre – ferroviaire et routier –, c'est que le rythme de « Barbarossa » est entravé par celui de la logistique. Par deux fois, à la mi-juillet puis autour du 8 août, le Panzergruppe 4 doit s'arrêter, en panne sèche sur la route de Leningrad, laissant aux Soviétiques le temps d'organiser la défense de la ville. Au centre, dans l'axe de Moscou, tous les camions sont mis au service des Panzergruppen 2 et 3, laissant l'infanterie sans rien. Mais ça ne suffit pas, la Luftwaffe doit parachuter de plus en plus souvent de l'essence et des obus. Arrivés à Smolensk, les Panzers s'arrêtent. Les camions doivent faire 750 km aller et 750 km retour pour aller chercher le nécessaire à Varsovie. Une des grandes causes de la résistance russe à Smolensk est bien le manque de carburant et de munitions des Allemands. L'intendance ne suit pas !

Pour assurer les besoins minimaux, il aurait fallu 24 trains par jour au groupe d'armées Centre. En août, il en arrive entre 8 et 15, et pas plus de 12 en septembre. Au sud, même situation : 195 trains en septembre au lieu des 724 nécessaires. Pas d'autre solution que de restreindre les mouvements et de rationner les munitions.

À partir du 15 octobre, les pluies d'automne bloquent complètement le trafic routier. Les chemins de fer sont bien entendu incapables de faire face au surcroît de charge que l'on exige d'eux. Il aurait ainsi fallu 29 trains de carburant par jour pour l'ensemble des groupes d'armées. En novembre, il n'y en aura que 90, soit 3 par jour ! Face à ce chiffre, toutes les spéculations sur les chances de réussite de l'opération « Typhon » (l'encerclement de Moscou) ne pèsent pas très lourd : à part les 900 chars qui lui restent, toute la Wehrmacht est bel et bien en panne sèche.

En novembre, le froid arrive. Les routes gèlent et le trafic routier reprend au ralenti. Mais c'est alors le réseau ferré qui se met à genoux. Les chutes de neige bloquent ou ralentissent le trafic. Les locomotives allemandes, prévues pour supporter – 20 °C, refusent le service à – 35 °C. L'huile épaissit, la graisse se fige. Au 1er décembre, 70 % des motrices sont hors service ! C'est une armée allemande frigorifiée, sous-alimentée, sous-équipée et revenue au cheval qui se lance vers Moscou, dans une dernière tentative mort-née.

Laissons à Andreas Hillgruber, le plus grand historien allemand de la Seconde Guerre mondiale, le mot de conclusion, net et sans bavures : « La question logistique est, sur le plan militaire, la plus décisive des causes de l'échec de l'opération "Barbarossa". »

L'absence d'intelligence politique : la guerre d'anéantissement

Pour les Allemands, la seule chance réelle de l'emporter tenait à la possibilité d'un effondrement du régime stalinien, comme, avant lui, s'était écroulé le régime du tsar. Les chefs militaires et Hitler ne doutent pas de la rapidité de cet effondrement. Mais ils le voient comme un sous-produit de leurs victoires, non comme une arme majeure à faire jouer en travaillant l'opinion.

Les premières semaines se passent dans l'euphorie. La majorité des populations de l'Union soviétique occidentale accueille les Allemands comme des libérateurs. Dans les pays Baltes et en Bessarabie, on sort juste de quatorze mois d'une violente soviétisation, qui a fait disparaître une large partie des élites. En Ukraine, où l'on a en mémoire l'horrible famine de 1932-1933 et la collectivisation des terres, on voit disparaître sans regrets l'appareil répressif stalinien.

En Russie même, la population rurale est attentiste, nullement hostile ; elle demeure dans ses foyers, refuse d'exécuter les consignes de terre brûlée lancées par Staline. Les maquis de partisans sont faibles et rares, souvent alimentés par des bandes de soldats qui ont échappé aux encerclements en se réfugiant dans les forêts et les marais. Les historiens russes sont actuellement en train de relativiser « l'héroïsme de masse » dont aurait fait preuve le peuple soviétique, unanimement prêt à « résister au mépris de sa vie à l'invasion et à l'exploitation fascistes ».

« Il y a eu, dès 1941, de 1 à 2 millions de collaborateurs sur 80 millions de Soviétiques passés sous administration allemande, estime ainsi Boris Kovalev, professeur d'histoire politique à l'université d'État de Novgorod. La propagande communiste a largement gonflé les actes de résistance. Ainsi, elle affirmait que l'Institut du sport de Leningrad avait formé 13 unités de partisans en 1941 qui ont héroïquement combattu. En réalité, la plus grande partie s'est rendue immédiatement, et la majorité s'est même ralliée aux Allemands ! De même, à Pskov, toute la rédaction du journal *Le Kolkhozien de Pskov* passe aux Allemands et continue la publication, rebaptisée *Pour la Patrie*. Un des facteurs de ces ralliements est que tout le monde croyait à ce que martelait la propagande soviétique : si une guerre éclate, elle se livrera sur le territoire de l'ennemi. Or, en quinze jours, l'ennemi prend Minsk et, en six semaines,

Smolensk ! Les gens ont été complètement déboussolés et beaucoup ont cru à la victoire de l'Allemagne. »

Ce capital de sympathie et de neutralité, dû au rejet du système stalinien, les Allemands auraient pu le faire fructifier, même au milieu des contraintes inhérentes à une occupation militaire. Encore aurait-il fallu donner quelques gages, comme la dissolution des kolkhozes et le retour à une certaine liberté économique.

Fusillades de masse

Mais si Hitler avait procédé à ces réformes, il n'aurait pas été Hitler. La réalité de l'occupation allemande apparaît vite dans son horreur aux populations. L'extermination de plus de 1 million de Juifs soviétiques a probablement prévenu la majorité que l'occupant de 1941 n'était pas l'armée du Kaiser en 1918 (lire ci-après l'interview de Christopher Browning). « Les gens voyaient tout, explique Ilya Altman, coprésident du Centre russe de recherche et d'éducation Holocauste. Les fusillades de masse, mais aussi les communautés enfermées dans les synagogues auxquelles on mettait le feu (Bialystok, Riga), les Juifs noyés dans les rivières, emmurés vivants dans des carrières, jetés dans des puits… »

La terrible agonie de 2 millions de prisonniers de guerre, elle aussi connue de tous, a donné un second signal négatif. Le vol à grande échelle, les expropriations massives, bientôt les crimes liés à la lutte antipartisans ont achevé de monter la majorité des populations soviétiques contre l'occupant. Enfin, la carte politique, sans doute la plus efficace pour abattre Staline, perdra beaucoup de son efficacité après la contre-offensive soviétique de décembre 1941. La victoire d'Hitler se faisant moins certaine, la prudence l'emportera chez beaucoup.

La sous-estimation de l'adversaire

Quelles sont les forces réelles de l'Armée rouge ? À cette question essentielle, les chefs de la Wehrmacht ne sont pas vraiment capables de répondre. Pour preuve, leurs estimations sont sans cesse revues à la hausse, quasiment d'un mois sur l'autre. La réalité est encore pis pour les Allemands, puisqu'en décembre 1941 l'Armée rouge alignera l'équivalent de 390 divisions, plus 140 en réserve !

À l'autre question essentielle – quel est le potentiel des industries d'armement soviétiques ? –, la direction du renseignement n'est pas non plus capable de répondre. L'on sait, à Berlin, que les trois premiers plans quinquennaux ont mis l'accent sur l'industrie lourde ; l'on connaît le développement des hauts-fourneaux dans les villes nouvelles de l'Oural. Mais, pourtant, la quantité d'avions, de chars, de canons que produit réellement l'URSS est sous-estimée... de la moitié aux deux tiers ! En réalité, l'URSS est armée jusqu'aux dents et, dans quasiment tous les domaines, la production allemande est surpassée.

Le Russe, « culturellement inférieur »

Par ailleurs, pensant au précédent de 1917, la direction de l'armée allemande s'est persuadée que le régime s'effondrera sous les révoltes nationales, ethniques et religieuses. L'idée que le régime ait pu se doter d'une vraie base sociale est écartée.

Enfin – et c'est une certaine tradition allemande bien antérieure au nazisme –, le Russe est perçu comme un être « culturellement inférieur », primitif, « près de la nature ». Aucune des qualités nécessaires à l'organisation d'un conflit moderne ne lui est reconnue. Pourtant, plusieurs batailles acharnées auraient dû mettre la puce à l'oreille des chefs allemands : les Soviétiques sont et seront un adversaire tenace, dangereux, capable d'improvisations extraordinaires. Un adversaire à ne sous-estimer en aucun cas, comme la suite le prouvera.

Les raisons de la résistance soviétique

par Jean Lopez et Yacha MacLasha

Durant la planification de l'opération « Barbarossa », les Allemands escomptaient de durs combats pendant quatre à six semaines. Ils imaginaient qu'ils n'auraient plus ensuite qu'à poursuivre des débris d'armées fuyant au milieu d'un pays abandonné par sa direction politique. Dès la mi-juillet 1941, l'optimisme de mise jusque-là fait place à une plus juste évaluation des choses : le colosse rouge n'a pas des pieds d'argile.

Une mobilisation économique bien orchestrée

L'Union soviétique est prête pour une guerre longue, qu'elle anticipe depuis dix ans.

Le régime bolchevique est né de la Première Guerre mondiale, plus exactement de l'incapacité du régime tsariste à faire face à la pression militaire allemande et à la pression politique intérieure. Fort de ce précédent, Staline se persuade que l'Union soviétique n'a aucune chance de survie si elle ne s'arme pas jusqu'aux dents. Pour cela, elle doit s'industrialiser à toute vitesse. Les deux objectifs ne sont pas dissociables dans son esprit. Voici un extrait du discours prémonitoire que Staline tient en février 1931, juste dix ans avant l'attaque d'Hitler : « Un des traits de l'histoire de l'ancienne Russie tient aux défaites continuelles qu'elle a endurées à cause de son arriération. [...] Tout le monde la battait à cause de cette arriération politique, militaire, culturelle, industrielle, agricole. On la battait parce qu'on pouvait le faire en toute impunité. C'est la raison pour laquelle nous ne pouvons plus rester en arrière. Nous sommes cinquante ou cent ans derrière les pays avancés. Nous devons les rattraper en dix ans. Ou nous y arriverons, ou ils nous écraseront. »

L'URSS s'arme dès 1930

C'est peu dire que l'URSS s'est armée. Elle le fait dès 1930, bien avant les futurs belligérants de la Seconde Guerre mondiale. Et à grande échelle. En juin 1941, les Allemands attaquent un pays dont ils ne savent pas qu'il produit chaque mois 230 chars, 700 avions, 4 000 canons et 1 million d'obus. Et qu'il possède de quoi multiplier en un an ces chiffres respectivement par 8, 5, 3 et 19 ! Bref, à Moscou, tout est prêt pour une guerre longue, y compris et surtout les esprits des dirigeants. À la différence des Allemands, les chefs soviétiques ne croient pas à la « guerre éclair ». Leurs penseurs d'avant guerre, notamment Svetchine et Isserson, ont tous prévenu que la guerre moderne est une affaire industrielle de longue haleine. Après leurs deux campagnes de Pologne et de France, les chefs de la Wehrmacht croient, eux, avoir trouvé la martingale qui permet de faire l'impasse sur une mobilisation en profondeur de la population et de l'économie.

Par ailleurs, au milieu des batailles de l'été 1941, les éclaireurs de la Luftwaffe ont plusieurs fois signalé que d'immenses convois ferroviaires soviétiques se dirigeaient bien vers l'est jour et nuit. Pour autant, les chefs de l'aviation allemande n'ont pas distrait leurs unités de bombardiers de leurs tâches d'appui tactique. Il aurait pourtant été fort rentable pour le Reich d'affecter toutes les forces aériennes à l'interdiction du trafic ferroviaire soviétique. Cela lui aurait évité de subir une défaite, invisible sur le coup, un véritable « Stalingrad économique » avant la lettre, dont l'effet se fera pleinement sentir en 1942. En effet, ces milliers de trains repérés par la Luftwaffe transféraient tout simplement vers l'est les usines d'armement menacées.

La terreur dans les usines

Quand il s'agit de mettre un peuple au travail et d'obliger ses soldats à mourir, Hitler est un enfant à côté de Staline…

Dès la première semaine du conflit et jusqu'à sa disparition en 1991, l'Union soviétique a pieusement entretenu le mythe de la « Grande Guerre patriotique ». Ainsi, au premier jour de l'invasion, les 180 millions de Soviétiques se seraient levés comme un seul homme pour résister à l'envahisseur. Combattants, ouvriers et paysans auraient fait preuve d'un esprit de sacrifice sans pareil, d'une résolution sans faille, bref d'un véritable « héroïsme de masse ».

Il n'est pas question de nier l'ardeur du patriotisme russe, ni même du patriotisme soviétique. « Quand la guerre a commencé, j'en étais à ma quatrième année d'études supérieures. Moi et tous mes copains, nous sommes allés en chœur nous inscrire à la milice populaire. C'était le 4 juillet 1941. Aujourd'hui, on dit que les gens étaient forcés de s'inscrire dans la milice. C'est faux ! » se souvient Daniel Al', un historien et écrivain de Leningrad. Et il n'exagère pas : Staline a pu créer dans les années 1920-1930 une couche sociale nouvelle – des citadins, jeunes et éduqués, qui aimaient l'URSS, où ils étaient nés et où ils avaient grandi.

Pour autant, le régime ne s'est pas contenté de susciter l'adhésion et l'enthousiasme. Il a aussi utilisé des moyens de coercition si extrêmes que le IIIe Reich fait figure de pouvoir faible en comparaison. Ces moyens, le peuple soviétique les a acceptés, de gré ou de force, parce qu'il avait une habitude inouïe de la souffrance, ainsi que l'explique le vétéran Constantin Vanchenkin : « Il y avait des gens qui se rappelaient comme la vie était belle avant la révolution. Mais nous, nous avons été élevés de telle façon que nous considérions notre réalité comme la seule possible. Nous avions l'habitude d'une vie qui oscillait entre le mauvais et le pire. Ainsi, nous étions préparés au sacrifice. Même avant la guerre, la famine était la norme pour nous. Notre horrible niveau de vie était la norme pour nous. La chasse aux paysans, la politique de dékoulakisation, les migrations forcées des peuples, les purges, le Goulag, le convoi, les chiens, tout cela était en nous. Nous avions été programmés pour une surtension mortelle de nos forces. Nous étions prêts à survivre et surmonter des souffrances et des privations inhumaines. Nous étions prêts à nous traiter nous-mêmes d'une manière inhumaine. »

Les premières mesures de coercition concernent la discipline au travail. Le 26 juin 1941, une série de décrets abolissent les congés, portent la durée hebdomadaire du travail à cinquante-quatre heures, avec possibilité d'aller jusqu'à soixante-douze heures. L'absentéisme – défini comme un retard supérieur à vingt minutes – est puni de six mois de « travail correctif », avec perte de salaire et d'avantages. Trois condamnations de ce type valent entre deux et quatre mois de prison, entre cinq et huit ans dans les usines de munitions. Entre 1 et 2 millions de travailleurs seront, chaque année de guerre, victimes d'une de ces punitions et 300 000 partiront au Goulag pour de longues peines.

Le niveau de vie tombe au plus bas possible. Des millions d'hommes vivent jour et nuit dans les usines ou regagnent des baraquements de bois surpeuplés. La consommation, déjà très basse avant guerre, chute à un niveau inimaginable pour un Occidental, parce que toutes les ressources sont mises au service du front. La ration de pain pour un employé tombe à 400 grammes par jour, plus 400 grammes de sucre et 300 grammes de graisse par mois. La maladie fauche sans frein les organismes affaiblis : le taux de mortalité triple.

La terreur aux armées, 140 000 déserteurs fusillés

Les mesures de coercition sont encore plus radicales vis-à-vis des soldats. L'ampleur de la débâcle, le nombre énorme de prisonniers amènent le régime à établir une véritable terreur aux armées. Dès le 27 juin, un décret autorise le NKVD à dresser des barrages à l'arrière des troupes pour arrêter « déserteurs et fuyards ». Le 19 juillet, chaque armée, division, régiment, doit lui fournir hommes et armes pour l'épauler dans cette tâche. Le 28 septembre, Joukov fait savoir par télégramme aux chefs d'unités du front de Leningrad : « Expliquez à tout l'effectif que les familles des militaires qui se sont rendus à l'ennemi seront exécutées et que ces soldats seront eux aussi exécutés à leur retour de captivité. » En outre, le 16 juillet, Staline a rétabli le double commandement : chaque officier est étroitement surveillé par un commissaire politique (le *politruk*) qui contresigne tous les ordres.

Enfin, le 17 novembre 1941, Beria, patron du NKVD, obtient pour ses hommes le droit de court-circuiter la justice militaire et de fusiller sur place tous ceux qui reculent. Selon un rapport d'Alexandre Leontiev, adjoint au chef du NKVD, rien qu'à l'automne 1941, les hommes aux casquettes rouges arrêtent 710 755 déserteurs et 71 541 insoumis. Durant toute la guerre, environ 140 000 soldats soviétiques seront fusillés pour abandon de poste, soit les effectifs de 20 divisions. Cette statistique ne comptabilise que ceux qui sont passés devant les tribunaux militaires. Il est impossible de chiffrer le nombre de ceux qui ont été abattus au hasard des retraites de l'an 1941. Pour mémoire, la Wehrmacht exécutera environ 9 000 de ses soldats durant tout le conflit.

Gueorgui Isserson, le prophète inconnu

Ce théoricien, qui avait compris la nature profonde de la guerre moderne, a inspiré les principaux artisans de la reconstruction de l'Armée rouge.

En 1941, après six mois de combat, il ne reste pratiquement rien de ladite Armée rouge qui s'alignait en juin. Aucune autre puissance continentale que la Russie n'aurait pu se remettre d'un coup pareil. Seules son immensité, ses richesses matérielles et humaines, la dureté sans égale du pouvoir stalinien lui ont permis de retrouver progressivement son équilibre, moyennant un flot de sang et l'abandon à l'ennemi du tiers le plus riche de son territoire ainsi que de 88 millions de ses habitants.

Pour revenir aux frontières du 22 juin 1941, il faudra sacrifier 7 millions d'hommes et mener une quarantaine d'opérations s'étendant sur plus de trois longues années. Cette victoire si cher payée ne peut s'expliquer par les seules raisons matérielles évoquées. Pour se hisser au niveau de son adversaire, puis le dépasser, l'Armée rouge a suivi un modèle théorique mis au point par un homme demeuré largement inconnu en Occident, Gueorgui Isserson.

Ce penseur a exploré un niveau intermédiaire entre stratégie et tactique, le niveau opératif, où les chefs allemands ne se sont pas aventurés, à l'exception notable d'Erich von Manstein, durant la campagne de France. Cherchant, comme les Allemands, à éviter l'enlisement dans une guerre de positions, Isserson a défini, entre 1928 et 1932, les principes de la conduite de « l'opération dans la profondeur » en lui donnant deux outils privilégiés, l'échelon d'attaque (*eshelon ataki*) et l'échelon d'exploitation de la percée (*eshelon razvitiia proryva* ou ERP). Le premier s'incarne dans « l'armée de choc », combinaison d'infanterie, d'artillerie et de chars d'accompagnement ; le second dans des formations blindées et d'infanterie portée. Les deux sont actionnés par une structure typiquement soviétique, le front, outil opératif qui correspond en gros au groupe d'armées occidental.

L'ERP consiste dans des formations blindées, dont les corps mécanisés de 1941 étaient de monstrueuses caricatures. Mais en perdant 18 000 chars et au moins 40 000 spécialistes en quelques mois, l'Armée rouge s'est vue contrainte de déconstruire les corps mécanisés en divisions blindées. Celles-ci, encore trop difficiles à manier pour des cadres peu formés et sans réels moyens de contrôle, ont à leur tour cédé la place à la brigade, puis au régiment. Durant la contre-offensive de l'hiver 1941-1942, l'Armée rouge ne saura mettre en ligne que des bataillons de 20 à 30 machines ! Du coup, elle se trouve privée de l'instrument majeur des opérations en profondeur, telles qu'Isserson les avait envisagées, et la contre-offensive n'aboutit pas à son objectif : la destruction du groupe d'armées Centre. Il faudra toute l'année 1942 pour reconstruire des corps blindés utilisables – ce sont eux qui gagneront à Stalingrad –, puis toute celle de 1943 pour accoucher des armées de tanks, outils des grandes victoires de 1944 et 1945. À ce moment seulement, l'art opératif formalisé par Isserson sera devenu réalité sur le terrain.

Paradoxalement, la direction politico-militaire germanique n'a pas, à la différence de celle de l'URSS, compris la nature profonde de la guerre moderne. La lecture des œuvres d'Isserson aurait pu servir aux chefs de la Wehrmacht, notamment son ouvrage de 1932, *L'Évolution de l'art opératif*, tiré à 10 000 exemplaires. Les Allemands s'en procureront un, chroniqué avec mépris en 1935 dans le *Militär-Wochenblatt*. Que dit Isserson (après d'autres théoriciens comme Svetchine, soulignons-le) ? Que les grands États industrialisés disposent de moyens si gigantesques qu'il est devenu impossible de les abattre d'un seul coup. Aucune bataille, aussi grande soit-elle, ne peut avoir raison d'eux. Ils se rétabliront sur une deuxième ou une troisième ligne, mobiliseront de nouveaux moyens et poursuivront la guerre. Celle-ci sera forcément longue : toute recherche du K.-O. est illusoire.

Or, c'est précisément le K.-O. qu'Hitler et ses généraux ont cherché en 1941. Plus exactement, ils sont restés fidèles à un concept du XIXe siècle, celui de l'Entscheidungsschlacht, la bataille décisive, celle qui décide de la campagne. Face à l'énormité de l'objectif, Halder a simplement postulé qu'au lieu d'*une*

Entscheidungsschlacht, il y en aurait trois, toutes situées à l'ouest de la ligne Dvina-Dniepr et menées par trois groupes d'armées. Ce qui suppose, chose incroyable, que le système militaire soviétique n'existe pas au-delà de cette ligne, qu'il n'a aucune profondeur. Les chefs allemands savaient que le Reich n'avait pas les moyens de mener une guerre longue face à une coalition disposant des ressources de la terre entière. De ce point de vue, « Barbarossa » a joué le destin de l'Allemagne sur un coup de dés. Bismarck a dû se retourner dans sa tombe…

La seconde erreur profonde des Allemands, c'est d'avoir cru que le couple blindés-aviation d'assaut pouvait conférer à la tactique des vertus stratégiques, c'est-à-dire faire donner à la bataille un rendement décisif en garantissant la destruction intégrale de l'adversaire. Ils ont pensé le plan « Barbarossa » comme une bataille géante, d'une durée de six à huit semaines. Une bataille brouillonne, sans objectif autre que la « destruction de la substance biologique » de l'Armée rouge obtenue, croyait-on, grâce à une série d'encerclements géants. Les moyens matériels et humains étaient insuffisants pour atteindre un but aussi extravagant, le culte de la vitesse a fait fi des contraintes logistiques.

Les Soviétiques, sous l'influence d'Isserson, n'ont commis aucune de ces deux erreurs-là. Ils ont compris les premiers que, pour triompher dans un conflit moderne, il faut s'engager dans une série d'opérations consécutives, soigneusement préparées du point de vue logistique, enchaînées les unes aux autres, servies par un outil économique mobilisé en profondeur. Leur doctrine, certes, ne leur a été d'aucune utilité en 1941 : l'Armée rouge avait trop d'insuffisances tactiques et humaines pour espérer aborder le niveau opératif de la guerre. En revanche, la pensée d'Isserson a servi de guide à ses anciens élèves, les six artisans majeurs de la reconstruction de l'Armée rouge en 1942-1943 : Novikov pour l'aviation, Voronov pour l'artillerie et Fedorenko pour les blindés ; Vassilevski, Antonov et Chtemenko à l'état-major général.

Sur le terrain, petit à petit, sans le dire, d'autres chefs soviétiques (Joukov, Bagramian, Rokossovski, Koniev...) ont mis en application ce qu'ils avaient appris en assistant aux cours d'Isserson au département opératif de l'Académie de la rue Bolchoï-Trubetskoï. Leurs capacités démentiront de façon cinglante le jugement d'Hitler qui voyait en l'Armée rouge un « colosse sans tête ». Staline a fermé les yeux sur cette réhabilitation rampante d'une doctrine qu'il avait lui-même envoyée à la ferraille en confiant les rênes de l'Armée rouge à des nullités comme Boudienny ou Vorochilov. Gueorgui Isserson ne saura rien de l'arrivée de ses poulains aux commandes : il survit alors dans un camp de la taïga avec 600 grammes de pain par jour...

1942,

la fin du commencement

Le plan grandiose des Quatre Planètes

par Jean Lopez

À l'été 1942, l'Armée rouge paraît au bord du gouffre. Six mois plus tard, c'est son adversaire qui semble à la dérive. Pour spectaculaire qu'il soit, ce rétablissement déçoit les Soviétiques : ils visaient plus haut !

Le premier acte de la guerre germano-soviétique s'achève en mars-avril 1942 dans l'océan de boue qui marque l'arrivée du printemps en Russie et en Ukraine. Les Allemands ont saisi un territoire grand comme trois fois la France, qui abrite un tiers de la population et du potentiel industriel de l'Union soviétique. Pourtant, l'opération « Barbarossa », lancée le 22 juin 1941, a échoué. Moscou n'a pas été prise, l'Armée rouge n'a pas été détruite. Les Soviétiques ont même réussi à repousser leur adversaire de 100 à 300 km vers l'ouest au cours de quatre mois d'une contre-offensive sanglante et largement improvisée (décembre 1941-mars 1942).

Si l'on regarde la ligne de front telle qu'elle apparaît en ce printemps 1942, on est frappé par l'existence d'un gros saillant dans la partie centrale de la Russie, dont la pointe s'avance jusqu'à 200 km de Moscou. Large de 200 km et profond de 180, ce saillant porte le nom de la ville principale qu'il contient, Rjev. Son existence et les combats dont il est l'enjeu constituent une clé majeure pour comprendre les événements dramatiques des douze mois qui suivent.

Hitler bluffe autour de Rjev et Staline voit rouge

Pour Staline, le saillant de Rjev est « un poignard pointé sur Moscou », selon l'expression de Joukov, commandant du front* de l'Ouest. Il est leur souci stratégique numéro 1. Tous deux constatent que 40 % de la Ostheer – l'armée de terre allemande en URSS – sont concentrés dans ou immédiatement autour du saillant, sous la forme du groupe d'armées Centre commandé par le Feldmarschall von Kluge. Cette disposition les persuade qu'Hitler va tenter de nouveau de s'emparer de Moscou à l'été 1942.

Le Führer, en réalité, ne vise pas Moscou, mais le sud de la Russie et le Caucase, parce que s'y trouvent les trois objectifs économiques majeurs qu'il convoite dans son vaste dessein impérial : le bassin industriel du Donbass (Ukraine orientale), la zone céréalière du Kouban et les pétroles de Bakou. Hitler saisit intuitivement l'angoisse de Staline vis-à-vis du saillant de Rjev et de sa capitale. Il décide de l'utiliser pour détourner le regard des Soviétiques du Sud où il entend frapper à l'été 1942. Il imagine à cet effet une opération d'intoxication baptisée « Kremlin ». Staline mord à l'hameçon et renforce l'axe de Moscou au détriment de l'Ukraine. Afin de gêner les préparatifs allemands en direction de sa capitale, il fait même lancer une série d'offensives dans le Sud, en Crimée et autour de Kharkov, en avril et mai 1942. Les deux opérations s'achèvent en désastre majeur, l'Armée rouge perdant près de 500 000 hommes et un matériel immense. On arrive donc à ce résultat paradoxal qu'à l'entrée de l'été, le flanc sud des Soviétiques est très affaibli précisément au moment où les Allemands vont le frapper !

L'été 1942 est passablement inattendu pour les Allemands. Ils lancent leur grande offensive stratégique (plan Bleu) le 28 juin et avancent en deux mois de 400 à 800 km vers l'est et le sud. Voronej est prise, Stalingrad atteinte, Rostov tombe et le flot des véhicules du groupe d'armées A se déverse vers le Caucase. Face à cette avalanche, et sachant que dans les grandes steppes du Sud ils n'ont aucune chance de neutraliser le couple blindés-aviation de leur adversaire, les Soviétiques choisissent une stratégie indirecte qui se manifeste sous trois formes :

1° Reculer pour éviter les encerclements géants. Ils laisseront certes 500 000 prisonniers, mais on est loin des 3,5 millions saisis l'année précédente.

2° Arrêter la retraite sur les grands obstacles naturels, Don, Volga (plus précisément la ville de Stalingrad), Caucase.

3° Empêcher les Allemands de renforcer leurs forces dans le Sud en attaquant le saillant de Rjev. En juillet et août, une série d'offensives violentes menées par le front de Kalinine et le front de l'Ouest malmène la IXe armée allemande retranchée dans le saillant. Son chef, le colonel-général Walter Model, doit céder du terrain et appeler ses troupes au sacrifice. Ses pertes sont si lourdes que, le 16 août, il apostrophe son supérieur, Kluge, patron du groupe Centre : « La IXe armée peut être considérée comme finie et elle doit recevoir trois divisions supplémentaires. Si on ne pouvait les lui donner, le groupe d'armées devrait prendre la responsabilité de ce qui s'ensuivra. » Model n'évite la rupture qu'en gardant – et usant – 3 divisions blindées et

3 divisions d'infanterie qui étaient prêtes à partir pour Stalingrad. Pire, alors que le général Paulus souffre mille morts dans sa marche vers Stalingrad et la Volga, Berlin doit envoyer des chars et des avions au groupe Centre pour éviter une retraite. De ce fait, le groupe d'armées Sud, dont l'offensive doit être décisive selon Hitler, ne commande qu'à 40 % des forces allemandes en Russie et n'a que 17 des 34 grandes unités blindées présentes sur ce théâtre !

Malgré l'usure de Model à Rjev, les Russes sont déçus. Dans ses Mémoires, Joukov parlera d'une occasion manquée de peu : « Si nous avions disposé d'une ou deux armées supplémentaires, il aurait été possible [...] non seulement de battre le groupement de Rjev, mais encore la totalité du groupement de Rjev-Viazma et d'améliorer sensiblement la situation opérationnelle sur toute la direction stratégique de l'ouest. Malheureusement, le commandement suprême laissa échapper cette réelle possibilité. » Le lien entre la bataille de Rjev et celle de Stalingrad est dès lors établi : Paulus ne recevra pas les moyens nécessaires à la capture rapide de Stalingrad, parce que ces moyens sont donnés à Model dans le saillant de Rjev. Hitler aurait pu faire évacuer le saillant et créer ainsi une réserve en raccourcissant ses lignes. Mais il ne le fait pas, pour deux raisons : lui aussi veut fixer le maximum de forces soviétiques devant Moscou en maintenant la menace, et il ne renonce pas à l'idée de s'emparer de la capitale soviétique l'année suivante.

Alerte rouge à Stalingrad

La stratégie indirecte des Soviétiques ne peut leur suffire pour renverser la vapeur. Il leur faut trouver autre chose. Le développement de la situation à Stalingrad va donner à l'état-major général de l'Armée rouge et à la Stavka* le temps d'élaborer un formidable plan de contre-offensive stratégique passé dans l'histoire sous le nom des « Quatre Planètes ».

Revenons au 27 août 1942. Ce jour-là, le général d'armée Gueorgui Joukov se trouve devant le saillant de Rjev. Un coup de téléphone du secrétaire de Staline l'informe qu'il devient adjoint du chef suprême, c'est-à-dire numéro 2 dans la hiérarchie de l'Armée rouge. Pourquoi cette promotion exceptionnelle ? Joukov l'apprend le 29 au Kremlin. Staline est mortellement inquiet : la situation à Stalingrad tourne mal et Joukov sera son pompier, doté de pouvoirs exceptionnels. Le 23 août, la VIe armée de Paulus est en effet arrivée à la Volga, isolant par le nord la 62e armée – qui combat dans la ville – du reste de l'Armée rouge. Même chose au sud, où la IVe armée Panzer est en route pour renforcer Paulus. Staline informe Joukov qu'il lui confie trois armées de réserve (sous-équipées) avec lesquelles il lui faut coûte que coûte percer depuis le nord (région de Kotluban) pour reprendre contact avec la 62e armée coincée dans la ville. « Vous devez attaquer dans quatre jours, dit Staline, sinon nous perdrons Stalingrad. »

La bataille de Kotluban, peu connue, se résume à une série de 15 (!) attaques frontales menées par Joukov (puis, à partir du 12 septembre, par Eremenko) contre le meilleur corps Panzer de Paulus, le XIVe, et 2 divisions d'infanterie. Le bilan est terrible. Un tiers des 250 000 hommes engagés par les Soviétiques sont tués, blessés ou disparus, 300 des 400 chars engagés sont détruits. Les Allemands parviennent à conserver le gros de leurs positions, mais cette bataille oubliée a un effet décisif sur celle de Stalingrad. Elle a empêché Paulus de mettre en œuvre son plan de conquête de la ville qui supposait la participation du XIVe corps Panzer. Elle l'a ainsi privé d'un quart de ses moyens. Au lieu de trois directions (nord, ouest et sud), son offensive de conquête de Stalingrad ne partira que de l'ouest et du sud. L'absence d'effort dans le nord est catastrophique pour Paulus, car il ne pourra s'emparer du quartier des usines – l'objectif du XIVe corps Panzer – et n'y parviendra, incomplètement, qu'à l'issue de soixante jours d'affrontements qui ruineront la capacité combative de son armée. Plusieurs fois il lui faut interrompre ses assauts vers le centre-ville pour détourner son aviation et le feu de son artillerie vers les unités de Joukov. Si le 29 août Staline croit que Stalingrad va tomber, un mois plus tard, il sait par un rapport du général Tchouïkov, commandant de la 62e armée, que « les Allemands ont perdu leur punch. Ils ne sont plus aussi coordonnés ni aussi rapides qu'ils l'étaient ».

Paulus a manqué sa chance d'une victoire rapide. La bataille a dégénéré en une conquête épuisante, immeuble par immeuble, rue par rue, usine par usine, dans laquelle la Wehrmacht perd ses avantages traditionnels : mobilité, manœuvre, soutien aérien tactique, tirs d'artillerie précis. C'est à ce moment que Joukov comprend que la bataille de Stalingrad est un énorme hameçon fiché dans la gorge des Allemands. Les Soviétiques n'ont plus qu'à faire durer cette bataille urbaine. Ce qui leur laisse le temps de coucher sur le papier la contre-offensive stratégique des Quatre Planètes.

C'est entre le 26 et le 30 septembre que Joukov et Vassilevski, chef de l'état-major général, dessinent les Quatre Planètes. Il s'agit d'une quadruple opération gigogne visant à détruire le groupe d'armées Sud et le groupe d'armées Centre, soit 85 % de la Ostheer, en une campagne d'hiver.

Quatre Planètes pour une victoire

Décomposons. L'opération « Uranus » veut encercler la VIe armée du général Paulus autour de Stalingrad, par l'action conjointe des fronts du Sud-Ouest, du Don et de Stalingrad. Sa réussite déclenchera une opération gigogne, « Saturne », dont l'objectif est la ville clé de Rostov, sur la mer d'Azov : sa prise isolerait dans le Caucase la totalité du groupe d'armées A, soit la Ire armée Panzer et la XVIIe armée. Les Allemands auraient alors le choix entre périr ou tenter un rembarquement périlleux par la péninsule de Taman, un gros Dunkerque bis qui, comme l'original, laisserait tout le matériel sur les plages.

L'opération « Mars » utilise le même principe qu'« Uranus » : deux frappes à la base du saillant de Rjev viennent sectionner celui-ci, ce qui assure l'encerclement de la IXe armée de Model. Les frappes sont menées par les fronts de Kalinine et de l'Ouest. L'opération gigogne, « Jupiter », exploite le succès de « Mars » pour mettre la main, par une double attaque concentrique, sur Viazma puis Smolensk. La prise de ces deux clés de voûte du système logistique allemand condamnerait à mort le gros du groupe d'armées Centre, soit, outre la IXe armée, la IIIe armée Panzer.

L'état-major soviétique a gagné sa partie d'échecs

Que penser de ce plan des Quatre Planètes ? Ce qui frappe d'emblée, c'est l'ampleur du travail réalisé par l'état-major général et la Stavka. Les quatre opérations impliquent une vingtaine d'armées, cinq fronts, plus de 2 millions d'hommes, une masse formidable de matériels et d'approvisionnements. Les séquences de combat sont finement agencées – pénétration par les armées combinées, introduction des corps mobiles, exploitation –, les axes de pénétration bien définis, les calendriers d'exécution raisonnables. C'est la première fois qu'un ensemble d'opérations aussi complexes est pensé, dessiné et mis en œuvre par l'Armée rouge.

La deuxième observation a trait à l'ambition du plan. Il ne s'agit rien de moins que de détruire le gros des deux groupes d'armées majeurs de la Ostheer. Est-ce raisonnable ? Remarquons d'abord, avec David Glantz[1], le grand historien américain du conflit germano-soviétique que nous avons longuement interviewé, que « le choix de deux opérations stratégiques en des points éloignés n'est pas le fait de l'état-major général, mais du seul Staline. Il imposera la même chose jusqu'en 1945 ». Or, l'Armée rouge, si elle possède beaucoup plus de réserves que les Allemands, n'a néanmoins pas assez de moyens modernes pour mener deux opérations conjointes : elle manque de chars, d'explosifs, d'unités aériennes opérationnelles. À courir deux lièvres, les Soviétiques ne risquent-ils pas d'en attraper aucun ? Le paradoxe de l'offensive des Quatre Planètes est que, malgré tout, la division des efforts soviétiques va, finalement, leur être bénéfique à Stalingrad.

La troisième observation concerne le problème de fond du conflit germano-soviétique et apporte un élément

---

1. Ex-officier artilleur et vétéran du Vietnam, David Glantz devient en 1969 un pilier de l'enseignement sur l'Armée rouge dans l'US Army. Spécialiste du front de l'Est, il démontre à travers de nombreux ouvrages que les Soviétiques valaient bien mieux que le piètre portrait qu'en ont dressé les Allemands. Fondateur en 1993 du *Journal of Slavic Military Studies*, David Glantz est aujourd'hui en retraite, mais continue inlassablement à publier.

de réponse à la question précédente. En gros, l'Armée rouge a une tête mieux faite que son adversaire, mais un corps bien moins performant. L'état-major général – et Staline – a compris en profondeur la nature de la guerre moderne. Mais l'instrument militaire lui-même est encore bien piètre en 1942 et demeurera inférieur tactiquement à celui des Allemands jusqu'en 1945. À l'inverse, les Allemands sont les maîtres de la guerre mécanisée et aérienne sur le terrain ; mais, d'une part, ils héritent, comme on l'a vu, d'une conception de la guerre datant du XIXe siècle et, d'autre part, ils sont incapables de dessiner correctement une campagne, série d'opérations tendues vers un but clairement défini et séquencées en fonction des moyens réels. « À partir de Stalingrad, très progressivement, les Soviétiques dominent intellectuellement la Wehrmacht, confirme David Glantz. C'est très simple, les Allemands sont incapables de voir plus loin que la profondeur tactique. On s'en aperçoit dès l'été 1941. Pour faire sentir ce fait, j'utilise souvent la métaphore des échecs et du jeu de dames. La Wehrmacht ne sait jouer qu'aux dames, incapable qu'elle est de désigner les objectifs stratégiques ou opérationnels. Les Soviétiques, eux, jouent aux échecs. Sur le plan tactique, ils sont lamentables ; sur le plan opérationnel, ils sont mauvais ; sur le plan stratégique, ils sont excellents. »

L'ambition de ce dossier est d'expliquer comment cette supériorité stratégique accouche, en dépit de toutes les faiblesses, d'une grande victoire à Stalingrad. La bataille de Rjev est au cœur de cette explication.

Anatomie comparée de deux batailles géantes

par Jean LOPEZ

Staline met plus de moyens sur « Mars » – la bataille de Rjev – que sur « Uranus » – la bataille de Stalingrad. Pourtant, la première opération est un désastre, la seconde, un énorme succès. Pourquoi ?

Voici deux opérations soviétiques menées avec un rapport de forces global moyen de 2,5 contre 1. L'une est un succès entré droit dans l'histoire militaire, l'autre un échec si honteux qu'on a tout fait pour le dissimuler. Comment expliquer des résultats aussi divergents ?

« Mars » et « Uranus » se déroulent dans des conditions radicalement différentes. Le terrain d'abord. Autour de Stalingrad, une steppe plate et découverte, sans couvert végétal, sans abri pour la troupe. Un vrai « charodrome » où les tranchées offrent au défenseur sa seule protection contre les feux. Dans le saillant de Rjev, le paysage est boisé, vallonné, dissimulant le défenseur et ses dépôts aux observations aériennes. Les vallées sont marécageuses, encaissées, malcommodes pour les chars qui peuvent se faire allumer de tous côtés.

La forme du front, ensuite. Paulus, à Stalingrad, a des flancs démesurément allongés : 500 km ! Il maintient des liaisons précaires avec les unités chargées de les tenir. En cas de pépin, ses forces mobiles, concentrées dans la ville de Stalingrad, auraient de longues distances à parcourir pour juguler une éventuelle pénétration… et pas d'essence pour le faire ! Les organisations défensives sont diluées, dénuées de profondeur : un champ de mines discontinu, deux lignes de tranchées, une arme antichar, visible de partout, tous les 2,5 km sur l'aile gauche, tous les 7,5 km sur l'aile droite. À Rjev, le saillant développe 200 km de circonférence. Avantage classique des lignes intérieures, aucun point n'est à plus de 60 km du PC du général Model et de ses réserves : toute pénétration russe peut être immédiatement étouffée. La défense est établie en profondeur, concentrée autour des villages transformés en hérissons où abondent mines et blockhaus. Tous les axes de progression de l'attaquant sont battus par des armes antichars lourdes ou par l'artillerie de campagne.

La question des réserves est fondamentale. À Stalingrad, Paulus n'a de réserve notable que le XXXXVIIIe corps Panzer : 20 000 hommes, une centaine de tubes antichars lourds, 182 chars. Rassemblés, ces moyens auraient pu obtenir un résultat. Mais ils sont éparpillés sur 75 km derrière la 3e armée roumaine. Les chars appartiennent aux 22e et 14e divisions Panzer (celle-ci sans infanterie portée) et surtout à la 1re division blindée roumaine (108 chars, dont 87 chars tchèques de 38 tonnes obsolètes). Model, en revanche, dispose de moyens blindés importants, performants et concentrés. À côté de 15 divisions d'infanterie (plus 1 de cavalerie SS), il a sur le front 4 divisions Panzer, plus 1 en réserve d'armée et 3 autres en réserve de groupe d'armées. Parmi elles, le gratin de la Ostheer : Großdeutschland, 1re, 5e et 9e Panzer.

Des forces allemandes déséquilibrées

Le plus important maintenant : les hommes. À Rjev, Joukov va se heurter à une troupe 100 % allemande, commandée par Walter Model : 20 divisions, 300 000 hommes, tous aguerris, sûrs d'eux et motivés. « Uranus », en revanche, s'en prend au maillon faible du dispositif de Paulus, les 2 armées roumaines qui gardent ses flancs. À gauche, étirées sur 160 km, les 10 divisions de la 3e armée du général Dumitrescu. À peine 90 000 hommes, dotés de trois fois moins d'armes antichars que leurs alliés allemands. Ceux-ci ont promis 300 000 mines antichars et en ont livré… 50 000. Le moral est calamiteux. L'encadrement est germanophobe, corrompu et incompétent. Sur le flanc droit, les 104 000 hommes de la 4e armée roumaine (l'état-major est en formation et sera confié au général Constantinescu) montent la garde sur 250 km de front à travers une steppe épouvantable. Vivant dans des trous en plein air, ces Roumains crèvent de froid et de faim dès avant l'offensive soviétique. Quant au gros des forces allemandes de Paulus – la VIe armée et la IVe armée Panzer –, il se bat dans Stalingrad ou en garde les abords immédiats.

Du côté des chefs allemands, peut-on trouver plus différents qu'un Paulus et un Model ? Le premier est un intellectuel raffiné, prudent, modeste, hésitant, souvent reclus dans ses quartiers. Il préfère le travail d'état-major, dans lequel il excelle, au front, où sa santé fragile ne lui permet pas de se montrer souvent. Le second est un reître intuitif, agressif, dur en tout, toujours devant, un grand chef de guerre – peut-être le plus grand de ceux qui ont servi Hitler.

La situation logistique a aussi lourdement pesé. La VIe armée est chroniquement sous-approvisionnée, ses stocks sont bas ; on relève déjà des morts d'inanition dans les rangs roumains. La IXe armée en revanche est directement branchée sur l'artère majeure Berlin-Varsovie-Smolensk. Elle dispose de munitions et d'essence en abondance, alors que Paulus est déjà rationné *avant* l'encerclement.

Le renseignement joue un rôle crucial

Enfin, les Soviétiques vont bénéficier d'un réel effet de surprise à Stalingrad, ce qui n'est pas le cas à Rjev. Les services de renseignements de Model ont détecté le dispositif offensif soviétique depuis la mi-octobre. Des déserteurs informeront du jour et de l'heure de l'attaque une semaine avant le 25 novembre. Il semblerait aussi – mais l'affaire n'est pas claire – que les services secrets allemands aient été prévenus, peut-être par Max, leur agent à Moscou, dont on n'est toujours pas parvenu à percer l'identité. Model a le temps de bouger ses réserves blindées en position centrale, d'accumuler les défenses et les munitions. Trois autres Panzers, en réserve, sont mises en alerte maximale. À Stalingrad, en revanche, Reinhard Gehlen, chef du FHO*, le service de renseignements à l'est, commet sa plus grosse bévue en affirmant, jusqu'à J – 2, que les Soviétiques n'ont pas les moyens de mener deux offensives stratégiques en même temps. Comme il tient l'attaque sur Rjev pour certaine, il en déduit que Paulus n'a pas grand-chose à redouter sur ses ailes et peut se consacrer à sa bataille urbaine. Résultat : les forces de Model sont sur le pied de guerre, celles de Paulus n'ont pas idée de l'ampleur du coup qui va s'abattre.

Du point de vue de l'information disponible, les Soviétiques sont aussi mal lotis. Ils anticipent que la réussite d'« Uranus » prendrait au piège de 85 000 à 90 000 hommes et ils dessinent en conséquence la suite de leur opération. En réalité, il y en aura trois fois plus dans la nasse et cette erreur ruinera la transition d'« Uranus » à « Saturne ». À Rjev, Joukov est aveugle. Un mois d'octobre pourri ne lui a pas permis de procéder à des repérages aériens. Les systèmes d'écoute de ses armées sont mauvais. Si bien qu'il ignore la présence de 8 divisions Panzer dans le saillant ou à proximité. L'aurait-il su qu'il aurait tiqué : les corps blindés soviétiques ne sont pas (encore) à la hauteur des divisions Panzer. Bref, il va attaquer du fort au fort, alors qu'en s'en prenant aux Roumains, l'opération « Uranus » est une attaque du fort au faible. Ajoutons enfin qu'en s'enferrant dans une bataille d'attrition dans les ruines de Stalingrad, les Allemands font un cadeau inespéré aux Soviétiques. Coincer ses 12 meilleures divisions dans un dédale de ruines et confier ses flancs à des unités de troisième ordre constitue en effet, selon Halder, chef de l'état-major de l'armée de terre jusqu'en septembre 1942, « une véritable impossibilité militaire ».

L'examen des moyens consacrés par les Soviétiques aux deux opérations est en soi éclairant. Les trois fronts chargés de réaliser « Uranus » parviennent à un rapport de forces de 2,2 contre 1 pour les hommes et 2,7 contre 1 pour les chars. À Rjev (en comptant les moyens réservés à « Jupiter »), Joukov aligne deux fronts qui obtiennent 2,6 contre 1 pour la troupe et pour les chars. Deux observations s'imposent : premièrement, Rjev reçoit plus de moyens qu'« Uranus » ;

deuxièmement, en réalité, l'avantage qualitatif et opérationnel de Model sur Paulus est écrasant.

« Uranus » : cent heures pour un encerclement géant

L'opération « Uranus » est un classique soviétique. Certes, le double enveloppement par les ailes s'achevant en encerclement n'est pas original : les Allemands en ont réalisé de plus gros. La méthode, en revanche, est une application de la doctrine de « l'opération dans la profondeur » développée par le théoricien Triandafillov* à la fin des années 1920 et inscrite dans la pratique par le maréchal Toukhatchevski entre 1932 et 1936. Les deux pinces soviétiques sont dissymétriques : la pince nord, qui attaque le 19 novembre 1942, est plus grosse que la pince sud, qui s'ébranle le lendemain. Au nord, la percée des lignes de la 3e armée roumaine est confiée à l'artillerie, l'infanterie et les chars d'accompagnement du front du Sud-Ouest commandé par le général Vatoutine (1re armée de la Garde, 5e armée de tanks*, 21e armée) qui tient le rôle principal. À sa gauche, le front du Don sous le général Rokossovski (65e, 24e et 66e armées) fixe deux corps de la VIe armée allemande par des attaques frontales afin de les empêcher de venir au secours des Roumains. Au sud, le front de Stalingrad commandé par Eremenko lance, vingt-quatre heures plus tard, l'infanterie des 64e, 57e et 51e armées contre la 4e armée roumaine. Le schéma est symétrique de celui de la pince nord : les deux armées de droite fixent les Allemands ; l'armée de gauche, la 51e, cherche la percée décisive aux dépens des seuls Roumains.

Au nord, la percée de la première ligne roumaine est obtenue en trois heures. Vatoutine engage aussitôt

4 corps blindés et 2 corps de cavalerie qui désintègrent la seconde ligne roumaine et avancent de 35 km dans la journée. Trois heures après le début de l'attaque soviétique, les Allemands réagissent en donnant l'ordre à leur seule réserve, le XXXXVIIIe corps Panzer, de cisailler l'axe de progression des corps blindés de Vatoutine. Mais, faute d'essence, un tiers des chars ne peuvent démarrer ! De plus, le plan soviétique a prévu trois axes de marche pour ses corps afin de diviser la réaction allemande, ce qui se révèle être un calcul fort habile. Résultat, les Panzers, réduits à de petits paquets, n'arrivent à rien et reculent en désordre. À 21 h 30, l'OKH, à Berlin, et Hitler, qui se repose à Berchtesgaden, prennent conscience du sérieux de la situation. Paulus reçoit l'ordre de retirer de Stalingrad toutes ses unités rapides et de partir battre les corps blindés de Vatoutine. Mais, comme il a aussi ordre de ne rien céder de ses positions, il ne peut dégager ses Panzers qu'après les avoir fait relever par de l'infanterie et… avoir trouvé de l'essence. Les corps blindés rouges n'attendront pas. À 6 heures du matin, le 22 novembre, ils s'emparent du pont de Kalatch sur le Don, artère vitale de la VIe armée.

Au sud, les forces d'Eremenko pataugent un peu. La percée réalisée par l'infanterie précède l'introduction d'un corps mécanisé et d'un corps de cavalerie. L'on progresse moins vite, mais l'on n'a que 80 km à parcourir pour rejoindre la pince nord, qui elle en a avalé 130. L'encerclement est scellé au sud de Kalatch le 23 novembre à 16 heures.

Conformément à leur doctrine, les Soviétiques entreprennent aussitôt d'édifier un front extérieur – destiné à repousser toute opération de secours – le plus loin possible du front intérieur qui, lui, presse les divisions de Paulus vers l'est, c'est-à-dire vers la ville de

Stalingrad. L'exécution rigide de ce plan fait manquer aux Soviétiques une chance historique de liquider la poche dans la foulée. Au lieu de marquer l'arrêt après la prise du pont de Kalatch, auraient-ils lancé leurs corps blindés en avant qu'ils se seraient emparés sans coup férir des principaux dépôts de munitions et de carburant et, surtout, de l'aérodrome de Pitomnik, seul lien de Paulus avec le monde extérieur. Celui-ci eût été contraint de déposer les armes en soixante-douze heures. Peut-être les Soviétiques ont-ils été trompés par leurs services de renseignements qui estiment à 80 000 ou 90 000 le nombre de soldats allemands encerclés quand il y en a 260 000 en réalité. La noix sera bien plus dure à casser que prévu.

Paulus tergiverse puis demande à tenter une sortie vers l'ouest, en abandonnant Stalingrad. Hitler refuse, entre autres parce que Göring lui donne l'assurance que la Luftwaffe peut lancer un pont aérien pour ravitailler la VIe armée en attendant une opération de dégagement. Du 24 au 29 novembre, Paulus n'a d'autre choix que de former son armée en hérisson. Celle-ci doit tenir une poche ovoïde de 60 km de grand axe et 170 km de périmètre, centrée sur l'aéroport de Pitomnik. Il faudra aux Soviétiques 7 armées et deux mois d'efforts intenses pour détruire la VIe armée. Le désastre allemand est complet. Jusqu'à aujourd'hui, les historiens polémiquent pour savoir si, oui ou non, Paulus avait les moyens de tenter une sortie en force et si, oui ou non, Manstein pouvait délivrer Paulus lors de l'opération « Wintergewitter », « Orage d'hiver », décidée dès le 23 novembre et déclenchée le 12 décembre. La clé de l'échec de Manstein se trouve en réalité à… Rjev !

« Mars » : trois semaines de carnage

Le plan de l'opération « Mars » et de son prolongement stratégique, « Jupiter », est dû à Joukov, Purkaev, commandant du front de Kalinine, et Koniev, à la tête du front de l'Ouest. Il prévoit trois séries d'opérations, elles-mêmes dépendantes de plusieurs batailles, à leur tour subdivisées en pénétrations et exploitations. Tout l'édifice stratégique (« Jupiter ») dépend évidemment du succès de la première opération (« Mars ») qui voit 4 armées attaquer le saillant de Rjev sur trois côtés. Au front de l'Ouest, la 20e armée doit porter le coup principal près de la rivière Osuga, au nord de Sychevka, sur le versant est du saillant. Elle dispose pour l'exploiter de 2 corps blindés et de 1 corps de cavalerie. À l'opposé, côté ouest, au front de Kalinine, la 41e armée frappe le plus fort, près de Belyi (avec un corps mécanisé), épaulée par la 22e armée dans la vallée de la Lutchesa. Sur la face nord du saillant, la 39e armée cherche une percée secondaire près de Molodoï Tud.

La bataille débute le 25 novembre à 7 h 50. Le temps est abominable. Nuages bas, averses de neige, brouillard dense, – 10 °C. L'artillerie tire à l'aveuglette : mauvais départ pour les Soviétiques qui comptaient sur leur point fort traditionnel. Pis, l'aviation est clouée au sol alors même que Joukov a réussi à drainer plus de 1 000 appareils contre moins de 200 aux Allemands. L'affaire est immédiatement difficile. L'infanterie soviétique se retrouve devant des points d'appui bétonnés, truffés d'armes automatiques et couverts par une artillerie puissante. Il lui manque des unités du génie équipées de charges spéciales et de lance-flammes ainsi que de l'artillerie en tirs directs. À grand-peine, les forces soviétiques avancent durant quatre jours, de 15 à 45 km selon les secteurs. Malgré ces conditions défavorables, Joukov donne l'ordre d'introduire les groupes mobiles. C'est une violation flagrante de la doctrine de la « bataille en profondeur » : les chars sont introduits seulement après la percée de la totalité des défenses tactiques. Partout, les pénétrations des chars se font en « doigts de gant », corsetées par des villes et villages fortifiés par les Allemands et rendus imprenables. Le terrain est affreux pour les chars : marais, forêts, ravins, peu de routes, toutes minées. Les rivières ne sont pas assez gelées pour leur permettre de passer et des embouteillages dantesques empêchent l'arrivée des pontonniers. En quarante-huit heures, plus des deux tiers des matériels sont hors service, la plupart par avarie mécanique ou enlisement. Le retard s'accumule, laissant à Model tout le temps d'amasser des réserves.

Coincé, Joukov s'agite frénétiquement

Dès le 29 novembre, les Soviétiques cessent de progresser : l'arrivée des réserves allemandes commence à se faire sentir. Joukov fouette Koniev et Purkaev, demande sans arrêt que l'on monte de nouvelles attaques. Les pertes sont très élevées, pour des gains dérisoires ; les Allemands ne cèdent plus rien. Dans la semaine qui suit, les Panzers contre-attaquent et cisaillent les pénétrations soviétiques. Un corps blindé et un corps mécanisé sont encerclés et détruits. Dès le 30, il est évident que la bataille est perdue pour les Soviétiques. Mais Joukov s'entête. Il commence par croire que les 41e et 22e armées du front de Kalinine peuvent réussir là où Koniev a échoué avec la 20e. Puis, quand les 41e et 22e armées ont échoué à leur tour, il se met à penser que la 39e armée, au nord, peut écrouler le front allemand. Puis il se tournera de nouveau vers la 20e armée. En vain.

L'activité de Joukov devient frénétique. En petit avion Po-2 ou en voiture, il court d'un PC à l'autre, du front aux armées, des armées aux corps, des corps aux divisions. Il cajole, flatte, menace, hurle. Il limoge des généraux, en promeut d'autres, mais sa furie ne l'amène qu'à renvoyer à l'assaut une infanterie plus morte que vive et des corps blindés qui n'ont plus que 20 ou 30 chars au lieu de 200. C'est un carnage sans rime ni raison.

Le 1er décembre, Staline a compris. Il abandonne toute illusion sur « Mars » et donne à Vassilevski les moyens que Joukov s'était réservés pour « Jupiter ». Le 7 décembre, Joukov obtient néanmoins de pouvoir lancer une nouvelle attaque générale. « Si je réussis cette fois, nous pourrons déclencher "Jupiter". » Staline fait semblant d'y croire, car l'obstination de son adjoint lui plaît ; elle maintient surtout autour de Rjev une masse de Panzers qui devraient être à Stalingrad. Joukov reçoit donc encore quelques renforts, on rappelle des officiers trop âgés ou malades de l'arrière, on incorpore de malheureuses recrues venues d'Asie centrale sans aucune formation, des conducteurs de chars qui n'ont pas cinq heures de pratique à leur actif…

Joukov relance le hachoir à viande le 11 décembre. On avance de 1 500 mètres… qu'on perd à la première contre-attaque ennemie. Le 13 décembre, Staline enlève à Joukov le dernier atout maître de l'opération « Jupiter », la 3e armée de tanks de Rybalko, et l'envoie vers le sud. Mortifié, Joukov gesticule et continue d'ordonner des attaques durant six jours. Le 14 décembre, perdant tout contrôle de lui-même, il vient en personne démettre le chef de la 41e armée, le général Tarasov, terrorisé, et le malmène devant ses subordonnés. Il prend lui-même le commandement de la 41e. Son action – réussie, il faut bien le reconnaître – permettra à 2 corps de sortir de l'encerclement réalisé par 4 divisions Panzer et de sauver le tiers de leur effectif. Mais pas question de reprendre l'offensive. Joukov ne consent à arrêter le massacre que le 20 décembre.

L'opération « Mars » est un terrible échec. De 70 000 (selon le colonel Krivosheev) à 100 000 tués (estimation de David Glantz) ; de 200 000 à 230 000 blessés et malades ; 1 600 chars perdus. Le front de Kalinine est exsangue, il ne peut plus rien entreprendre.

L'Armée rouge a changé l'art militaire pour l'emporter

par Benoist Bihan

Comment une armée inférieure en presque tout sur le papier peut-elle vaincre celle qui passe pour la meilleure du monde, la Wehrmacht ? La réponse tient en quelques mots : la mise en œuvre de l'art opératif.

Stalingrad, victoire garantie ? Soixante-dix ans plus tard, il serait facile de le croire. Et pourtant… En novembre 1942, lorsque l'Armée rouge s'engage dans les Quatre Planètes, ce plan grandiose ne peut que laisser dubitatif. Comment une armée, dont l'état matériel est largement perfectible – le T34 ne fait pas tout –, l'encadrement subalterne insuffisant, les cadres supérieurs encore sous le coup des purges de la fin des années 1930, la coordination interarmes et interarmées globalement médiocre, peut-elle espérer l'emporter sur une Wehrmacht au sommet de son art ? Il faut plus qu'un certain culot pour envisager d'infliger aux « hordes hitlériennes » une débâcle de l'ampleur de celle de Stalingrad, encore plus pour espérer leur en faire subir deux, suivies de deux autres pires encore. Et il n'est guère surprenant que nul, au sein des armées allemandes, ne pense, fin 1942, les Soviétiques capables d'un tel exploit.

La croyance côté allemand en un engagement décisif...

C'est que pour un officier allemand, la guerre se joue de coup en coup, d'engagement en engagement. Ce que la Wehrmacht appelle « opérations » est un enchaînement, le plus habile possible, de batailles livrées l'une après l'autre. Héritier d'une tradition quasi napoléonienne remontant à la première moitié du XIXe siècle, un général allemand n'envisage ses manœuvres que comme le gigantesque préliminaire à un engagement généralisé voulu décisif. Logistique et renseignement y sont des arts auxiliaires à la déesse tactique. Aussi la stratégie allemande est-elle conditionnée au résultat militaire : du triomphe sur le « champ de bataille » – notion très floue quand on considère que la guerre germano-soviétique se joue sur des millions de kilomètres carrés – est supposée découler la victoire. L'immensité de l'*Ostfront* importe finalement peu : la Wehrmacht poursuivra l'Armée rouge jusqu'en Sibérie si nécessaire, l'accumulation de ses succès garantissant sa victoire finale. Fin 1942, cette logique l'amène jusqu'aux rives de la Volga.

... face à la combinaison d'actions des Soviétiques

L'officier supérieur soviétique – Joukov, Vassilevski, mais aussi les étoiles montantes, comme Koniev à Rjev ou Rokossovski et Vatoutine autour de Stalingrad – appréhende et pense son métier autrement. Depuis les années 1920, l'Armée rouge, sous l'impulsion de penseurs visionnaires au premier plan desquels

Svetchine, a rompu avec le XIXe siècle. Contrairement à son adversaire, elle ne voit plus les opérations comme une *succession* de combats échelonnés dans le temps, mais comme une *combinaison* d'activités militaires de nature variée – combats, raids aériens ou frappes d'artillerie, manœuvres, flux logistiques – distribuées à la fois dans l'espace et dans le temps et dont la réussite ponctuelle importe moins que les possibilités stratégiques qu'elles créent.

Car pour les Soviétiques, remporter une bataille n'a qu'un intérêt réduit. Partant du principe qu'une armée moderne, adossée à une population, un État et un appareil de production totalement mobilisés, dispose d'une endurance considérable (sauf en cas de disproportion extrême de la puissance des deux adversaires), l'Armée rouge considère que l'action militaire est le moyen de réaliser une stratégie d'ensemble, et pas une fin en soi : il y aura de toute manière plus d'un engagement, et il ne sera jamais décisif. C'est la raison pour laquelle, dans la seconde moitié des années 1920, l'Armée rouge cesse définitivement de considérer l'action militaire sous l'angle tactique. Cette dernière est au contraire ramenée à une simple technique, celle de la manœuvre des masses et des feux.

Quand la théorie bouleverse la portée du succès opératif

La discipline centrale de la science militaire devient en fait *l'art opératif*. Cette innovation théorique majeure de la pensée soviétique a pour objet de combiner l'ensemble des activités militaires relevant de techniques différentes – la tactique, la logistique, le renseignement, son corollaire la désinformation (*maskirovka* en russe) et le « contrôle des troupes » (on dirait aujourd'hui « commandement et contrôle ») – pour créer à partir de celles-ci des séquences d'actions, les opérations, dont l'orientation et l'enchaînement sont déterminés *a priori* en fonction de l'objectif poursuivi. C'est ainsi à l'aune des perspectives stratégiques qu'elle ouvre que se juge la valeur d'une opération, plutôt qu'à celle de ses réussites militaires *stricto sensu*.

Cette conception de la guerre moderne bouleverse la manière de concevoir la pratique des opérations militaires. L'Allemagne fait découler la victoire de ses succès tactiques, et suppose donc qu'il existe une continuité directe entre les deux domaines : un groupement adverse défait est nécessairement un pas vers le succès stratégique. Pour l'Armée rouge, la défaite des forces adverses n'est pas l'instrument du succès, mais seulement le moyen de créer les conditions de celui-ci. C'est par la transformation de la configuration dans l'espace – y compris dans la profondeur – et dans le temps des forces adverses que se crée le succès opératif, et c'est celui-ci, et non tel ou tel succès local, qui constitue un pas vers la victoire. La mesure du succès opératif ne se fait pas à l'aune des pertes humaines ou matérielles subies par l'adversaire, mais bien en comparant la situation stratégique entre le déclenchement d'une opération et son terme. Et encore, pour être tout à fait complet, faut-il considérer chaque opération comme un élément d'un tout plus grand.

« Mars » et « Uranus », un système dans une même campagne

Les offensives « Mars » et « Uranus » ne peuvent donc pas être appréhendées indépendamment l'une de l'autre ou des autres opérations soviétiques de l'hiver 1942-1943. Elles forment un tout, un système au sein de la même campagne d'hiver. Il faut donc lier leur bilan en considérant le bouleversement qu'elles provoquent dans l'agencement du front germano-soviétique dans son ensemble. Bouleversement très clairement à l'avantage des Soviétiques, en dépit de l'échec immédiat manifeste que représente l'opération « Mars ». Telle n'est pourtant pas la perception allemande : Model a remporté un succès, Manstein aussi dans sa contre-offensive de février-mars 1943, certes après un trimestre entier de revers. Aussi la Wehrmacht considère-t-elle avoir repris l'initiative sur le front de l'Est au début du printemps 1943 et décide-t-elle en conséquence de s'engager dans une nouvelle offensive d'été, à Koursk.

Cette lecture, fondée uniquement sur le bilan tactique des derniers combats hivernaux, est pourtant profondément biaisée. Au contraire, comme ils le comprennent bien, leurs opérations combinées de l'hiver 1943 ont placé les Soviétiques dans une situation globalement favorable, et ce sont eux qui disposent de l'initiative stratégique. Mais, considérant sagement qu'il leur faut user les moyens encore formidables de leurs adversaires avant de pouvoir exploiter cet avantage, ils décident de s'installer dans un premier temps sur la défensive. La différence radicale d'analyse de la même situation s'explique par le fait que le fossé qui sépare les deux belligérants n'est pas qu'idéologique. Il est aussi et peut-être surtout intellectuel et cognitif. Les deux armées ont beau se battre au même endroit, elles ne font plus la guerre dans le même univers.

La bataille de Stalingrad s'est jouée à Rjev

par Benoist BIHAN

Pensées ensemble, les offensives « Mars » et « Uranus » sont également liées par leurs suites : la première garantit le succès de la seconde, en fixant au nord les forces allemandes nécessaires pour briser le siège de Stalingrad. Sans empêcher cependant la contre-attaque improvisée de Manstein vers la poche. Ni cette dernière de perturber la suite des plans soviétiques.

24 novembre 1942 : le Generalfeldmarschall von Manstein s'installe à l'état-major du nouveau groupe d'armées « Don », son nouveau commandement. Pour le vainqueur de Sébastopol, la mission est double : stabiliser le flanc sud du front de l'Est et dégager au plus vite Stalingrad, encerclée depuis la veille par l'offensive « Uranus ». La tâche semble à ce moment faisable. L'OKH lui a promis pour fin novembre, début décembre au plus tard, 4 divisions Panzer, 3 (puis 5) d'infanterie, 3 divisions de campagne de la Luftwaffe* et 1 division de montagne, ainsi que 2 états-majors de corps d'armée avec leurs appuis et soutiens. Avec ces forces rassemblées, Manstein ne doute pas d'avoir de quoi balayer les forces soviétiques qui enserrent Paulus et perfuser à sa VIe armée les moyens nécessaires pour tenir comme le

réclame Hitler ou s'échapper. Cependant, plus encore que contre l'Armée rouge ou l'hiver, Manstein se bat contre la montre. Non seulement les Soviétiques s'efforcent de réduire la poche au plus vite, épuisant rapidement les forces de Paulus, mais ils s'apprêtent à déclencher la seconde phase de leur offensive, « Saturne ». Pour stabiliser le sud du front de l'Est, Manstein doit donc dégager la VIe armée rapidement : si sa contre-attaque, « Wintergewitter » (« Orage d'hiver »), n'est pas lancée au plus tard dans les premiers jours de décembre, Stalingrad et les troupes qui s'y terrent sont perdues.

La tempête de Manstein se mue en grosse averse

En théorie, la tâche est à la portée de Manstein et de la Wehrmacht : au 24 novembre, il y a en réserve sur le front de l'Est 4 divisions Panzer à effectifs pleins ou presque, seules capables par leur mobilité et leur puissance de pouvoir mener à bien l'offensive (en 1942, une division Panzer comprend de 150 à 200 chars). Mais le lendemain, Joukov déchaîne l'opération « Mars » sur la IXe armée de Model, et tout est bouleversé : en quelques jours, 3 des 4 précieuses unités blindées sont envoyées dans le saillant de Rjev. « Mars » a beau échouer, pas moins de 7 divisions Panzer ainsi que la division d'élite Großdeutschland sont désormais fixées à Rjev : Manstein vient d'être privé des deux tiers de ses renforts en chars.

Pour appuyer la seule division Panzer qui lui reste (la 11e), il lui faut dégager la 23e du Caucase et faire venir la 17e d'Orel (à 800 km de Stalingrad). Mais leur redéploiement prend du temps : elles doivent être remplacées sur la ligne de front, réorganisées, puis acheminées par rail sur un réseau ferroviaire russe dans un état déplorable. En outre, les 2 unités sont affaiblies : la 23e Panzer est à mi-puissance, la 17e Panzer à 60 %, et cette dernière est de surcroît conservée quelques jours supplémentaires en retrait…

Et les seules autres réserves blindées de la Wehrmacht sont à ce moment… en France, d'où accourt bien la 6e division Panzer, fraîche et à pleine puissance, en à peine dix jours. Un bel exploit, mais c'est fini : l'Allemagne n'a plus rien à envoyer pour dégager Stalingrad. Ses autres divisions Panzer sont en Afrique (où vient d'être expédiée en pure perte une division supplémentaire, la 10e, avec d'autres unités dont un bataillon de chars lourds Tigre), ou coincées dans le Caucase qu'Hitler s'obstine à vouloir conserver, ou encore en reconstitution jusqu'au début 1943, au mieux.

Avant même la fin novembre, « Wintergewitter » a déjà du plomb dans l'aile : au lieu des 4 divisions Panzer fraîches promises, Manstein n'en a plus que 3, dont 1 à mi-puissance seulement, pour secourir Stalingrad, ainsi qu'une quatrième (la 17e), elle aussi affaiblie et destinée à rallier après le déclenchement de l'offensive. Ce poing blindé, concentré, peut cependant encore fonctionner. Mais les Soviétiques n'ont pas l'intention de laisser l'initiative aux Allemands. Incapables de réduire Stalingrad en une semaine – ils ont considérablement sous-estimé l'ampleur de leur prise –, ils s'efforcent de consolider leur succès en prévenant toute tentative de dégagement, tout en préparant l'opération « Saturne » à venir. À partir du 2 décembre, ils frappent avec la 5e armée de tanks les têtes de pont allemandes sur la rivière Tchir, tremplin vers Stalingrad, et s'efforcent d'y acquérir eux-mêmes des emprises sur la rive allemande – que Manstein doit protéger en y expédiant sa 11e Panzer. Ainsi fixée au nord, elle bloque certes les tentatives soviétiques, mais s'use dans des combats défensifs.

C'est donc seulement le 12 décembre qu'attaque, depuis Kotelnikovo, au sud de Stalingrad, le LVIIe corps Panzer, dont le chef de la IVe armée Panzer, Hermann Hoth, expert des blindés, prend directement le commandement. Mais ce corps est réduit aux seules 6e et 23e divisions Panzer : l'équivalent d'une division et demie – un tiers des forces planifiées –, à peine renforcées par de l'infanterie, dont une partie est en outre constituée de débris d'unités roumaines corsetées d'unités de la Wehrmacht. Ces deux semaines de retard passées en combats acharnés ont, en outre, épuisé Paulus. Et la VIe armée, à court d'obus et surtout sans essence, est incapable d'aider à sa délivrance. Les dés sont jetés : en fixant à Rjev les blindés qui manquent à Manstein, « Mars » a bien scellé le sort de Stalingrad.

L'orage allemand douche les ambitions russes

Aussi mal partie soit-elle, l'offensive « Wintergewitter » intervient cependant au moment où le général Vassilevski, qui coordonne l'action des forces soviétiques autour de Stalingrad, met la touche finale à l'opération « Saturne » : la destruction programmée de la 8e armée italienne, qui tient le flanc gauche du groupe d'armées Don, puis l'exploitation de la percée ainsi créée jusqu'à Rostov et la mer d'Azov. De quoi piéger et détruire non seulement l'essentiel du groupe d'armées Don, mais aussi et surtout le groupe d'armées A, aventuré dans le Caucase. Plus de 1 million d'hommes au total.

La mise sur orbite réussie de « Saturne », troisième « planète » soviétique après « Uranus » et « Mars », dépend cependant de la capacité de l'Armée rouge à impulser à son opération une poussée initiale suffisante.

Pour Vassilevski, cela veut dire percer avec trois armées (6e, 1re et 3e de la Garde), avant que la 5e armée de tanks mais surtout la 2e armée de la Garde, véritable clé de l'opération, n'exploitent la nouvelle brèche créée dans le front de l'Axe. Malheureusement pour les Soviétiques, cette puissante unité ne sera jamais en mesure de jouer ce rôle.

En effet, quand les Soviétiques se rendent compte fin novembre que leur prise à Stalingrad est trois fois plus importante que prévu, Vassilevski se résout à demander à Staline l'engagement de la 2e armée de la Garde pour aider à la réduction de la poche. À condition d'aller vite, « Saturne » reste encore faisable et demeure programmée pour le 16 décembre… Mais le 12, quatre jours avant son déclenchement, Manstein lance « Wintergewitter ». Les progrès initiaux des Panzers sont rapides : ils n'ont en face d'eux que la 51e armée soviétique, la plus faible de celles qui forment l'anneau extérieur encerclant Stalingrad. En quarante-huit heures, Hoth progresse de plus de 50 km, un tiers du chemin qui mène à Paulus !

Vassilevski comprend alors qu'il doit renoncer à « Saturne » sous peine de compromettre « Uranus ». Alors qu'au nord « Mars » piétine dans la neige et le sang, gâcher une nouvelle offensive d'hiver après le bilan en demi-teinte de l'hiver 1941 est impensable. La mort dans l'âme, le général soviétique bascule alors face aux Panzers de Hoth l'ensemble de la 2e armée de la Garde. Le 13 décembre, après plusieurs conférences téléphoniques entre Vassilevski et Staline, « Saturne » devient « Petit Saturne ». Il ne s'agit plus désormais que de s'emparer des bases de départ de Manstein et de celles du pont aérien allemand vers Stalingrad.

En dépit de sa faiblesse, l'opération « Wintergewitter » est donc parvenue à contrarier les plans soviétiques. À la mi-décembre 1942, l'Armée rouge a renoncé à deux des planètes de son programme offensif. Il n'est cependant pas question d'abandonner l'initiative aux Allemands, mais de faire plus clairement de Stalingrad le pivot des opérations sur le front de l'Est. Réduire la poche immédiatement est le seul moyen de dégager les réserves dont les Soviétiques ont besoin pour poursuivre leur attaque dans le Sud : pas question de laisser l'agonie de la VIe armée s'éterniser. En la coupant de ses derniers soutiens extérieurs, « Petit Saturne » doit lui asséner le coup de grâce, et vite.

« Petit Saturne », l'anneau qui étrangle Stalingrad

Les préliminaires de la nouvelle offensive s'engagent bien. La contre-attaque de la 2e armée de la Garde stoppe définitivement « Wintergewitter », à moins de 50 km des lignes de Paulus. À vrai dire, Hoth, après un départ en trombe, avait vu son avancée vite entravée par une résistance de plus en plus âpre d'unités soviétiques jetées pêle-mêle sous ses chenilles, et il ne lui reste guère d'énergie lorsque Vassilevski déclenche « Petit Saturne » le 16 à l'aube. Comme sa « grande sœur » abandonnée, l'opération doit initialement disloquer la 8e armée italienne, au nord de Stalingrad. Soixante-douze heures suffisent : sans moyens antichars ni artillerie modernes, sans réserves, sans appui allemand (la Wehrmacht a tout investi au sud et dans « Wintergewitter »), les Italiens s'effondrent le 19 décembre, après une résistance aussi acharnée que désespérée. La seule réserve disponible, la 27e Panzer, sans doute la plus mauvaise de toutes, est balayée dans la foulée.

Cinq corps mobiles soviétiques, « tractant » 3 armées (6e, 1re et 3e de la Garde), s'élancent alors dans l'énorme trou et progressent de près de 250 km. Manstein, à ce moment, n'a plus rien pour s'opposer à la ruée des T34. Ses dernières réserves sont engagées au nord, sur le Tchir, et au sud, dans « Wintergewitter ». Refusant d'annuler l'opération de dégagement, qui lui ferait endosser la mort de la VIe armée, il libère d'abord la 11e division Panzer du nord, mais c'est l'ensemble de son flanc gauche que les Soviétiques menacent désormais de tourner. Sans réserves en vue (la 17e Panzer a elle aussi été engagée sur le Tchir lorsque les Soviétiques y ont poursuivi leurs efforts), le maréchal se résout enfin à sauver les meubles : le 22 décembre au soir, il obtient finalement l'autorisation d'Hitler de retirer une division de l'opération « Wintergewitter » – dès lors condamnée à l'échec – et de l'expédier à son tour au nord.

L'Armée rouge pèche par arrogance et bâcle la fin

Les hommes de Paulus, dans Stalingrad, sont désormais livrés à eux-mêmes, leur sort définitivement scellé. Mais la menace n'est plus seulement la perte de la seule VIe armée. Lorsque la 2e armée de la Garde frappe à son tour ses pointes affaiblies, en effet, Hoth doit se retirer au plus vite, au risque d'isoler, à 500 km au sud dans le Caucase, le groupe d'armées A ! Fin décembre, les Soviétiques caressent de nouveau l'espoir d'accomplir leurs grandioses objectifs originels. Le 13 janvier, ils déclenchent à cet effet une nouvelle offensive, l'opération « Galop » – complétée au nord d'une poussée secondaire, l'opération « Étoile » –, dont les ambitions dépassent celles de « Saturne » : il s'agit cette fois de foncer vers le Dniepr pour y prendre de vitesse les forces allemandes et les acculer au fleuve.

La percée initiale culbute les débris de la 8e armée italienne, puis pulvérise la 2e armée hongroise, autre médiocre alliée des Allemands… Cette fois, cependant, les Soviétiques ont bâclé leur affaire et péché par arrogance. Déployant des trésors d'habileté, Manstein parvient non seulement à extirper *in extremis* du Caucase les unités du groupe d'armées A, entre les dernières semaines de décembre et début février, mais en outre à les relancer sans transition dans la fournaise. Pis, le maréchal enfin convenablement renforcé actionne entre mi-février et mi-mars, autour de Kharkov, une contre-offensive meurtrière qui raccompagne l'Armée rouge sur 150 km vers l'est, avant que les boues ne mettent fin aux opérations jusqu'à l'été.

En dépit de ce coup de revers*, l'hiver 1942-1943 s'achève sur un clair succès soviétique. Sans l'offensive de Joukov contre Rjev, toutefois, l'enchaînement décrit plus haut n'aurait pas été possible. Si l'opération « Mars », poursuivie avec acharnement jusqu'au 20 décembre, n'avait en effet fixé jusqu'au moment crucial – le déclenchement de « Petit Saturne » – de considérables moyens allemands, Manstein, renforcé de deux ou trois formations mécanisées supplémentaires, aurait probablement pu rejoindre Paulus. Mais il aurait surtout disposé des réserves nécessaires pour arrêter « Petit Saturne ». Solidement campée sur le Don au printemps 1943, la Wehrmacht aurait alors pu aborder sa troisième campagne d'été à l'est en force. Pour l'Armée rouge, ce succès d'ensemble aura certes été payé excessivement cher, mais il l'aura aussi incitée à davantage de modestie opérative et stratégique, une leçon que tant Staline que Joukov auront à cœur de retenir et qui permettra aux Soviétiques, l'été suivant, de parachever à Koursk la défaite allemande à l'est.

Hitler, seul responsable du désastre ?

propos recueillis par Yacha MACLASHA

Hitler est-il responsable de l'encerclement de Paulus et de sa VIe armée ? A-t-il eu raison de leur interdire de tenter une sortie de Stalingrad ? L'historien américain David Glantz apporte son éclairage sur le rôle d'Hitler, mais aussi de Manstein dans la gestion allemande de la bataille.

YACHA MACLASHA. — *Après la guerre, les généraux allemands ont rejeté sur Hitler toute la responsabilité de la destruction de la VIe armée. Qu'en pensez-vous ?*

DAVID GLANTZ. — Il est évident qu'Hitler est responsable de l'encerclement de la VIe armée. Avec le plan Bleu, il a voulu faire beaucoup avec peu de moyens. En fait, il a répété la faute de « Barbarossa », quand il a assigné à ses forces des objectifs démesurés. L'erreur fondamentale se produit en septembre-octobre 1942, quand les Allemands se retrouvent dans une situation qu'ils n'avaient jamais envisagée avant le début de la campagne. Entre parenthèses, il s'agit là d'une erreur gravissime de planification de leur part. Cette erreur, c'est d'avoir placé, sur les flancs de la VIe armée, la 2e armée hongroise, la 8e armée italienne et la 3e armée roumaine. Rien que des troupes de deuxième ou troisième ordre sur plus de 300 km de long ! C'est la faute fondamentale. La décision d'aller en même temps vers le Caucase et vers Stalingrad a également violé les préceptes de base du plan Bleu qui prévoyait d'abord de prendre Stalingrad avec toutes les forces, puis ensuite d'aller dans le Caucase avec toutes les forces.

Certes, mais il s'agit là de causes lointaines. Hitler a-t-il eu tort d'interdire à Paulus de rompre l'encerclement dès que les Soviétiques l'ont réalisé ?

C'est sa gaffe majeure. Il a refait le coup du *Standbefehl** devant Moscou en décembre 1941 : on reste sur place, on se forme en hérisson et on attend les secours. Mais, à Stalingrad, il était impossible d'assurer le ravitaillement de la VIe armée par la voie aérienne. Il n'y avait pas assez d'avions et le tonnage minimal à apporter était trop énorme. Hitler a été trompé par Hans Jeschonnek, le chef d'état-major général de la Luftwaffe, qui lui a dit pouvoir assurer le pont aérien. Mais Jeschonnek ne croyait pas vraiment ce qu'il disait.

Hitler est-il donc seul responsable ?

Non, Manstein a sa part de responsabilité – mais il a tout fait pour le cacher. Dans ses Mémoires, *Victoires perdues*, il reproche à Paulus de n'avoir pas tenté la percée. Mais Manstein, au moment de sa nomination à la tête du groupe d'armées Don [le 21 novembre 1942], est le seul chef allemand, parmi tous ceux qui se trouvent dans le Sud, qui ne réclame pas une percée immédiate, c'est-à-dire entre le 24 novembre et le 1er décembre. Tous les commandants de corps de la VIe armée étaient pour la percée, Paulus aussi, comme Weichs [commandant du groupe d'armées B, dont dépend Paulus]. Tous, sauf Manstein ! Quand il comprend son erreur, il est déjà trop tard. Pis encore, Manstein ment dans ses Mémoires de façon éhontée pour mieux charger Paulus. Entre le 19 et le 23 décembre, ce dernier monte une opération de percée, baptisée « Donnerschlag », pour aller à la rencontre du LVIIe corps blindé qui avance vers lui pour le délivrer. Il demande sans arrêt à Manstein : « M'accordez-vous le droit de réaliser la percée ? » ; « Le LVIIe corps blindé parviendra-t-il jusqu'à nous ? » Manstein ne répond jamais : « Oui, je vous autorise », ou : « Oui, le corps arrivera jusqu'à vous. » Il écrit que, le 28 décembre, le LVIIe corps blindé est battu par les Soviétiques. Mais en réalité, cela s'est passé le 24 décembre. Manstein recule la date pour laisser entendre que Paulus a eu beaucoup plus de temps pour sortir qu'il n'en a eu en réalité. J'ajoute que la dernière demande de percée de Paulus date du 20 janvier 1943. Manstein la transmet à Hitler, qui refuse. Le 24 janvier, Paulus demande la permission de capituler ; Manstein transmet, Hitler refuse. Dans ses Mémoires, Manstein ne mentionne pas, à mon avis délibérément, la demande de percée de Paulus, mais il écrit que le 20 janvier Paulus a demandé à capituler ! Distorsion majeure des faits !

Pensez-vous, comme l'historien russe Alexeï Issaïev, qu'Hitler a eu raison d'interdire à Paulus de percer afin de fixer sept armées soviétiques autour de lui ?

Après le 24 décembre, quand le LVIIe corps blindé a commencé sa retraite, il n'y avait plus aucune chance de sauver la VIe armée. Après cette date, la décision d'Hitler paraît « raisonnable ». C'est d'ailleurs pour cela qu'il a refusé toute reddition, qu'il a demandé dix fois à Paulus de se battre jusqu'à la dernière goutte de sang. Manstein a été d'accord avec cette vision du Führer. Près de 500 000 Soviétiques et une artillerie considérable ont été bloqués jusqu'au début de février. Les Soviétiques en auraient bien eu besoin ailleurs.

Mais, même avant le 26 décembre, une percée de la VIe armée aurait coûté très cher. En d'autres termes, combien d'hommes les Allemands auraient-ils pu sauver s'ils avaient percé, et à quelle date ?

C'est une question que j'ai étudiée de près. Entre le 24 novembre et le 1er décembre, donc tout de suite après l'encerclement, Paulus ne peut compter que sur ses propres moyens. Son pronostic est que cela lui aurait alors coûté la moitié de ses 260 000 hommes. Je suis d'accord avec lui. J'ajoute qu'il aurait aussi perdu toutes les armes lourdes. Les Allemands ont vécu cette situation à Korsun-Tcherkassy* en février 1944. On a donc de toute façon une très lourde défaite allemande. Par la suite, le nombre de rescapés probables se réduit drastiquement. Entre les 18 et 20 décembre, Paulus aurait pu sauver entre 20 % et 30 % de ses forces au maximum. Après le 24 décembre, seuls des groupes isolés auraient pu s'en sortir. Imaginez qu'il aurait fallu à ces hommes parcourir entre 40 et 60 km à pied, avec peu de munitions, la faim au ventre, dans une steppe glacée, au milieu des troupes soviétiques, des meutes de T34, sous le feu de l'artillerie et des orgues de Staline*… Cela aurait été un carnage.

Généralement, Stalingrad est considérée comme le tournant de la Seconde Guerre mondiale. Êtes-vous d'accord avec ce jugement ?

Non, je ne suis pas d'accord. Le tournant décisif, c'est la bataille de Moscou, dans l'hiver 1941-1942. Parce qu'elle élimine la seule chance qu'avait Hitler de gagner la guerre, c'est-à-dire de détruire l'Armée rouge en une seule campagne et d'atteindre la ligne Arkhangelsk-Astrakhan, objectifs de l'opération « Barbarossa ». Pour autant, que le Reich n'ait plus aucune chance de l'emporter ne signifie pas que Staline a gagné. Et c'est là toute l'importance de Stalingrad : cette victoire garantit à Staline qu'il sera en bonne position à la table des vainqueurs. Les questions qui demeurent après Stalingrad sont : *quand* les forces allemandes seront-elles totalement éliminées et *où* se situera alors le front ? L'Axe a perdu à Stalingrad et dans les batailles connexes, entre le 19 novembre 1942 et le 2 février 1943, 800 000 soldats des VIe armée allemande, 3e et 4e armées roumaines, 2e armée hongroise et 8e armée italienne. À mes yeux, c'est un miracle que la Wehrmacht réussisse, en mars 1943, à stabiliser le front dans le Sud. La bataille de Koursk, en juillet 1943, est la troisième pierre blanche : il devient clair pour tous qu'il n'y aura aucun compromis, aucune demi-mesure, bref, que la défaite allemande sera totale.

1943,

la Wehrmacht perd l'initiative

Koursk, l'illusion qualitative

par Jean Lopez

Quelques centaines de chars invincibles et un commandement tactiquement supérieur peuvent-ils tenir pour rien le nombre, la détermination et la vista opérationnelle de l'adversaire ? C'est le pari de la Wehrmacht à Koursk. Qu'elle perd en beauté.

Après de nombreuses tergiversations, la Wehrmacht se décide à l'été 1943 pour l'opération « Citadelle », la liquidation du saillant de Koursk*. Du point de vue de l'ampleur géographique, elle est bien plus limitée que le plan Bleu, lancé en juillet 1942, qui devait donner au Reich les pétroles de Bakou, pour ne rien dire de la colossale opération « Barbarossa ». « Citadelle » postule en effet que chacun des deux groupements de forces chargés de la liquidation du saillant centré sur la ville de Koursk avance d'une centaine de kilomètres en une semaine, soit une quinzaine de kilomètres par jour. Une misère, comparativement aux chevauchées de 1941 et 1942.

Pour remplir cette mission *a priori* raisonnable et limitée, l'armée de terre et la Luftwaffe rassemblent ce qu'elles possèdent de meilleur. En revanche, elles renoncent à un atout qu'elles ont pourtant toujours recherché depuis 1939 : la surprise, tant dans le choix du secteur que dans la date de l'attaque. « Citadelle » est en effet une évidence opérationnelle (voir carte). Il ne saurait être question de dissimuler les préparatifs qui s'accumulent durant quatre mois sur les faces nord et sud du saillant. L'Armée rouge, grâce à ses écoutes électromagnétiques, ses groupes de partisans, ses observations aériennes, sait, dès avril 1943, que la 9e armée va attaquer le saillant par le nord et la 4e armée Panzer par le sud. En déclenchant une attaque partielle le 4 juillet pour occuper des positions de départ favorables, le Feldmarschall Manstein, qui commande l'attaque sud, renonce aussi à surprendre l'adversaire en le mettant en alerte maximale. Que les Allemands n'aient rien fait pour tromper les Soviétiques peut s'expliquer de deux façons : d'une part, ils sont certains de l'emporter ; d'autre part, en ne dissimulant pas le lieu et la date de l'attaque, ils espèrent amener leur ennemi à concentrer toujours plus de forces dans le saillant. Ainsi Hitler et ses maréchaux pensent-ils détruire en une opération près d'un tiers des moyens offensifs soviétiques et stabiliser enfin le front de l'Est. La rectification du saillant libérerait par ailleurs une quinzaine de divisions qui viendraient nourrir une réserve centrale, laquelle fait désespérément défaut.

La qualité et la vitesse valent mieux que la quantité

La Wehrmacht renonce aussi à obtenir une supériorité numérique dans les secteurs d'attaque. Capables de se regrouper vite et de se placer encore plus vite en position de combat, ses unités blindées ont toujours réussi à obtenir la supériorité en hommes et en matériel sur le Schwerpunkt, le centre de gravité – ou le centre d'application, comme on voudra – de leur effort majeur. Les conditions particulières du saillant de Koursk ne le permettent plus : les secteurs d'attaque sont en effet faciles à déterminer par les Soviétiques, qui peuvent les cadenasser. Aux 3 400 chars et canons automoteurs allemands présents autour du saillant, les Soviétiques opposent 5 600 machines. Aux 780 000 hommes, 1 800 avions et 7 400 canons et mortiers, ils répondent en massant 1,9 million de soldats, 3 600 appareils et 31 400 tubes d'artillerie. Ces moyens considérables ne sont pas éparpillés sur les 500 km de périmètre du saillant – comme cela aurait été le cas en 1941 et 1942 –, ils sont judicieusement concentrés sur les deux secteurs de 50 km de long où les Allemands produiront forcément leur effort.

La durée de préparation de l'opération – décidée le 13 mars par Hitler, elle n'est déclenchée que le 5 juillet – et l'exiguïté du champ de bataille ont laissé tout loisir aux Soviétiques de modifier encore le rapport de forces en leur faveur en transformant le saillant en forteresse. Pour parvenir à Koursk, les Allemands devront percer six ceintures défensives au nord et autant au sud, constituées de champs de mines profonds, de réseaux de tranchées et de casemates, de centaines de points d'appui antichars farcis de tubes de toute nature. En certains secteurs tenus par le front de Voronej du général Vatoutine, on compte jusqu'à plus de 2 000 pièges par kilomètre ! Environ 480 (!) brigades et régiments – chars, canons automoteurs, sapeurs, artilleurs, lance-fusées, DCA utilisable en combat terrestre – s'échelonnent sur une profondeur de 100 km, prêts à contre-attaquer et à colmater les brèches. La tâche est formidable. Sur quoi compte donc la Wehrmacht pour la remplir ?

Sur sa supériorité qualitative. Qu'importent le nombre des unités soviétiques, leurs retranchements et leur puissance de feu, la Ostheer et la Luftwaffe se disent certaines que la qualité, multipliée par la vitesse, l'emportera sur la quantité, elle-même amenuisée par la lourdeur supposée du commandement adverse. Cette *deutsche Qualität* se décline en trois versions : commandement, combat interarmes et technologie. Les Allemands sont persuadés depuis au moins la Première Guerre mondiale qu'ils disposent du meilleur encadrement au monde. Les officiers, supérieurs et subalternes, ont tété aux deux mamelles de la culture militaire germanique, le commandement de l'avant et le commandement par objectif (Auftragstaktik). Le premier postule que le chef – de la compagnie à la division – doit, par un usage constant des transmissions, se porter au point décisif de l'action, de façon à pouvoir réagir au plus vite aux développements de la situation. Soit en arrêtant les frais si l'ennemi est jugé trop fort, soit, au contraire, en exploitant la moindre occasion tactique, tout en la faisant connaître immédiatement à l'échelon de commandement supérieur.

Encore faut-il que les chefs sachent susciter, reconnaître et saisir l'occasion favorable. Dressés à penser le chaos, la fluidité, l'impermanence, les officiers allemands se voient reconnaître par leurs supérieurs une large autonomie de décision. Ils sont, bien entendu, liés par des ordres. Prendre telle position est un ordre qui dépend d'un plan, connu et accepté par tous ; comment prendre cette position, avec quelles forces, en prenant quel chemin, avec quelle combinaison interarmes, tout cela ressort, en revanche, du jugement de l'officier. Celui-ci sait qu'il ne sera pas puni pour un excès d'audace, même en cas d'échec ; il le sera en revanche avec certitude s'il attend passivement les ordres et demeure inerte. Il faut bien reconnaître, malgré des ratés – il y en aura à Koursk –, que l'encadrement allemand a plus souvent que tout autre, au moins jusqu'en 1944, su maîtriser les situations tactiques les plus complexes et les exploiter à son avantage. Sans cette donnée fondamentale, on ne comprendrait pas pourquoi, dans les deux guerres mondiales, il a pu tenir tête si longtemps à des coalitions disposant de moyens supérieurs aux siens.

Pour la première fois depuis 1941, les Allemands ont la supériorité technologique

L'autre point de supériorité des Allemands tient à leur maîtrise de deux secteurs tactiques essentiels, la concentration et la combinaison des moyens. À l'inverse, ces deux points constituent les grandes faiblesses des Soviétiques. Au moins jusqu'à Koursk, ils dilapident souvent leurs moyens en attaques partielles, dépensant par exemple leurs corps blindés en trois ou quatre assauts discontinus des brigades qui les composent. Quant à la combinaison des moyens, si les Soviétiques ont progressé dans l'appui de l'artillerie à l'infanterie lorsque celle-ci attaque à partir de positions fixes, ils ne parviennent toujours pas à harmoniser l'action de la piétaille, de l'artillerie, des blindés et de l'aviation dans les situations fluides. Des chaînes de commandement rigides et une faiblesse pas encore complètement surmontée des moyens de transmissions sont à l'origine de ces dysfonctionnements. Souvent, le chef soviétique renonce au mouvement pour rechercher le choc frontal. Comme il n'a pas confiance en ses hommes, mal formés, souvent peu motivés, il craint de ne plus pouvoir les contrôler s'il manœuvre. Il répugne à s'éloigner de la lettre des ordres qu'il a reçus par peur de la sanction.

Les Allemands, eux, mettent l'accent depuis 1914 sur la conjonction des armes, l'entraînement individuel et collectif, le recours permanent à l'échange d'informations. Durant les trois mois précédant la bataille de Koursk, les divisions sont soumises à un entraînement très dur où, sans cesse, on reprend les bases de la collaboration entre chars et infanterie d'accompagnement, artilleurs et aviateurs. Le général Model se plaint de devoir parfois sacrifier ces entraînements au profit de la chasse aux partisans, souci que le Feldmarschall Manstein n'a pas sur la face sud du saillant.

La supériorité humaine n'est pas tout. À Koursk, et pour la première fois depuis 1941, la Wehrmacht va pouvoir jouer de la supériorité technologique. Cela reste vrai de l'aviation, bien que dans une moindre mesure, et sans doute la supériorité des escadrilles de Messerschmitt Bf 109* G et de Focke-Wulf Fw 190* A tient-elle plus à l'expérience des pilotes, à la qualité de leur formation et de leurs tactiques qu'à l'appareil lui-même. Avec leurs nouveaux modèles – La-5 FN, Yak-7B, Yak-9 –, les Soviétiques auraient dû faire mieux à Koursk que ce qu'ils ont réussi. Encore aurait-il fallu, entre autres choses, qu'ils cessent d'évoluer à basse altitude – où leurs moulins donnent, il est vrai, leur meilleur rendement –, s'offrant ainsi aux piqués fulgurants des *Experten** qui dégringolent de 3 000 mètres en moins de 20 secondes.

Bien plus que dans l'aviation, c'est dans le domaine des blindés que la Wehrmacht voit s'ouvrir une vraie fenêtre de supériorité : 85 % des 5 600 blindés soviétiques présents dans le saillant de Koursk consistent en T34/76*, en T70 et T60. Les deux derniers sont des chars légers armés, respectivement, d'un canon de 45 mm et de 20 mm, incapables de percer, même à 100 mètres, les cuirasses des nouveaux modèles allemands. Le T34/76, qui avait provoqué en 1941 quelques mémorables paniques dans les rangs allemands, n'est plus à la hauteur des nouveaux chars germaniques. Ses 60 mm de blindage avant, même inclinés, sont percés à 2 000 mètres et plus par les obus à haute vitesse du canon de 75 mm du Panther, et des canons de 88 mm des Tigre et des Ferdinand. À cette distance, le canon F34 de 76,2 mm du T34 n'a de chance de percer qu'en se présentant par les côtés à moins de 600 mètres contre le Panther et de 350 mètres contre le Tigre. Le reste des blindés soviétiques consiste en canons automoteurs SU76, SU122 et SU152. Les premiers sont trop légers avec leur canon de 76 mm Zis3 et leur habitacle ouvert. Le SU122 pourrait démolir un Tigre avec son gros calibre, mais seulement à courte distance et avec une munition spéciale. Le SU152 tire un obus de 50 kg dévastateur, mais sa vitesse de tir est d'une lenteur désespérante et il émet tant de fumée qu'il n'a aucune chance de survivre à un premier tir manqué. Il n'y a pas 40 SU152 en dotation à Koursk. Quant aux canons antichars des Soviétiques – hippotractés bien souvent –, les calibres 45 mm et 76 mm (70 % des tubes) ne percent ni Tigre ni Panther, et le 45 mm ne peut rien non plus contre le Panzer IV. Malheureusement pour les Soviétiques, les excellents canons antichars tractés de 85 mm et de 57 mm sont peu nombreux.

Cinq avions et six chars rouges pour détruire un avion et un char bruns

Côté allemand, il s'en faut de beaucoup que les 3 600 matériels disposés autour du saillant soient tous modernes. Contrairement aux promesses d'Hitler, la majorité est même vétuste. Selon le décompte effectué par Roman Töppel, sur les 2 840 engins réellement engagés dans l'opération « Citadelle », les matériels nouveaux, quasiment indestructibles en combat char/char ou antichar/char dans un paysage ouvert, sont au nombre de 489 machines (89 Ferdinand, 147 Tigre, 198 Panther et 55 Sturmpanzer), auxquels on peut adjoindre, pour leur optique et leur puissance de feu, 685 Panzer IV des types G et H. C'est donc exactement sur 1 174 chars de dernière génération – ou améliorés, comme le Pz IV – que la Wehrmacht compte pour battre l'Armée rouge. Elle s'accroche si fort à l'idée d'obtenir une supériorité technologique déterminante qu'elle accepte de retarder plusieurs fois le déclenchement de l'attaque, pour laisser le temps aux usines du Reich d'en produire plus ; mais, ce faisant, elle accorde aussi plus de temps aux Soviétiques pour se fortifier. Elle concentre un tiers de ces matériels dans les quatre meilleures unités blindées jamais rassemblées : les divisions de Panzergrenadiers Großdeutschland, SS Das Reich, SS Totenkopf et Leibstandarte SS Adolf Hitler.

La supériorité allemande – commandement, technologie, entraînement, tactiques – va se traduire par une boucherie. À Koursk et dans les batailles qui l'accompagnent sur les ailes, les Soviétiques devront sacrifier 5 avions et 6 chars pour démolir une machine homologue en face. Sur le plan humain, on comptera 5 ou 6 soldats soviétiques hors de combat (tués, blessés, prisonniers, disparus) pour un feldgrau. La différence est que les Soviétiques peuvent se permettre ces pertes terrifiantes, pas les Allemands, leurs classes d'âge mobilisables étant deux fois et demie moins nombreuses.

Ce sont les moyens ultra-classiques des Soviétiques qui ont gagné

À ce prix exorbitant, les Soviétiques gagnent la bataille de Koursk. Sans discussion aucune. Les Allemands n'ont atteint aucun de leurs objectifs. Ils voulaient capturer 1 million d'hommes (pour les envoyer dans les usines du Reich) : ils en prennent 40 000. Ils voulaient rassurer leurs alliés roumains, finlandais, italiens, etc. : ils les mettent au comble de l'angoisse. Ils pensaient détruire le meilleur de l'Armée rouge et lui enlever ainsi les moyens de lancer une offensive d'été : l'Armée rouge reprend l'initiative le 12 juillet et ne la lâchera plus jusqu'à la fin de la guerre. Qu'est-ce qui n'a pas marché pour la Wehrmacht ?

D'abord, la noix était plus dure à casser que prévu. Ce ne sont pas les brigades, corps et armées blindées soviétiques qui ont pesé : elles ont été éreintées. Ce ne sont pas non plus les deux armées aériennes : elles n'ont jamais été en mesure d'empêcher la Luftwaffe d'obtenir une supériorité locale au moins temporaire. En revanche, la densité des feux d'artillerie, la profondeur des champs de mines, l'agilité du génie adverse ont été sous-estimées : ce sont ces moyens ultraclassiques qui ont vaincu. La ténacité des combattants soviétiques a par ailleurs étonné les chefs allemands. Peu de paniques, peu de prisonniers, pas de répugnance à contre-attaquer dès que possible, et toujours cette étonnante capacité à lutter jusqu'à la mort. L'échec de la 9e armée de Model est complet. Sa pénétration n'atteint nulle part 25 km et la 3e ligne soviétique demeure intacte. Manstein fait mieux en marchant 70 km vers le nord et en perçant les trois premières ceintures fortifiées. Mais, l'échec de Model consommé, il n'avait pas les moyens de couper, seul, le saillant.

L'échec allemand vient avant tout d'une insuffisance de moyens, de la supériorité du nombre et de la planification opérationnelle soviétique. Pour concentrer la crème de la crème dans les deux poussées vers Koursk, les Allemands ont dû déshabiller les armées disposées autour du saillant d'Orel – au nord de celui de Koursk – et sur toute la moitié nord du front germano-soviétique. Les divisions d'infanterie étaient trop peu nombreuses, ce qui a gêné l'occupation efficace du terrain. Le nombre de chars par division blindée était insuffisant : 10 des 15 unités engagées n'avaient que 1 bataillon blindé par régiment au lieu des 2 prévus. Ces points de fragilité ont été très vite repérés par les Soviétiques qui ont enchâssé leur opération défensive dans trois opérations offensives préparées de façon à se déclencher dès que l'Allemand approcherait trop de la ville de Koursk. Ces trois opérations ont été baptisées « Koutouzov » (liquidation du saillant d'Orel), « Général Roumiantsev » (reprise de Kharkov) et « Donets-Mious » (libération de la région industrielle du Donbass). Cette planification constitue un modèle du genre. Les Allemands étaient au courant de ces préparatifs – Model avait d'ailleurs gardé en arrière une partie de ses blindés pour faire face à « Koutouzov » et Hitler avait un corps blindé en réserve près du Donbass. Soustraits à l'opération « Citadelle », ces moyens ont contribué à son échec.

Supériorité tactique contre supériorité opérationnelle

Les chefs allemands avaient donc intégré ces contraintes et ces menaces. C'est la certitude d'être frappés dans le dos qui les avait amenés à se donner seulement six jours pour arriver à Koursk. Ce délai tenu, les Soviétiques pouvaient déclencher leurs assauts latéraux, des rocades de blindés auraient permis de les priver de tout succès significatif. Six jours pour battre un ennemi supérieur en nombre, motivé, bien retranché, avancer de 100 km dans son dispositif, battre ses réserves accourues de l'est et empêcher les armées prises dans le « chaudron » de s'en échapper : ce programme était infaisable, même avec quelques centaines de bijoux blindés et les meilleurs avions d'appui au sol. C'est cela l'illusion de Koursk : imaginer qu'une supériorité humaine et technologique, forcément relative, puisse, à elle seule, l'emporter sur la supériorité numérique fortifiée par une intelligence opérationnelle supérieure. La Wehrmacht a cru échapper à son cauchemar, la bataille d'attrition, en réinventant une opposition tranchée entre qualité et quantité, profondément inscrite dans la culture militaire germanique depuis le XIXe siècle, avec un parfum de supériorité raciale et culturelle prononcé. Elle avait pourtant déjà été battue en décembre 1941, devant Moscou, et au tournant de 1942-1943, à Stalingrad, par une Armée rouge qu'elle jugeait qualitativement inférieure. Il est vrai que cette réalité avait été cachée par de fausses excuses, en l'espèce le général Hiver et le lâchage des Roumains. Model est le premier, après cinq jours d'attaque vers Koursk, à reconnaître l'erreur fondamentale sur laquelle repose l'opération « Citadelle » : « Cette bataille a le caractère nouveau d'une bataille de matériel et d'usure, qui dépend des hommes, des armes et des munitions qui doivent être acheminés en quantités suffisantes et à temps », écrit-il dans le journal des marches de sa 9e armée. À ce jeu-là, il le reconnaît implicitement, les Soviétiques ne pouvaient être battus.

1944,

la Wehrmacht écrasée

Au 5 juin 1944, un rapport de forces en trompe l'œil

par Jean LOPEZ

Hitler se prépare à un débarquement à l'ouest. Et pense pouvoir rejeter les Alliés à la mer, avant de projeter ses armées à l'est. Le Führer oublie que ses ennemis ont la maîtrise du ciel et que la Wehrmacht est dispersée sur plus de 4 000 km de côtes et de fronts.

Le 6 juin 1944 au matin, Hitler est d'humeur joyeuse. Rejoignant la salle des cartes de l'OKW*, il arbore « la composition d'un homme qui avait enfin trouvé l'occasion longtemps attendue de régler ses comptes avec son adversaire. Il s'approcha de la carte et lâcha ces trois seuls mots dans un gros dialecte autrichien tout à fait inhabituel : "Enfin, les v'là !" ». Ce témoignage du général Warlimont, adjoint de Keitel, s'explique si on le replace dans la stratégie globale du IIIe Reich à l'été 1944. Depuis novembre 1943, Hitler a cessé d'envoyer des renforts à l'est. Hommes, chars et munitions sont allés en priorité à l'ouest. Car Hitler est certain que les Anglo-Saxons vont débarquer au printemps quelque part entre la baie de Seine et le Cotentin. Il se croit capable de les écraser en quelques jours, de les contraindre à un nouveau Dunkerque, puis, après un déplacement de 1 500 km, d'aller monter une tenaille contre les Russes entre Biélorussie et Ukraine du Nord.

Inutile de dire que ce plan n'est plus en prise avec le rapport de forces réel. Il ressemble plus à un bégaiement propitiatoire : l'état-major allemand répète une de ces rocades qui ont fait la gloire des armes germaniques, l'avantage des lignes intérieures ayant toujours été jugé décisif. Cela ferait un joli Kriegsspiel sur carte, mais, en réalité, il faudrait que les adversaires de la Wehrmacht fassent montre d'une rare incompétence pour permettre l'exécution de ce plan.

Plusieurs facteurs s'y opposent : 1° Occidentaux et Russes ont la maîtrise complète de l'air au-dessus du champ de bataille et de ses approches. 2° La Wehrmacht est dispersée sur les 4 000 km de côtes et de fronts qui délimitent son empire ; 55 % de ses moyens blindés sont à l'est ; comment, avec ce qui reste, Hitler peut-il espérer arriver aux plages ? 3° Les services de renseignements allemands sont dans l'erreur. Erreur relative à l'ouest : on attend un assaut dans le Pas-de-Calais, mais d'autres voix, dont celle d'Hitler, penchent pour la Normandie. Erreur absolue en URSS : l'OKH est certain que le centre de gravité de l'offensive russe d'été se situe en Ukraine du Nord, sur l'axe Lvov-Cracovie. Il ne se trompe pas tout à fait, d'ailleurs : Koniev attaquera bien sur cet axe le 12 juillet. Mais, entre-temps, quatre fronts soviétiques auront frappé dans le ventre mou du groupe d'armées Centre (opération « Bagration* ») où il n'y a aucune concentration sérieuse de Panzers.

Bien sûr, la Wehrmacht ne pourra pas parer les deux coups qui l'attendent en juin 1944. La seule solution rationnelle aurait été de négocier la paix. Or, les Alliés se le sont interdit à l'initiative de Roosevelt, qui prend très au sérieux la croisade de l'Oncle Sam contre l'empire du mal. Si les Alliés ne sentent pas clairement cette fragilité militaire, en revanche ils sous-estiment la résilience du régime nazi. Dans leurs prédictions, ils se trompent sur deux points fondamentaux. D'abord, la bataille pour la percée sera plus longue que prévu pour les Américains (deux mois au lieu d'un) et plus courte pour les Soviétiques (douze jours pour prendre Minsk au lieu de cinquante-cinq). Ensuite, contrairement aux attentes des Occidentaux, l'Allemagne n'implosera pas sous le choc de la double défaite, comme en 1918. Londres et Washington espéraient être à Berlin pour Noël. Staline, lui, n'y croyait pas : ses objectifs sont tangibles, l'occupation des territoires balte, polonais et roumain. Une chute rapide du nazisme, soupçonne-t-il, ne pourrait que favoriser un petit arrangement sur son dos entre Occidentaux et Allemands. La résilience du régime nazi va donc paradoxalement contribuer à l'extension de l'Empire soviétique.

Une alliance teintée de méfiance

par Jean Lopez

Staline s'est engagé à déclencher une offensive à l'est contre la promesse d'un débarquement anglo-américain en France. Cette coordination est plus politique qu'opérationnelle : il n'existe aucun organe militaire commun aux trois Grands. Surtout, Moscou redoute l'attitude de Londres et Washington une fois la victoire assurée. L'après-guerre est déjà dans les têtes.

Les deux plus grandes opérations alliées de la Seconde Guerre mondiale sont déclenchées à quinze jours d'intervalle et à 2 500 km de distance, le 6 et le 22 juin 1944. Ce n'est bien sûr pas l'effet du hasard. Il y a eu coordination entre Américains, Britanniques et Soviétiques pour casser la Wehrmacht. Cette coordination constitue, dans l'histoire de l'alliance des trois puissances, une grande première. Elle résulte d'un processus diplomatique, politique et militaire très complexe qui s'étire sur quasiment trois années. Il y a deux questions à examiner : 1° Comment Anglo-Saxons et Soviétiques coordonnent-ils leurs efforts militaires en vue de la double offensive de 1944 ? 2° Quels changements cette coordination introduit-elle dans la planification de chacun ?

Observons tout d'abord, pour répondre à la première question, qu'il y a un énorme contraste entre, d'une part, la relation anglo-américaine et, d'autre part, la relation entre Anglo-Saxons et Soviétiques. Le lien Londres-Washington est précoce, très poussé, personnalisé à l'extrême, sans cesse revitalisé par des conférences bilatérales (11 au total), l'échange d'une multitude de missions, d'observateurs, de comités et surtout de 2 000 lettres et messages entre Churchill et Roosevelt, qui auront passé cent treize jours ensemble durant le conflit. Malgré toutes les divergences de vues entre les deux Alliés – et elles sont considérables –, jamais la solidité de l'alliance n'a été mise en péril. Militairement, elle se concrétise dans un organisme commun de direction de la guerre, le Combined Chiefs of Staff*, ainsi que dans la répartition des responsabilités sur les différents théâtres d'opérations.

Le lien entre Moscou d'un côté, Londres et Washington de l'autre est plus problématique. Il est empreint d'une énorme méfiance réciproque, legs de vingt ans d'antibolchevisme et de deux années de pacte Hitler-Staline. Chacun soupçonne l'autre de méditer un renversement d'alliances. Le gros de la coordination stratégique entre les trois puissances se fait par lettres personnelles entre Staline et Roosevelt (300 au total) et entre Staline et Churchill (500). La demande de Roosevelt en 1943 d'intégrer l'état-major général de l'Armée rouge dans la machinerie du Combined Chiefs of Staff, idée reprise par Staline en juin 1944, ne débouche sur rien. Il n'y a donc pas d'organe militaire commun aux trois Grands, pas plus qu'il n'y en a entre Berlin et Tokyo.

Des échanges d'informations limités

Pour maintenir un minimum de liaison, les Américains envoient néanmoins à Moscou en octobre 1943 une grosse mission militaire, dirigée par le général Deane. Son but : « promouvoir la coordination la plus étroite possible des efforts militaires des États-Unis et de l'URSS ». Les résultats qu'elle recueille ne sont pas aussi minces qu'on l'a dit. Ils contrastent même positivement avec l'absence quasi totale de coopération opérationnelle qui caractérise la période antérieure (1941 et 1942). Deane tentera d'obtenir l'aide des Soviétiques en matière de bombardement stratégique, de météorologie, de transport aérien, de renseignement. Au positif, citons l'opération « Frantic* » – même si son issue est désastreuse –, une participation soviétique à « Bodyguard* », la communication par Moscou des ordres de bataille allemands à l'est et japonais en Mandchourie, de l'analyse allemande de l'échec du raid sur Dieppe (1942) et des caractéristiques du Jagdpanther, terrible chasseur de chars* encore inconnu des Anglo-Saxons. Les Soviétiques, eux, reçoivent des Britanniques, le 13 décembre 1943, la preuve que leur trafic radio opérationnel est décrypté par la Wehrmacht, information décisive en partie à l'origine du silence radio absolu qui préside à l'opération « Bagration ». Le surprenant accord de coopération entre NKVD et OSS* (fin 1943) est quant à lui torpillé, moins par les Soviétiques que par des Américains peu désireux d'accueillir des espions rouges sur leur sol.

En revanche, concernant les échanges d'informations opérationnelles sur « Overlord » et « Bagration », la coopération est très faible, voire quasi nulle. Ce n'est pas du fait des Anglo-Américains, qui communiquent (tardivement, il est vrai, en avril 1944) sur les moyens alloués à « Overlord », les secteurs d'attaque et la date ; l'état-major de l'Armée rouge sera quotidiennement tenu informé des progrès de la bataille en Normandie et l'amiral Kharlamov sera même invité à faire le tour de la tête de pont normande en juillet 1944. Les Soviétiques quant à eux ne livrent rien de précis sur leurs intentions opérationnelles pour l'été 1944. Il sera impossible aux Anglo-Américains de connaître la date du déclenchement de « Bagration » ainsi que le secteur d'offensive concerné. À leurs demandes et protestations répétées, Staline répondra en leur reprochant leur incapacité à garder un secret : opinion d'expert ! S'il y a donc eu coordination des efforts prévus à l'est et à l'ouest, elle s'est effectuée uniquement au plus haut niveau politique et n'englobe pas l'aspect opérationnel. La méfiance est trop grande entre deux systèmes aux antipodes et qui ont déjà un pied dans l'organisation de leurs intérêts antagonistes pour l'après-guerre.

Le second front en balance

Finalement, les décisions majeures concernant « Overlord » et « Bagration » se sont prises lors de la première rencontre entre Roosevelt, Churchill et Staline, à Téhéran, du 28 novembre au 1er décembre 1943. Qu'ont en tête les trois chefs de guerre en arrivant dans la capitale iranienne ? Churchill veut, une fois de plus, éviter un débarquement en France. Depuis 1942, il lutte victorieusement sur ce point contre les militaires américains et Staline. Il réussit à imposer une stratégie indirecte (bombardements du Reich) et périphérique (actions au Moyen-Orient, en Afrique du Nord et en Méditerranée). Le débarquement en France ne serait, en 1945, que le coup de grâce donné à une Allemagne en cours d'effondrement. Mais le général Marshall*, chef de l'état-major général de l'US Army, d'une part ne croit pas à l'action décisive de l'arme aérienne, et d'autre part dit et redit depuis 1942 que battre l'Allemagne ne peut se faire qu'en allant sectionner son artère jugulaire – la Ruhr – en passant par la voie la plus directe, un débarquement au nord de la France.

Roosevelt choisit d'abord d'appuyer Churchill en 1942 (débarquement en Afrique du Nord) et jusqu'à la mi-1943 (débarquements en Sicile et au sud de l'Italie) en attendant que monte en puissance la mobilisation économique et militaire de son pays et que l'avance japonaise soit bloquée en Asie. Pour compenser l'absence d'appui militaire direct, et conscient que l'Armée rouge porte tout le poids de la Wehrmacht, il délivre une énorme aide matérielle à l'URSS qu'il a admise *de facto* au bénéfice du prêt-bail par une lettre à Staline du 26 juillet 1941, alors que son pays n'est pas encore entré en guerre !

Quant au dictateur du Kremlin, il ne cesse depuis le 29 juin 1941 – une semaine à peine après l'attaque surprise des Allemands – de réclamer l'ouverture d'un second front – qui pour lui ne peut être qu'en France. Le reniement par les Anglo-Saxons des promesses d'ouvrir ce second front en 1942 et 1943 est certes payé au prix du sang par l'Armée rouge. Mais lesdites promesses fournissent néanmoins à Staline un levier moral et diplomatique pour tirer le plus grand bénéfice possible de la loi du prêt-bail* et compenser ainsi certaines faiblesses de son appareil économique et militaire (camions, essence d'avion, moyens électromagnétiques…). Les victoires soviétiques de Moscou (1941), Stalingrad (1942) et Koursk (1943) convainquent par ailleurs Roosevelt que l'URSS est la puissance de l'avenir et qu'il faut dorénavant l'admettre à s'immiscer dans le tête-à-tête anglo-américain. C'est lors de la conférence iranienne que se noue la nouvelle constellation stratégique qui élève Staline, abaisse Churchill et accouche directement d'« Overlord » et « Bagration ».

Churchill finit par céder, un débarquement aura lieu

Lors d'une série de réunions tenues dans l'ambassade soviétique à Téhéran, Roosevelt s'allie à Staline pour contraindre Churchill à cesser de faire obstruction à l'opération « Overlord ». La mort dans l'âme, se sachant militairement le plus faible, le Premier ministre accepte de renier toute sa stratégie antérieure. Dès lors, il ne visera plus guère qu'à maintenir dans des limites acceptables le déséquilibre entre forces américaines et britanniques dans la libération de l'Europe, sans pouvoir en réalité l'empêcher de se creuser. Il s'opposera toutefois jusqu'en 1944 au débarquement en Provence, l'opération « Dragoon », au profit d'un effort en Italie, voire en Yougoslavie ou en Grèce.

Pour Staline, le voyage à Téhéran est payant : il a enfin en poche la promesse directe, ferme et définitive, les yeux dans les yeux, d'un débarquement en France au printemps 1944. Lors de la négociation, pour aider Roosevelt à fléchir Churchill, il promet que l'Armée rouge lancera une offensive concomitante. C'est l'origine lointaine de « Bagration ». « Overlord » et « Bagration » sont donc toutes deux filles d'un accord direct entre Staline et Roosevelt, les deux « grands ».

Quels changements stratégiques entraîne la double promesse de Téhéran ? Pour les Anglo-Saxons, une puissante offensive soviétique est la certitude que les Allemands ne pourront pas les rejeter à la mer. Ou plus exactement la quasi-certitude, car, jusqu'au dernier moment, les chefs militaires et politiques, surtout britanniques, seront hantés par la possibilité d'un nouveau Dunkerque. Leur grande crainte est qu'Hitler puisse transférer en France plusieurs corps Panzer.

Ces formations font indéniablement peur aux chefs britanniques et américains dont les forces n'arriveront qu'au compte-gouttes, vu l'étroitesse des infrastructures portuaires disponibles lors des premières semaines de la bataille. Le général Deane l'a dit sans ambages lors de la conférence de Moscou en octobre 1943 : « Pour entreprendre un débarquement au printemps 1944, il faut que soient observées les conditions suivantes. Un, qu'il y ait une réduction substantielle de la chasse allemande ; deux, que les réserves allemandes en France et aux Pays-Bas le jour de l'assaut ne soient pas supérieures à 12 unités mobiles de première qualité à effectifs pleins [...] ; trois, qu'il soit impossible aux Allemands de transférer plus de 15 divisions de première qualité durant les deux premiers mois d'opérations. » Les vœux des Alliés seront exaucés : du front russe, la Wehrmacht ne pourra retirer que 2 divisions Panzer (9e et 10e SS) sur 25, mouvement annulé par le transfert dans l'autre sens des 6e et 19e Panzer.

Moscou se réjouit et se méfie

Du côté soviétique, si, dans l'immédiat, les annonces faites à Téhéran ne bousculent pas la planification, à moyen terme elles en bouleversent les bases politiques et militaires. Ce débarquement réclamé depuis trois ans constitue à la fois une occasion et une menace.

L'occasion est évidente pour les chefs soviétiques. Pour la première fois, ils savent que les Allemands vont être privés de réserves stratégiques : Hitler va tout engager à l'ouest durant l'été 1944 pour rejeter les Anglo-Saxons à la mer. Il n'a pas d'autre choix. De ce fait, une offensive stratégique de première grandeur s'impose à l'esprit des membres de la Stavka. Il ne s'agit plus de programmer des reculs allemands de 100 ou 200 km, souvent suivis de contre-attaques dévastatrices, mais d'obtenir des percées profondes, exploitées sur une ligne de 400 à 600 km, que rien ne viendra freiner ou contrecarrer. « Overlord » doit permettre de doubler ou tripler le tempo sur lequel l'Armée rouge ronge l'espace stratégique du IIIe Reich depuis Stalingrad. De formidables occasions pourraient naître de ces opérations en profondeur. Ce nouveau paysage stratégique explique l'énorme ambition de la planification soviétique pour l'été 1944 : six opérations majeures sont prévues en cascade sur 2 700 km de front, de la Finlande à la mer Noire, entre le 10 juin et le 12 septembre (dont l'opération « Bagration » forme une des clés de voûte). L'ensemble des moyens est mobilisé pour profiter à fond de l'effet « Overlord » : 11 fronts encadrent 6,5 millions d'hommes, environ 10 000 chars et 12 000 avions. L'effort est tellement massif que la préparation logistique en souffrira quelque peu.

Reste que, vu du Kremlin, ce surgissement des Alliés à l'ouest du continent européen est aussi gros d'une menace. Comment vont réagir les Allemands ? Leurs chefs militaires ? Le Führer ? Il est bien entendu hasardeux de spéculer sur les réflexions de ce sphinx qu'est Staline. Néanmoins, s'il est vrai que le trait premier de sa personnalité est une méfiance pathologique, une inclination à voir partout complots et noirs desseins, on ne peut guère douter qu'il ait pensé froidement aux divers scénarios possibles. Que, le Débarquement réussi, les chefs de la Wehrmacht se débarrassent d'Hitler pour proposer un armistice et ouvrir les portes de l'Europe aux Anglo-Américains – et à eux seuls – est une possibilité. L'attitude de Rommel, Rundstedt et Kluge lui donnera rétrospectivement raison sur ce point. Le complot du 20 juillet et les desseins de ses instigateurs démontreront aussi que l'histoire aurait pu prendre un tout autre chemin.

À Téhéran, Staline a semblé rassuré par l'attitude de ses alliés. Ceux-ci ont confirmé leur engagement de lutter jusqu'à la reddition inconditionnelle de l'ennemi. Mais, la victoire acquise, ne seront-ils pas tentés de revenir à leur hostilité fondamentale vis-à-vis de l'URSS ? N'ont-ils pas déjà, en 1918, permis à l'armée allemande de rentrer intacte au pays pour écraser la révolution qui se répandait à la vitesse d'un feu de steppe ? Bref, face aux Alliés, la prudence impose à Staline de pousser au plus loin les gains territoriaux soviétiques, bien au-delà de la frontière de 1941 avec, au minimum, prise de contrôle de la Prusse-Orientale, de la Pologne et de la Roumanie, les trois bases de départ de tout agresseur passé et futur. Staline garde sans cesse à l'esprit le coût monstrueux de la guerre, sur le plan démographique comme économique. L'URSS, il le sait, sera exsangue au moment de la victoire. Tout ce qui ne sera pas pris aux Allemands par les armes risque de ne pas être repris aux Alliés autour du tapis vert. L'annonce d'« Overlord » marque bien le début de la course à la sécurité pour l'après-guerre et, *de facto*, plante les racines de la guerre froide.

Deux opérations géantes, mais différentes

par Benoist BIHAN et Jean LOPEZ

Le piège conçu par les trois Grands se déclenche. Deux mâchoires distantes de 2 500 km mordent le Reich et, en se refermant, l'acculent à ses frontières. Mais la nature des opérations est différente : l'une consiste en un assaut combiné des trois armes sur un étroit secteur côtier, l'autre est une succession d'offensives aéroterrestres sur deux milliers de kilomètres de front.

« Overlord », la combinaison d'une opération amphibie et d'une offensive stratégique

L'opération « Overlord » est déclenchée dans la nuit du 5 au 6 juin 1944. Sous ce nom évocateur se cachent en fait deux concepts différents. Le premier est celui d'une offensive stratégique qui doit, après un franchissement de la Manche, permettre aux alliés occidentaux de débarquer plus de 3 millions de soldats – des dizaines de divisions (47 au 1er août) et une myriade d'unités associées – dans le nord de la France, au plus près de la frontière allemande. Le second est l'opération de franchissement proprement dite, que les Alliés ont baptisée « Neptune » et qu'ils considèrent sans surprise comme la partie la plus difficile d'« Overlord ».

« Neptune » est une opération amphibie massive, l'une des plus complexes de la Seconde Guerre mondiale. Elle s'organise en trois phases distinctes, concentrées sur soixante-douze heures de temps. Dans la nuit du 5 au 6 juin, 3 divisions aéroportées, 2 américaines et 1 britannique, doivent tout d'abord être larguées par 1 200 appareils de part et d'autre de la future tête de pont, située entre l'estuaire de la Seine et la péninsule du Cotentin. Leur mission est de s'assurer des flancs du débarquement et d'entraver l'acheminement de renforts allemands. Cette première étape est un relatif succès, en dépit d'une dispersion très marquée des unités parachutistes américaines en particulier. Leur dissémination involontaire sur des zones plus larges que prévu se révèle même bénéfique, les paras isolés livrant une véritable guérilla sur les arrières de la Wehrmacht, qui ne sait plus où donner de la tête.

156 000 hommes et 13 000 véhicules mis à terre

Au matin du 6 juin, ensuite, 6 divisions d'infanterie sont mises à terre par une flotte de plus de 6 000 navires et embarcations, du cuirassé au chaland, sur cinq plages, dont les noms de code sont entrés dans l'histoire : Utah (4e DI) et Omaha Beach (1re et 29e DI) dans le secteur américain ; Gold (50e DI), Juno (3e DI canadienne) et Sword (3e DI) dans le secteur britannique. Le terme de « divisions » est sans doute inapproprié, tant celles-ci sont renforcées : bataillons de rangers (commandos), de chars, du génie, de chasseurs de chars côté américain, 1 brigade de chars par division côté britannique et canadien, où débarquent également 2 brigades de commandos – dont fait partie la seule unité française du jour J, les 177 hommes du 1er bataillon de fusiliers marins commandos de Philippe Kieffer. Chaque unité vaut bien un corps d'armée allemand, et les Britanniques disposent également d'une division entière – la 79e blindée – composée d'engins blindés spécialement développés pour le « bréchage » des défenses allemandes, les Funnies*.

Là encore, le succès est au rendez-vous. En dépit d'un débarquement plus difficile que prévu à Omaha Beach, d'où les Américains ne débouchent qu'en milieu d'après-midi, les forces alliées ne sont jamais réellement menacées par des défenses allemandes qui peinent à s'organiser. Certes, les objectifs fixés pour le jour J ne sont pas atteints : Caen, en particulier, échappe aux Britanniques, en butte dans la soirée à des contre-attaques blindées – qui échouent cependant. Mais l'essentiel est fait : les Alliés sont solidement installés en France et rien ne peut plus les en déloger.

Enfin, dès l'après-midi du 6, commence une phase de consolidation et d'unification des secteurs de plage en une tête de pont unique, qui dure jusqu'au 12 juin. Dès le 6 au soir, plusieurs divisions supplémentaires ont commencé à débarquer, portant à 156 000 le nombre d'hommes mis à terre le premier jour, avec plus de 13 000 véhicules de tous types.

Le succès de « Neptune » assure la réussite de l'opération « Overlord », mais voit cette dernière entrer dans une nouvelle phase : les contraintes d'un assaut à travers la Manche imposent en effet aux Alliés une percée en deux temps. Après « Neptune », qui permet de surmonter les défenses côtières, il faut désormais enfoncer les défenses terrestres que la Wehrmacht érige rapidement en Normandie, appuyée sur un terrain favorable, tout en organisant la logistique de forces qui continuent à débarquer au rythme de plusieurs divisions par jour.

Effondrement rapide

Là où « Neptune » dure trois jours, il faut aux Anglo-Américains jusqu'à la fin juillet pour assurer cette seconde percée. Celle-ci est finalement obtenue par l'opération « Cobra » déclenchée le 25 juillet, deuxième temps fort d'« Overlord », qui voit les Américains rompre le front allemand et déboucher en terrain libre à la base de la péninsule du Cotentin, à Avranches*, le 31. Cette brèche est fatale à la défense, qui était jusqu'ici toujours parvenue à se rétablir. Matraquées par l'aviation, manœuvrées par des Alliés plus mobiles, les forces allemandes des 7e armée et 5e armée Panzer cèdent. Pressées par des effectifs alliés atteignant désormais 4 armées – 1re et 3e américaines, 1re canadienne, 2e britannique –, enveloppées par les deux flancs, elles sont prises au piège à partir du 17 août dans une nasse autour de la petite ville normande de Falaise, pilonnées par l'aviation, atout maître des Anglo-Américains, pressées par les forces terrestres. Elles ne parviennent à s'échapper, *in extremis*, que par l'inconséquence tactique des généraux alliés, Bradley* et Eisenhower en tête, qui n'avaient pas anticipé un effondrement aussi rapide et manquent l'occasion d'infliger à la Wehrmacht l'un de ces « chaudrons » (*Kesselschlacht*), batailles d'encerclement, dont elle a fait sa spécialité.

Cet impair opérationnel ne remet toutefois rien en cause sur le fond : avec 47 divisions débarquées en Normandie fin août, « Overlord » – qui prend formellement fin le 1er septembre avec l'arrivée en France de l'état-major d'Eisenhower pour devenir « campagne d'Europe du Nord-Ouest » – est un succès stratégique d'une ampleur rarement égalée. Succès renforcé et conforté par un second débarquement en Provence (opération « Dragoon ») mené le 15 août. Celui-ci permet, à terme, d'insérer 2 armées supplémentaires – 7e armée américaine et 1re armée française de De Lattre de Tassigny, 19 divisions dont 10 françaises début 1945 – sur le flanc droit des Alliés, mais aussi, tout aussi vital, de libérer Marseille, qui va devenir l'un des ports essentiels à la logistique alliée. À partir du 20 août, les Alliés sont partout engagés dans la poursuite des forces allemandes en retraite, exploitant le succès obtenu sur plus de 500 km depuis la Normandie, 650 km depuis la Provence, pour ne s'arrêter à l'automne qu'aux frontières du « Grand Reich ».

Un succès préparé depuis janvier 1943

Il est tentant, avec le recul, d'expliquer ce succès par les simples rapports de forces. C'est vrai, ils sont fondamentalement déséquilibrés en faveur des Anglo-Saxons, et ce d'autant plus que le front germano-soviétique absorbe et consume l'essentiel des forces allemandes. Mais les moyens d'« Overlord », considérables, ne sont pas pour autant pléthoriques. Et la réussite de l'opération n'est pas seulement celle de la force brute des Alliés : elle combine une préparation minutieuse, une planification exemplaire et une exécution opérationnelle certes parfois maladroite, mais globalement plutôt saine.

Le triomphe d'« Overlord » se prépare ainsi depuis janvier 1943, lorsque la conférence interalliée de Casablanca* arrête les grandes lignes du plan et en fixe les conditions. Y figurent notamment la victoire sur les U-Boote, garantie dès le printemps 1943 ; l'anéantissement de la Luftwaffe, obtenu à la fin de l'hiver 1943-1944 ; l'indispensable coopération avec les Soviétiques, assurée après la conférence de Téhéran fin 1943 ; enfin, la matérialisation de l'opération « Bagration ».

Ces prérequis sont mis à profit par le général américain Eisenhower, patron du SHAEF* et chef d'orchestre d'« Overlord », à qui il reste néanmoins la tâche la plus complexe : assurer la coordination opérationnelle – la coopération stratégique étant garantie au niveau politique et à celui du Comité des chefs d'état-major – des efforts des nations alliées, Américains et Britanniques au premier chef, mais aussi des forces terrestres, navales et aériennes. Avec autorité, tact et diplomatie – qualités rares qui favoriseront indéniablement la carrière politique à venir du futur président des États-Unis –, Eisenhower y parvient.

Il peut ainsi présider à la planification d'une opération pour laquelle les moyens mis en œuvre sont sans précédent dans leur complexité. Il faut en effet articuler, le jour J, une flotte comprenant, outre tous les types de navires sauf le porte-avions – les aérodromes anglais jouant ce rôle –, une incroyable batellerie de débarquement, une force aérienne allant de l'avion d'observation d'artillerie (plus proche de l'ULM) et du planeur pour troupes aéroportées au bombardier lourd quadrimoteur, et enfin des forces terrestres composées d'une myriade d'unités et de véhicules créés spécialement pour le Débarquement. Mais il faut aussi articuler dans le temps et l'espace : premièrement, la préparation de l'espace d'opération, accomplie par une combinaison d'actions d'interdiction aérienne sur les communications allemandes et de sabotages par la Résistance ; deuxièmement, une opération d'intoxication, « Fortitude », qui permet aux Alliés – ils créent à cette fin un faux groupe d'armées composé d'unités factices et confié à Patton – de faire croire aux Allemands jusqu'au bout que le débarquement en Normandie est une opération *secondaire* au « vrai » Débarquement ; troisièmement, le Débarquement lui-même ; quatrièmement, les opérations à terre. Seules ces dernières ne seront pas une pleine réussite, tant en raison d'une planification pour le coup maladroite que d'une exécution hésitante.

Celle-ci ne laisse toutefois aucune chance aux Allemands, dont les errements stratégiques, tant avant le débarquement qu'après, du fait ou non d'Hitler d'ailleurs, ne sont pas compensés sur le plan tactique : s'ils continueront jusqu'à la fin de la guerre de surestimer leurs adversaires, les alliés anglo-saxons prouvent dans la conduite d'« Overlord » que leurs soldats n'ont rien à envier à leurs ennemis redoutés. Planification dans l'ensemble remarquable, intox réussie, conduite brillante, exécution efficace : « Overlord » répond à « Bagration » sur ses points forts, avec un résultat également désastreux pour les armes allemandes.

« Bagration », une attaque aéroterrestre sur 1 000 kilomètres de front

A priori, « Overlord » et « Bagration » semblent n'avoir aucun point commun. D'un côté, un assaut combiné des trois armes sur un secteur côtier étroit (100 km), de l'autre, une attaque aéroterrestre sur 1 000 km de front dans une zone humide, truffée de forêts et de marécages, barrée de multiples fleuves et rivières. Les forces terrestres engagées initialement sont sans commune mesure : 8 grandes unités anglo-saxonnes (en comptant les paras), l'équivalent de 200 côté soviétique. Pourtant, les ressemblances sont nombreuses.

Dans les deux cas, il s'agit de s'en prendre à un ennemi retranché. Dans les deux cas, cet ennemi a été victime d'une manœuvre d'intoxication qui assure en partie la surprise. Les deux assaillants disposent d'une maîtrise complète du ciel. Et ont pour inquiétude principale le déclenchement d'une puissante contre-attaque blindée allemande.

L'opération « Bagration » est déclenchée le 22 juin 1944. Rétrospectivement, et eu égard à ses formidables résultats, elle a été considérée comme la plus importante des opérations de l'année 1944. La réalité est sensiblement différente. La Stavka a choisi de frapper en Biélorussie orientale d'abord et avant tout pour profiter de la quasi-absence de Panzers dans ce secteur tenu par le groupe d'armées Centre (une seule division en réserve !) et obtenir une percée profonde qui doit alarmer l'ennemi. Moscou s'attend à voir l'OKH (Oberkommando des Heeres) envoyer au secours des divisions d'infanterie menacées d'anéantissement son corps de bataille mobile situé plus au sud, en Galicie, dans la région de Lvov. Cette masse de 1 millier de Panzers modernes (11 divisions) étant envoyée vers le nord, la Stavka a prévu de déclencher trois semaines après « Bagration » une autre offensive stratégiquement plus importante précisément sur l'axe Lvov-Sandomir. Sans craindre une contre-attaque d'envergure, celle-ci vise à sauter le dernier obstacle physique majeur protégeant le Reich et le cœur de la Pologne, la Vistule. Entre les opérations « Bagration » et « Lvov-Sandomir », l'opération « Kovel-Lublin » fait jonction et assure la protection des ailes. Il est donc impossible d'analyser « Bagration » sans se préoccuper des offensives latérales déclenchées à sa gauche.

Intox et silence radio

En Biélorussie, les rapports de forces en faveur des Soviétiques sont écrasants pour les chars et l'aviation, beaucoup moins pour l'infanterie devenue denrée rare dans l'Armée rouge après trois années d'hécatombe. L'attaque des 22-23 juin frappe par surprise le groupe d'armées Centre. Hitler, l'OKH et le service de renseignements à l'est (FHO) se sont en effet persuadés que le « Rouge » attaquera en Galicie, d'où le positionnement à cet endroit de 11 divisions Panzer. Faute d'unités mobiles en quantité suffisante, la direction allemande de la guerre a tout misé sur cette hypothèse. Aidée en cela par différentes manœuvres d'intoxication et par un silence radio complet côté soviétique.

La disposition des unités d'infanterie allemandes est par ailleurs mauvaise : 5 d'entre elles sont préposées à la défense de Vitebsk, 5 autres sont au-delà du Dniepr, Hitler rêvant de déclencher une nouvelle offensive à partir de ces positions une fois les Anglo-Américains rejetés à la mer. Toutes les demandes de recul préventif, qui aurait fait tomber dans le vide les obus soviétiques, sont rejetées par le Führer. Par ailleurs, cinq villes situées près du front (Polotsk, Vitebsk, Orcha, Moguilev, Babrouïsk) sont déclarées « forteresses » et ont ordre de tenir quoi qu'il en coûte. Cette décision, jointe au manque chronique de véhicules, rend le groupe d'armées Centre quasiment statique.

Le planning d'attaques des Soviétiques est complexe. Voyons ses effets. Le 1er front* de la Baltique, commandé par le colonel général Bagramian, écrase en quarante-huit heures le corps le plus à gauche de la 3e armée Panzer et progresse vers l'ouest le long du fleuve Dvina pour séparer le groupe d'armées Centre du groupe d'armées Nord. Le 3e front de Biélorussie, aux ordres du colonel général Tcherniakhovski, encercle autour de Vitebsk 5 divisions allemandes, entièrement détruites en quatre jours, écrase un autre corps d'infanterie dans la région de Boguchevsk, puis introduit dans la déchirure la 5e armée de tanks dans la direction de Borissov, sur la Bérézina.

Plus au sud, le 2e front de Biélorussie et l'aile gauche du précédent peinent à repousser la 4e armée allemande. Cette difficulté inattendue va jouer en faveur des Soviétiques. En effet, au sud, une moitié du 1er front de Biélorussie, commandé par le bientôt maréchal Rokossovski, réussit une percée impressionnante sur un terrain infect au sud de Babrouïsk. Une partie de la 9e armée allemande est encerclée et détruite autour de cette ville, tandis qu'un corps mixte (cavalerie et infanterie mécanisée) exploite la percée plein ouest vers Baranovitchi. La 4e armée allemande est donc tournée à la fois au nord (Tcherniakhovski) et au sud (Rokossovski).

Le groupe d'armées Centre poussé à la retraite

Le 28 juin, malgré les atermoiements d'Hitler, l'ensemble des quatre armées du groupe Centre est en pleine retraite vers l'ouest par d'impossibles chemins, harcelé par les partisans et par une aviation rouge omniprésente. Le 4 juillet, les Soviétiques prennent Minsk, serrant ainsi le nœud de la nasse où est prise la 4e armée au complet. Le 10 juillet, toute résistance cesse dans les différentes poches d'encerclement. En trois semaines, 28 divisions allemandes ont été détruites selon des proportions variant entre 75 % et 100 % ; 25 généraux sont capturés avec 170 000 hommes. Au centre du dispositif allemand à l'est, 430 km de front ne sont plus tenus que par une douzaine de divisions et une poussière de petites unités ; 155 km sont entièrement dégarnis, laissant ainsi toute latitude d'exploitation aux formations mobiles soviétiques. C'est sans contestation possible le pire désastre de l'histoire militaire allemande, bien supérieur à celui de Stalingrad. En plusieurs occasions, la troupe a paniqué, a évacué sans ordres et s'est rendue par unités entières. Des comportements jusque-là inconnus dans la Wehrmacht, indices d'une rupture morale.

Le 12 juillet, l'opération « Lvov-Sandomir » débute à son tour avec l'assaut du 1er front d'Ukraine aux ordres du maréchal Koniev contre le groupe d'armées Nord-Ukraine du colonel-général Harpe (1re et 4e armées Panzer, 1re armée hongroise). Ce second groupement soviétique se caractérise par la présence de trois armées blindées. Les percées sont obtenues avec plus ou moins de facilité en trois à cinq jours au nord et au sud de Brody. Une fois lancée, plus rien ne peut freiner la 1re armée blindée de la Garde jusqu'à la Vistule, au niveau de Sandomir, atteinte le 1er août. Au sud, les choses sont un peu plus difficiles, mais les Carpates sont bordées à la mi-août, l'important champ pétrolifère de Drohobytch pris le 6 août. Les deux armées allemandes ont subi d'énormes pertes, mais elles n'ont pas été détruites et vont se retrancher derrière la Vistule et sur les Carpates. À noter qu'autour de Brody, un corps allemand encerclé se rend au bout de quarante-huit heures (40 000 prisonniers), chose également nouvelle.

En deux mois, une percée de 250 à 600 km vers l'ouest

Le 18 juillet, la seconde moitié du 1er front de Biélorussie, tenue jusque-là en réserve, attaque à son tour vers l'ouest à la jonction entre les groupes d'armées Centre et Nord-Ukraine. Porté par la 2e armée blindée de la Garde, le succès est facile et l'exploitation se fait rapidement sur 200 km, libérant Lublin. Le 30 juillet, cette formation se trouve déjà devant les faubourgs orientaux de Varsovie. Deux têtes de pont très importantes, à Puławy et Magnuszew, sont formées au-delà de la Vistule. Au total, entre le 22 juin et le 29 août 1944, l'offensive des 5 fronts soviétiques a progressé de 250 à 600 km vers l'ouest. La Biélorussie, l'Ukraine, une bonne partie des pays Baltes et un quart de la Pologne ont été libérés. La frontière du Reich est atteinte en Prusse-Orientale. Une énorme tête de pont est conquise au-delà de la Vistule, à Sandomir, que les Allemands ne pourront jamais réduire, et d'où partira un des tentacules de l'opération « Vistule-Oder » en janvier 1945.

Comment expliquer l'énormité de la défaite germanique ? Les erreurs ont été nombreuses. La faillite du renseignement a été totale : on s'est persuadé à Berlin que la Biélorussie était impropre à une offensive d'envergure. Par sa directive du 3 novembre 1943, Hitler s'était promis d'échanger à l'est, si nécessaire, de l'espace contre du temps : il n'en a rien fait, donnant toujours trop tard les ordres de retraite. L'efficacité de l'aviation rouge, désormais dotée de moyens radio modernes, a été une surprise complète. Enfin, sur le plan stratégique, l'abandon des pays Baltes s'imposait, les 30 divisions qui y étaient stationnées auraient pu contre-attaquer vers le sud et bloquer l'Armée rouge 200 km plus à l'est qu'elle ne l'était en réalité.

Au-delà des erreurs allemandes – aggravées par la disproportion des forces en blindés, artillerie et aviation –, l'Armée rouge a acquis une mobilité plus grande (deux fois plus de camions américains qu'à Koursk) et corrigé beaucoup de ses déficiences (moyens radio, coordination interarmes, efficacité aérienne, intégration systématique d'unités de soutien dans les divisions et corps d'infanterie). Ses points forts habituels (planification remarquable, intoxication, capacité d'improvisation) ont pu ainsi donner à fond.

Deux blessures fatales pour le Reich ?

par Benoist BIHAN

Le succès des offensives de l'été peut donner aux Alliés l'illusion d'un effondrement rapide. Mais la Wehrmacht n'est pas encore battue. Elle va même relever la tête dès l'automne, grâce à un tacticien hors pair, le maréchal Model. Cet ultime et meurtrier sursaut où la bête jette ses dernières forces ne fait cependant que retarder l'inévitable.

Pour l'Allemagne, l'été 1944 commence par deux orages, vite transformés en catastrophes : après le succès d'« Overlord », assuré dès le soir du 6 juin, le déclenchement de « Bagration » le 22 juin marque le début d'un enchaînement de désastres. À la mi-septembre, les Anglo-Américains sont à la frontière du Reich, les Soviétiques devant Varsovie. Les Alliés se voient fêter Noël à Berlin. Vain espoir… Malgré l'amputation de près d'1,6 million de soldats depuis juin, en effet, la Wehrmacht tient encore debout. Fin septembre, son redressement est même manifeste ! Miracle du nazisme, comme l'attentat raté du 20 juillet ? Non. L'explication tient en trois points rationnels et complémentaires : l'essoufflement des offensives, la résilience étonnante de l'ennemi et le talent du maréchal Model.

L'offensive soviétique de l'été 1944 meurt aux portes de Varsovie fin juillet. Certes, le 1er front d'Ukraine du maréchal Koniev réussit à établir, après un galop de 250 km, une vaste tête de pont sur la Vistule près de Sandomir. Fin août, après deux mois de progression, c'est fini. Curieusement, c'est exactement le laps de temps qui va du début de l'opération « Cobra », la percée américaine en Normandie déclenchée le 25 juillet, à la stabilisation du front fin septembre 1944, avec les échecs de Montgomery devant Arnhem, de Bradley dans la forêt de Hürtgen et de Patton devant Metz. Entre soixante et soixante-dix jours d'exploitation continue : voilà donc la limite empirique que semble imposer la logistique aux ambitions alliées. Les conditions dans lesquelles opèrent les deux composantes anglo-américaine et soviétique de l'alliance contre le Reich sont pourtant très différentes, et cette symétrie apparente masque le fait que l'épuisement de l'offensive ne répond pas aux mêmes ressorts à l'est et à l'ouest du Reich assiégé.

Le rail et les ports, deux problèmes épineux

Côté soviétique, l'épuisement est réel. Les cinq fronts engagés de la Baltique aux Carpates ont subi des pertes sévères, probablement supérieures à 40 % dans les unités de combat. Une perte sur quatre est définitive, tandis que la chaleur – jusqu'à 38 °C –, le sous-développement des infrastructures et les combats eux-mêmes ont éprouvé autant les organismes (50 % des pertes temporaires sont des malades) que les machines : en dépit de l'appréciable rusticité des matériels soviétiques, les pertes matérielles approchent, voire dépassent 100 % des chars pour les 5 armées de tanks* engagées (ce qui veut dire que certains blindés ont été mis hors de combat plusieurs fois et réparés entre-temps).

Il n'y a pas que les pertes : toute la logistique est à bout de souffle. Malgré l'afflux de véhicules américains (400 000 Jeep et camions en tout jusqu'en 1945), l'Armée rouge s'appuie surtout sur le rail. Or les infrastructures doivent être remises en état et au bon écartement, différent entre trains russes et allemands. On répare de 1 à 1,5 km par jour au mieux, et aux voies s'ajoutent les ponts, les gares, les aiguillages... Résultat : un écart de plusieurs centaines de kilomètres sépare le front des têtes de ligne, fossé que les logisticiens n'ont pu anticiper. Car l'avancée est par endroits deux fois plus importante que prévu : de 500 à 600 km au lieu de 200 à 300. Les chars sont en panne sèche, les artilleurs à cours d'obus, les terrains d'aviation trop éloignés du front ou pas encore remis en état. Avançant à marche forcée, l'infanterie est épuisée. Les Soviétiques, qui maîtrisent désormais tactiquement leurs opérations dans la profondeur, doivent encore en perfectionner la logistique. Mais ils n'y parviendront pas avant leur offensive de l'hiver 1945, l'opération « Vistule-Oder ».

Côté occidental, les raisons de l'épuisement semblent identiques. Car en dépit d'un luxe logistique colossal, de compétences cultivées de longue date et de routes françaises infiniment supérieures au misérable réseau biélorusse, les Alliés manquent cruellement de ports. Celui de Cherbourg, pris le 30 juin, n'est pas opérationnel avant la mi-août. Brest, assiégé, tombe le 19 septembre, mais se trouve à près de 900 km du front. Saint-Nazaire et Lorient capituleront... après Berlin. Anvers tombe certes intact le 4 septembre, mais les Britanniques négligent d'en nettoyer les approches et le port n'est accessible que début novembre au prix de durs combats. Le port de Marseille, libéré dès le 28 août, ne peut être remis en service qu'à la mi-septembre. Une grosse part du ravitaillement doit donc continuer de passer par les plages normandes, où l'unique port artificiel d'Arromanches est mis à rude épreuve. À ce problème d'entrée se greffe celui du flux : Eisenhower, pas plus que l'Armée rouge, ne peut compter sur un réseau ferré que son aviation a savamment dévasté *avant* et *pendant* la bataille de Normandie. La reconstruction est en cours, mais, en attendant, tout repose sur la route.

Erreurs d'appréciation des Anglo-Américains

Pour autant, ce tableau logistique masque l'essentiel : les difficultés anglo-américaines sont en fait plus doctrinales que matérielles. Passé une phase amphibie remarquablement maîtrisée, l'avancée dans les terres révèle une conduite maladroite des opérations. Une fois la tête de pont assurée, en effet, le plan envisage de pousser progressivement et en permanence le front allemand vers l'intérieur, jusqu'à sa décomposition et l'effondrement espéré du Reich. Cette réédition des offensives de Foch en 1918, qui surestime les capacités défensives allemandes, ne distingue pas, comme le font les Soviétiques, entre la percée (qui doit entraîner la dislocation des défenses) et son exploitation dans la profondeur… et dans le temps. Bien que maîtres stratégiques et égaux tactiques des Allemands, les Anglo-Américains paieront ainsi en octobre leur incapacité à fermer en août la nasse de Falaise. Abusés par les destructions, il leur échappe que la Wehrmacht a sauvé l'essentiel, c'est-à-dire les cadres des divisions encerclées qui formeront l'armature de nouvelles unités. Cette incapacité à séquencer les opérations en phases de nature différente – les Anglo-Saxons ne pensent qu'en termes de « campagne », comme au XIXe siècle – conduit à un planning irréaliste au début d'« Overlord », suivi d'un déphasage temporel. Ainsi, à la veille de « Cobra », fin juillet, Montgomery et Bradley ont trente-quatre jours de retard sur leurs prévisions, avant de se retrouver fin septembre avec deux cent dix jours d'avance, sur une position envisagée pour… mai 1945 ! Incapables de prévoir une progression aussi fulgurante, les planificateurs ne se sont pas dotés des moyens – pourtant disponibles dans l'absolu – de soutenir une exploitation sur 500 ou 600 km par la route (900 km pour Patton, arrivé en Lorraine en passant par la Bretagne).

Les camions qui soutiennent l'avancée, trop petits, sont conçus pour des parcours inférieurs à 200 km et destinés à ravitailler des unités progressant de moins de 5 km par jour… Un rythme de six à dix fois plus lent que celui adopté par les Sherman de la 3e armée US après le 1er août. En dépit d'une organisation remarquable, la noria interminable de camions appelée *Red Ball Express* peine de ce fait à suivre les pointes d'une armée alliée presque entièrement motorisée… et qui ne veut pas se restreindre.

L'ajustement logistique est en effet empêché par une nouvelle erreur d'appréciation. Passant de la surestimation à la sous-estimation, les Anglo-Américains croient avoir asséné à la Wehrmacht un coup mortel : début septembre, Eisenhower annonce ainsi la fin de la guerre sous trois mois. Rien n'est fait, du coup, pour prioriser le ravitaillement, rationner les unités, et, surtout, accorder la priorité à l'une ou l'autre des armées alliées. Eisenhower, qui s'efforce de préserver l'équilibre politique entre Britanniques et Américains, temporise lorsque Montgomery lui demande de choisir clairement un axe principal d'avance (le sien, évidemment). Même la priorité apparente concédée à Monty lorsqu'il valide l'opération « Market Garden » n'est pas totale : en dépit des récriminations de Bradley après guerre, son groupe d'armées est tout autant ravitaillé que celui de Monty. Hélas pour les Alliés, si ses défenses se sont effondrées en Normandie, l'Allemand est loin d'être battu. Il va le prouver de façon spectaculaire.

L'aigle de la Wehrmacht est un phénix

Difficile de dire que la Wehrmacht est en forme à la fin de l'été : elle a perdu, on l'a vu, 1,6 million d'hommes ! Deux mesures vont cependant enrayer (temporairement) l'hémorragie et rallonger la résistance : la première consiste à sacrificer la qualité des troupes, la seconde à lancer une réorganisation massive. Pas de soucis, en effet, côté matériel : les bombardements aériens du printemps 1944 ont visé surtout la Luftwaffe. Puis l'aviation alliée s'est concentrée sur les préparatifs et l'appui d'« Overlord », laissant les usines allemandes fournir en masse un équipement ultramoderne – mitrailleuses, fusils d'assaut, roquettes antichars jetables Panzerfaust*, chasseurs de chars*... – à l'armée de terre. C'est d'un manque d'hommes que souffre la Wehrmacht.

En raclant les fonds de tiroirs – malades, réformés, « volontaires » étrangers (jusque dans les unités « allemandes »), etc. –, en mobilisant en avance la classe 1927 (17 ans...) et les plus de 40 ans, en vidant les usines des spécialistes préservés de la conscription, l'armée de terre reconstitue partiellement ses effectifs.

Le « peignage » régulier des unités de l'arrière, la démobilisation de la marine de surface, le déclin de la Luftwaffe et son recentrage quasi exclusif sur la chasse et l'assaut dégagent encore plusieurs dizaines de milliers d'hommes.

Ces efforts considérables permettent de reconstituer les divisions Panzer de l'armée de terre et des Waffen-SS éprouvées par les combats, de compléter les divisions d'infanterie et de créer de nouvelles unités, divisions de Volksgrenadieren (« grenadiers du peuple ») et Panzer-Brigaden. Le résultat est qu'en dépit de la perte totale de huit états-majors de corps d'armée et 28 divisions pendant « Bagration », la Wehrmacht maintient 291 divisions en ligne fin 1944 contre 308 au printemps.

Les chiffres, cependant, ne trompent qu'Hitler. Ces forces reflètent dans leur organisation les choix imposés par les pertes subies, particulièrement en cadres subalternes. La hausse spectaculaire de la puissance de feu ne compense pas la baisse de qualité. Dans le même temps, mobilité (half-tracks), armes offensives (chars) et services de soutien (ateliers) sont sacrifiés pour privilégier les défenses de première ligne (antichars d'infanterie, chasseurs de chars), illustrant la nouvelle posture stratégique du Reich assiégé. En dépit des efforts déployés, la Wehrmacht replâtrée de fin 1944 n'est plus, en fait, qu'un ersatz d'elle-même. En septembre, les Panzer-Brigaden engagées hâtivement se font étriller en Lorraine par les chars de Patton, dont ceux de la 2e DB de Leclerc qui détruisent à Dompaire la 112e Panzer-Brigade dans un engagement exemplaire. L'unité a beau disposer d'un bataillon de Panther flambant neufs, ses équipages formés trop vite manœuvrent maladroitement. Dans l'infanterie, c'est pis encore : toute offensive d'envergure est désormais hors de portée. Raidie cependant par l'imminence d'une invasion du *Vaterland,* fanatisée autour du Führer par l'angoisse de la vengeance soviétique, la troupe conserve son mordant en défense. Ce qui lui permet d'infliger aux Alliés de sévères coups d'arrêt. Surtout quand elle dispose d'un tacticien de génie.

La défense de Model, modèle de défense

Toutefois, lorsque Walter Model prend les commandes du groupe d'armées Centre en Biélorussie, le 28 juin 1944, l'idée qu'il faudra redresser la Wehrmacht est encore bien éloignée. Les Anglo-Américains piétinent en Normandie, « Bagration » a débuté il y a à peine une semaine. Mais le maréchal, chargé de contrer la poussée soviétique, comprend vite qu'il a deux adversaires à vaincre pour enrayer la déroute fatale qu'il pressent : le temps et le Führer. Pour battre la montre, Model commence par ralentir les T34 en jetant sous leurs chenilles des « unités d'arrêt » de bric et de broc. Pour donner le change à Hitler, il fait mine de livrer la bataille d'arrêt ordonnée sur la Bérézina (en sachant que la rivière ne fera que retarder les Soviétiques), tout en consacrant ses efforts réels à dresser ligne de défense après ligne de défense, qui vont peu à peu gripper l'offensive et stabiliser le front. Ce fait d'armes à peine accompli, Model est muté à l'ouest le 17 août 1944 où, face à la ruée de Patton, il applique la même méthode, infligeant deux mois de combats retardateurs à ses unités parfois engagées depuis le 6 juin.

La méthode Model, caractéristique de l'homme, est cher payée. Laminées par le combat, les grandes unités sont en outre morcelées en groupements de circonstance expédiés à tous les vents du front et perdent à long terme leur cohérence. Pour donner des gages de sa bonne foi face à Hitler, l'impitoyable « pompier du Führer » éteint volontiers le feu en sacrifiant des unités dans des contre-attaques qu'il sait inutiles et abandonne sans états d'âme les unités d'infanterie que l'OKW maintient dans les villes-forteresses que sont les Festungen*. Il sait que ces forces peu mobiles n'ont aucune chance d'échapper aux pointes alliées et se contente d'intégrer froidement à ses calculs les unités adverses qu'elles fixent.

La guerre n'est pas finie

Reste que le Feldmarschall sauve bel et bien – une dernière fois – les deux fronts de la Wehrmacht. D'improvisation en sacrifice, il gagne le temps nécessaire pour organiser le repli de ce qui est susceptible d'être sauvé et user l'ennemi jusqu'à l'arrivée des renforts qui se constituent à l'arrière. Et lorsque les forces alliées s'essoufflent et que ses forces sont (en partie) reconstituées, il concentre tous ses moyens offensifs sur une poignée d'objectifs soigneusement choisis. Puis il frappe. Devant Varsovie, entre le 31 juillet et le 2 août, Model jette 5 divisions Panzer sur la 2e armée de chars soviétique : stoppée, encerclée en partie, celle-ci est assommée jusqu'à l'hiver. À Arnhem, passage sur le Rhin visé par l'opération aéroportée « Market Garden » déclenchée le 17 septembre, Model lance les restes de deux Panzer SS renforcées de groupements *ad hoc* sur les flancs des Alliés, qui progressent imprudemment, imaginant la guerre finie. Résultat : la 1re division aéroportée britannique est détruite, le 30e corps malmené. Le pont était trop loin et Montgomery n'y passera pas.

Lorsque la Wehrmacht sort du « traitement Model » à l'automne, son rétablissement est patent. À l'est, fin août, une contre-offensive rétablit contre toute espérance le lien avec le groupe d'armées Nord, isolé fin juillet. À l'ouest, l'avance cale début octobre devant Aix-la-Chapelle, livrée après dix-neuf jours de combat. Pendant trois mois, du 19 septembre au 16 décembre, la 1re armée américaine s'embourbe également dans le massif forestier de Hürtgen, toujours à l'ouest du Rhin. Elle y perd un quart de ses GI : 33 000 tués, blessés et disparus sur 120 000 engagés… Et Hitler peut même reconstituer une réserve blindée. Quand l'hiver approche, ce n'est donc pas Berlin qui tombe, mais les premières neiges sur les Ardennes et la Pologne. Model a réussi l'impossible.

Blessures terribles, ni « Overlord » ni « Bagration » n'ont donc été fatales. Hitler, grâce au répit et aux forces qui lui restent, va même relancer deux ultimes offensives : le 19 décembre dans les Ardennes, en mars 1945 en Hongrie… Leur échec parallèle témoigne cependant des limites du rétablissement allemand.

Si la Wehrmacht a tenu, elle a perdu à l'été 1944 son dernier véritable atout : l'ascendant moral qu'elle exerçait jusqu'ici sur ses adversaires. À l'hiver, l'Allemagne ne recule que pour mieux sauter dans la pire défaite militaire jamais subie par un État dans l'histoire européenne.

Le paradoxe du 20 juillet : l'inévitable cataclysme final

par Jean LOPEZ

Comment la conjonction du double effondrement de l'été 1944 force l'opposition allemande à l'action. Et comment son échec à éliminer Hitler pousse la guerre jusqu'à la destruction complète de la Wehrmacht.

Après la réussite du Débarquement – effective le 1er juillet 1944 avec la prise de Cherbourg –, la cause est entendue : pour l'Allemagne, les carottes sont cuites. Les chefs militaires – Rommel, Rundstedt, Kluge – le savent. Le Reich se trouve au point où en étaient les armées du Kaiser en août-septembre 1918. Ludendorff avait alors annoncé la défaite certaine à Guillaume II et réclamé une solution politique. À l'été 1944, tout le monde en Allemagne a en mémoire ce scénario de sortie de guerre – scénario rationnel, classique, qui consiste à prendre langue avec l'adversaire pour s'enquérir des conditions de la paix.

L'intransigeance alliée

Hitler, lui, ne demandera pas la paix : depuis *Mein Kampf* (1925), il a dit et redit qu'il n'y aurait jamais un nouveau novembre 1918 ; que, lui au pouvoir, ce serait tout ou rien, *Sieg oder Untergang*, « la victoire ou l'anéantissement ». Avec quelques autres, au premier rang desquels le colonel Henning von Tresckow, en poste sur le front russe, le colonel Claus von Stauffenberg a tiré la bonne conclusion dès 1943 : la seule façon d'éviter la destruction de l'Allemagne et la défaite totale est de tuer Hitler. Les quelques conspirateurs – des militaires de carrière à 98 %, dont la moitié sont des aristocrates – ont tout contre eux. En janvier 1943, Roosevelt leur a scié la planche d'appel lors de la conférence de Casablanca : pas de négociation avec le IIIe Reich, seulement une reddition inconditionnelle. Churchill et Staline avaient tiqué : n'était-ce pas pousser les Allemands à se battre jusqu'au bout ? L'idée du président américain – imprégné d'une culture militaire qui pense mal le compromis – avait l'avantage de cimenter l'alliance contre Hitler en éloignant les vilaines tentations d'arrangement séparé. Mais elle était une catastrophe pour la résistance allemande qui, du fait de l'intransigeance alliée, aura bien du mal à recruter et aucun moyen de préparer la transition avec ceux d'en face. En outre, la réussite du débarquement en Normandie compromet le plan des conjurés : pourquoi les Alliés négocieraient-ils avec une armée battue ou en passe de l'être ? Mais c'est le déclenchement de « Bagration », le 22 juin, qui met en branle le processus décisif.

Le 3 ou le 4 juillet, Stauffenberg, qui a accès au plus haut niveau de la direction militaire, connaît l'ampleur du désastre en Biélorussie : le groupe d'armées Centre est anéanti aux trois quarts, la route de Varsovie et celle de la Prusse-Orientale sont ouvertes. Ce désastre sans précédent rend vraisemblable le pire scénario : l'arrivée de l'Armée rouge à Berlin. Les conjurés doivent agir au plus vite, tuer Hitler, prendre le pouvoir, tenter de négocier avec les Anglo-Saxons pour mieux contenir les Soviétiques. Ils s'illusionnent sans doute, mais quelle autre carte jouer ? La combinaison de l'urgence et du faible nombre de conspirateurs accouche d'un plan d'assassinat abracadabrant. L'exécuteur – Stauffenberg lui-même – devra quitter les lieux de l'attentat, sans pouvoir vérifier son succès, et rentrer à Berlin pour prendre la tête du putsch. Et quel exécuteur : manchot et borgne ! Résultat, le 20 juillet 1944, le malheureux ne pourra amorcer qu'une des deux bombes, Hitler s'en tirera et le plan de soulèvement militaire s'effondrera en vingt-quatre heures.

Une fidélité au Führer renforcée

De façon paradoxale, les résultats catastrophiques de l'opération « Bagration » et l'attentat contre Hitler vont encore plus souder le peuple et l'armée autour du Führer. L'immense majorité des Allemands rejettent les conspirateurs et applaudissent à la féroce répression qui écrase toute opposition interne et promeut Himmler. Si le succès de l'opération « Bagration » est une des causes du vacillement du pouvoir hitlérien, elle explique encore plus sa consolidation : en aggravant la peur du bolchevik assoiffé de vengeance, en amenant le « Russe ensauvagé » aux frontières de la Prusse, le rouleau compresseur soviétique a dissuadé nombre de conjurés ou de leurs proches d'agir contre le régime.

Personne, en Allemagne, ne désire une fin de conflit analogue à celle de 1918 : la défaite et, en prime, la révolution communiste venue dans les fourgons de l'Armée rouge. En d'autres termes, l'attentat arrive trop tard, et au pire moment, c'est-à-dire quand la digue du groupe d'armées Centre cède totalement. La masse des Allemands, pas seulement le haut commandement, donc, a choisi de rester fidèle au « faiseur de miracles », à l'homme qu'elle a idolâtré pour ses succès et dont elle espère encore, contre toute logique, qu'il saura mettre fin aux hostilités. Le ciment de cette fidélité est la peur panique de cette Armée rouge qui vient de bondir de 600 km vers l'ouest en huit semaines.

Les conjurés du 20 juillet 1944 eux-mêmes ont rendu service au pouvoir nazi, cela dit sans cynisme aucun : ils lui ont fourni un bouc émissaire des défaites – la trahison des généraux – et, en manquant leur cible, ont en même temps raffermi le mythe du Führer protégé par la « divine Providence ». Le dimanche qui suit l'attentat voit la quasi-totalité des églises célébrer la survie miraculeuse. « La population respire, soulagée que le Führer n'ait pas succombé au coup. Presque sans exception, le lien au Führer s'est approfondi et la confiance dans le pouvoir s'est renforcée », rapporte le SD (Sicherheitsdienst, le service de sécurité de la SS) dans une étude sur l'état moral des Allemands à la suite de l'attentat.

La peur du Russe fait le reste. Il est à cet égard remarquable que Goebbels n'ait pas cherché à cacher à la population les conséquences du désastre en Biélorussie (mais non les pertes qui, elles, demeurent un secret d'État). Pour la première fois, les Allemands n'ont pas à lire entre les lignes des communiqués pour deviner la situation militaire réelle. Ils apprennent ainsi l'arrivée de l'Armée rouge devant Varsovie avec seulement quarante-huit heures de retard. Le calcul du ministre de la Propagande est simple : plus la menace apparaît immédiate, plus le niveau de peur augmente et plus la mobilisation populaire sera efficace.

Liquider les « traîtres »

De haut en bas de la société, dans l'armée comme à l'arrière, à partir de septembre 1944, on serre les rangs face au danger surgi de l'Est, on s'identifie plus que jamais au régime, on se tourne vers le Führer comme vers un mage seul capable de conjurer les menaces. Pour donner un gage de sa fidélité, la Wehrmacht introduit sans un murmure l'obligation du salut nazi en lieu et place des formes traditionnelles de reconnaissance hiérarchique. Gestapo et SS en profitent pour liquider toute forme de résistance au régime. Jamais l'hitlérisme n'a vécu autant en symbiose avec l'Allemagne qu'en cet été 1944.

Le résultat est catastrophique. L'Allemagne est privée de toute option politique : elle boira le calice jusqu'à la lie. On se battra jusqu'au bout, il est vrai plus à l'est qu'à l'ouest. On se battra dans les villes avec des enfants de 15 ans et des grands-pères de 60, avec des bataillons de sourds et d'ulcéreux, sous les pluies de feu des quadrimoteurs. L'orgie de crimes, de destructions continuera encore pendant neuf mois. Il en coûtera entre 3 et 4 millions de morts supplémentaires. Tel est le résultat paradoxal et monstrueusement irrationnel de la conjonction de l'attentat contre Hitler et de la double pince militaire appliquée à l'ouest comme à l'est.

« Market Garden », septembre 1944 : un bond trop loin

par Nicolas Aubin

Météo désastreuse, coups du sort à répétition, négligences, chef suprême bouffi d'orgueil… Les explications conjoncturelles ne manquent pas pour expliquer le « magnifique désastre » d'Arnhem, au risque d'occulter l'essentiel : le fiasco est lié à la conception même de l'opération. L'arme aéroportée n'est tout simplement pas faite pour gagner seule une bataille. Et encore moins une guerre !

« La chance sourit aux audacieux. » C'est souvent ce qu'on dit après coup pour qualifier un succès militaire inespéré, comme l'attaque des Panzers dans les Ardennes en 1940 ou le débarquement en Normandie, en ignorant souvent à quel point les vainqueurs ont travaillé dur pour limiter au minimum dans leurs plans les éléments aléatoires. De « Market Garden », on retient souvent le « pont trop loin » d'Arnhem, immortalisé en 1977 dans le film de Richard Attenborough. Comme si l'opération se résumait à une demi-défaite due, essentiellement, au manque de réussite. Il n'en est rien. L'échec de « Market Garden » et, au-delà, l'écroulement du grand rêve de terminer la guerre avant Noël sont contenus dans l'organisation fracturée, dans les plans bâclés et, surtout, dans la croyance que l'arme aéroportée est un outil décisif.

« Market Garden » marque de fait une rupture dans la pensée militaire. Jusqu'à l'été 1944, les Alliés avaient employé les paras comme des commandos ou comme un joker tactique destiné à favoriser des débarquements (Sicile, Normandie, Provence). L'opération tentée aux Pays-Bas du 17 au 25 septembre va au-delà. C'est la première tentative d'enveloppement vertical à finalité stratégique : 35 000 paras sont chargés de s'emparer d'un corridor étroit par lequel l'armée britannique se projettera comme un poignard au cœur du Reich. L'investissement est aussi considérable (les 1 128 planeurs investis coûtent à eux seuls l'équivalent des chars de 7 divisions blindées) que le pari est audacieux : un seul échec sur un des trois ponts et l'opération perd tout son sens. Réussir, en revanche, ouvre la voie à une révolution militaire : celle de l'emploi banalisé et en masse de forces aéroportées pour ouvrir des fronts dans la profondeur. En ce qui ressemble furieusement à une fin de guerre, il est urgent de valider le concept. Et pas seulement pour des raisons militaires.

Une manœuvre à portée politique

« Urgence » n'est pas un vain mot à l'été 1944 : fin juillet, les Alliés ont détruit le gros des forces allemandes en Normandie et avancent à raison de 50 km par jour sur un large front. Plein est, l'armée de Patton s'approche de la Lorraine. Orientée nord-est, celle de Hodges aborde le corridor d'Aix-la-Chapelle. Les Anglo-Canadiens de Montgomery filent, eux, plein nord : le 4 septembre, ils sont à Anvers. La route de Berlin semble ouverte et chacun des Alliés s'active pour figurer à son avantage dans l'après-guerre. Or le Royaume-Uni, épuisé par le combat, a vu son leadership supplanté par celui des États-Unis. Pour conserver l'illusion de la puissance et peser politiquement à l'avenir, l'idéal serait de devenir l'acteur final de la chute du Reich. Montgomery en est parfaitement conscient, tout comme il est conscient d'être le seul à pouvoir encore agir sur les événements. Mais comment réussir avec une armée à bout de souffle ? En prenant de vitesse les Américains sur le Rhin ! Une fois Monty de l'autre côté, ils n'auront d'autre choix que de lui confier la mission de porter l'estocade.

Encore faut-il agir vite, dans le tempo de la poursuite. Le 3 septembre, Bruxelles à peine libérée, Montgomery pense déjà franchir le Rhin dans cent heures alors que le fleuve est à plus de 200 km ! Il néglige sciemment de dégager le port d'Anvers, indispensable à la logistique américaine – mais pas à la sienne (il estime que Dieppe, Boulogne et Calais suffiront) –, et active les forces aéroportées. Il en a besoin pour empêcher la destruction des trois passages obligés sur la Meuse, le Waal et le Rhin inférieur, et ces hommes seront autant de renforts – denrée rare en septembre chez les Britanniques. Alors que toutes les grandes opérations aéroportées ont été montées après des semaines ou des mois de préparation en vue de l'ouverture d'un front, Monty improvise un plan en quelques jours. Dans la nuit du 6 au 7 septembre, des planeurs déposeront des commandos au pied des ouvrages, comme à Pegasus Bridge dans la nuit du 6 juin. À l'aube, une division et demie sera larguée en renfort pour tenir jusqu'à l'arrivée du 30e corps (la division blindée de la Garde, unité d'élite, plus 1 brigade en renfort, 2 divisions d'infanterie, le tout commandé par Brian Horrocks) par voie de terre. Les Allemands, en fuite, n'auront pas la force de s'y opposer.

Trois ponts, trop vite…

Malheureusement, une opération aéroportée ne se bricole pas à la va-vite. Étudier le terrain, trouver les zones de largage, planifier les vols et leurs itinéraires, les escortes et les appuis tout en tenant compte de la météo (au décollage, en vol et au-dessus de l'objectif) et bien sûr de l'adversaire… Tout cela exige du temps. Au terme des trois jours, rien n'est prêt. Le 7, un coup de vent excuse un report. Montgomery est contraint de revoir sa copie. Il ne s'agit plus dorénavant de fondre sur un ennemi en fuite, mais de percer un front qui s'est reconstitué et de sauter sur des objectifs mieux défendus. Le 10, prenant acte du « renforcement des défenses allemandes autour de Nimègue et d'Arnhem », Montgomery triple les effectifs engagés ! Les paras ne doivent plus simplement sécuriser les objectifs lointains : 3 divisions seront larguées en tapis pour ouvrir un corridor (opération « Market ») et faciliter ainsi la pénétration du 30e corps (opération « Garden »). L'importance des effectifs et la qualité de la troupe assureront la marge de réussite contre quelques milliers de SS mal armés et des territoriaux sans valeur offensive.

Mais tenir compte du changement impose aux planificateurs de reprendre leurs calculs. Montgomery leur octroie une semaine, ce qui lui laisse le temps de rassembler quelques stocks et de rameuter des divisions supplémentaires pour sécuriser les flancs. Mais cette semaine s'ajoute à celle déjà écoulée… Une éternité dans la poursuite et un répit inespéré côté allemand. L'autre inconvénient est que la programmation de « Market Garden » ralentit les opérations et les rend parfaitement lisibles pour l'ennemi. Tandis que le 30e corps s'efforce d'établir sa base de départ au-delà du canal Meuse-Escaut, les combats sur les autres fronts de la 2e armée britannique sont suspendus pour économiser les munitions, ce qui met la puce à l'oreille des Allemands et leur permet de concentrer leurs forces. Le front se fige. L'Américain Bradley n'a pas tort quand il martèle que dans une bataille fluide, l'aviation de transport est bien plus utile en ravitaillant les pointes blindées.

À ce stade, la pertinence de l'opération aurait dû être remise en cause. Il n'en est rien. La proposition de Montgomery obtient l'aval d'Eisenhower. C'est que l'enveloppement vertical a de puissants avocats outre-Atlantique. Depuis plusieurs semaines, en effet, les généraux Marshall et Arnold inondent Ike de courriers l'invitant à valider le concept qui justifie la mise sur pied en août 1944 d'une coûteuse 1re armée aéroportée alliée (FAAA, First Allied Airborne Army). Cette force est unique. Non seulement par sa taille – 6 divisions aérotransportables et 2 brigades –, mais surtout parce qu'elle est internationale et interarmes, les groupes de transport aérien étant intégrés à la structure. L'opération est donc pour Ike une occasion à saisir. Artificiellement, il l'inscrit dans sa stratégie du large front. Mais il la considère en fait comme une attaque secondaire… qui facilitera l'offensive principale confiée à la 1st US Army de Hodges ! Tout cela est bien éloigné du grand projet de Montgomery. Les soldats vont payer cher le jeu de dupes auquel se prêtent les grands chefs alliés.

États-majors éparpillés, logistique écrasante

Par définition, un assaut aéroporté est une bataille aéroterrestre. Il implique une synergie entre l'aviation, les paras et les forces terrestres. Les Alliés l'ont compris après les quasi-désastres de Sicile et de Normandie, et c'est pourquoi Eisenhower a accepté la création de l'armée aéroportée alliée. Hélas ! son chef, le général américain Lewis Brereton*, intrigue pour que l'état-major – en charge de la planification – ne compte que des aviateurs... qui ne manquent pas de se focaliser sur la composante aérienne. Ce hiatus est aggravé par l'éloignement des états-majors, sans communications directes. Montgomery et Dempsey (le chef de la 2e armée britannique dont dépend le 30e corps) planchent en Belgique sur la progression de la 2e armée. La FAAA, elle, travaille indépendamment en Angleterre, tandis que l'état-major des forces aériennes tactiques chargées de l'appui au sol se trouve en France – bien loin d'Arnhem où elles devront intervenir. Eisenhower pourrait, seul, jouer les coordinateurs, mais il est à Jullouville, au pied du Cotentin, un genou en vrac après un atterrissage raté.

Ainsi, la structure unifiée, point fort des Alliés le 6 juin, s'est fracturée pour satisfaire des ambitions personnelles et des intérêts politiques. Mais le commandement doit en outre gérer des forces à la limite de la masse critique. À la suite de plaintes des paras, qui ont souffert au sol avec leur équipement léger, les divisions aéroportées se sont considérablement alourdies : chacune est dotée de 78 pièces antichars et de 62 obusiers – avec leurs véhicules. Leur transport exige de ce fait un tiers d'avions de plus qu'en Normandie, des centaines de planeurs et d'immenses zones d'atterrissage dégagées. Même l'opulente aviation américaine ne peut couvrir les besoins. Or, ils sont déjà trop nombreux pour partager les étroits couloirs d'approche : il faut procéder à des largages échelonnés.

Trop embrasser pour mal étreindre

D'autres compromis, aussi logiques que funestes, suivent en cascade. Il faudrait en principe enchaîner les sauts rapidement, deux par jour au moins. Mais pas de nuit, l'expérience normande ayant été désastreuse, ni en début de journée à cause du brouillard matinal anglais. Avec des objectifs situés à 500 km de Londres, on se résout à un unique parachutage quotidien, dans l'après-midi. Trop tard, donc, pour secourir les commandos largués dans la nuit, et les experts recommandent donc d'annuler les coups de main nocturnes. Pourrait-on les compenser par un largage au plus près des objectifs ? Non, car l'échelonnement des parachutages exige d'économiser les avions. Il devient donc indispensable d'éviter les zones couvertes par la Flak, donc les zones à proximité des ponts. Quant aux terrains capables d'accueillir des centaines de planeurs, ils sont nécessairement éloignés des zones urbaines où se trouvent les objectifs : à plus de 10 km pour Arnhem. L'effet de surprise sera assurément perdu.

Les chefs ont-ils vu trop grand par excès de prudence ? Pas pour l'historien Sebastian Ritchie qui démontre, au terme d'une étude fouillée, qu'un calendrier plus ambitieux se serait fracassé sur la météo déplorable et aurait conduit à un retard et une pagaille bien plus importants. C'est ainsi : le manque de souplesse fait autant partie intégrante des opérations aéroportées que le parachute. En outre, le gonflement excessif conduit, paradoxalement, à une dilution des moyens. Initialement, en effet, les parachutistes devaient prendre trois ponts, alors que le « tapis » prévu avec la nouvelle mouture suppose de prendre treize objectifs. En triplant les moyens, Montgomery pense compenser. Erreur. Tout d'abord, le jour J, l'aviation ne parachutera pas la moitié des hommes, déficit aggravé par l'obligation de laisser des forces sur les zones de largage afin de les protéger. Ainsi, le 17 septembre, sur les 5 brigades prévues pour Arnhem, seules deux parviennent à sauter. La première reste sur place, seule la seconde marche sur le pont… Autant finalement que dans le plan initial, mais sans profiter du coup de main nocturne et de la surprise ! Les Américains ne font pas mieux. Un seul bataillon (sur 3) d'un seul régiment (sur 4) de la 82nd Airborne donne l'assaut au pont de Nimègue. L'augmentation des effectifs est contre-productive.

Il n'est donc pas surprenant qu'une fois au sol les parachutistes manquent de punch. À Arnhem, ils sont incapables de forcer les barrages établis en catastrophe par les cadets d'une école de sous-officiers. À Nimègue, quelques compagnies de sécurité suffisent pour leur interdire un pont. Les paras sont ensuite incapables de le forcer seuls. À Eindhoven, ils cèdent à plusieurs reprises face aux contre-attaques allemandes. Leur surcroît de matériels est insuffisant pour les combats à haute intensité, inévitables dès que les opérations se prolongent. Résultat d'une équation en fait insoluble, leur structure se révèle trop lourde pour la logistique, mais insuffisante pour le combat soutenu. Exigeant une méticuleuse planification, trop complexe à exécuter, soumis à trop de contraintes et manquant de puissance une fois au sol, le concept d'assaut aéroporté en masse n'est tout simplement pas réalisable, et encore moins dans l'urgence. À bien y regarder, ce n'est pas l'échec de « Market Garden » qui est surprenant, mais la performance des Alliés, venus mourir au pied du dernier pont.

Ardennes 1944 : entre les crocs du Jagdtiger

propos recueillis par Maurin Picard

Le 23 décembre 1944, il ne reste que 9 km à parcourir aux tanks du major Albin Irzyk[1] pour tenir le pari de Patton : libérer avant Noël les paras américains encerclés dans Bastogne. Mais les forêts ardennaises sont fréquentées par de monstrueux félins, armés de l'antichar le plus puissant de la guerre... Et bien décidés à faire la peau aux Sherman.

Guerres & Histoire. — *Comment votre chemin a-t-il croisé celui du Tigre ?*

Albin Irzyk. — Nous débarquons en Normandie le 13 juillet 1944 après deux ans d'entraînement intensif aux États-Unis. Nous sommes affûtés, nous maîtrisons bien notre arme blindée, nous sommes désireux d'en

1. Albin Felix Irzyk est né le 2 janvier 1917 à Salem (Massachusetts). Il a 27 ans lorsqu'il s'embarque pour l'Europe avec la 4e DB US. Deux fois blessé, il reçoit la *Distinguished Service Cross* pour héroïsme extraordinaire. En 1961, il commande le 14e régiment de cavalerie blindée lors de la crise de Berlin, puis, en 1968, les unités de police militaire de Saigon pendant l'offensive du Têt. Parti de l'armée en 1971 avec le grade de brigadier-général, il réside à West Palm Beach, en Floride. Ses Mémoires, *He Rode Up Front for Patton* (Ivy House Pub., 1996), restent un classique du combat blindé.

découdre. Et surtout, nous avons hérité du meilleur général de l'armée américaine : Patton, qui est déjà une légende dans la cavalerie blindée. Maîtres mots : audace et surprise ! J'ai 27 ans et je commande le 8e bataillon de chars du CCB, un des *combat commands** de la 4e division blindée. En douze jours, nous couvrons 530 km. Le 1er septembre, nous sommes en Lorraine, euphoriques, et certains d'être à Berlin dans dix jours. Au lieu de cela, on nous ordonne de stopper notre progression et nous restons enlisés tout l'automne, par un temps impossible…

Où vous trouvez-vous lorsque la bataille des Ardennes débute ?

Nous avons été retirés le 8 décembre du front de la Sarre, pour reconstituer nos forces en Lorraine. Depuis un mois, nous n'avons pas eu un repas chaud et nos Sherman n'ont reçu aucune maintenance. Il faut changer les chenilles, les moteurs, nettoyer les armes… Dormir au sec. Nous sommes au repos dans un minuscule village, Domnom-lès-Dieuze, à l'est de Nancy.

Puis les événements se précipitent…

Le 17 décembre, nous apprenons que les Allemands ont percé la veille dans le saillant [*bulge* en anglais] des Ardennes. Des rumeurs se répandent : quelque chose de sérieux se serait passé dans le Nord, des parachutistes auraient sauté un peu partout… Le 18 va être pour moi la journée la plus confuse de toute la guerre. Du petit matin à la tombée de la nuit, ordres et contrordres se multiplient. Le 19 enfin, nous recevons nos ordres de marche. Patton, à Verdun, a promis à Eisenhower, incrédule, qu'il pourrait lancer trois divisions sur le « point faible » des lignes allemandes dans le sud des

Ardennes en quarante-huit heures. Et puis il a juré de rallier Bastogne pour Noël, sous les sarcasmes des officiers britanniques présents…

Quelles instructions recevez-vous ?

« Ralliez Bastogne. » Avec Patton, vous savez, les consignes sont simples. En général, un simple « Foncez ! » nous suffit. À ses officiers, il a l'habitude de dessiner un point de départ, une flèche symbolisant l'axe de progression et un gros cercle en forme d'objectif. Dans l'esprit de Patton comme dans celui de mon supérieur direct, le brigadier-général Holmes Dager, commandant du CCB, je dois atteindre Bastogne le premier. Nous serons en pointe.

Et vous partez…

Nous démarrons les moteurs le 19 décembre à 0 h 50, direction Neufchâteau, en Belgique. Nous allons couvrir 259 km en vingt-deux heures ! Un exploit, vu la météo et l'état des routes, sans compter l'obligation de rouler feux éteints. Nous sommes en terrain hostile et l'ennemi peut surgir des fossés à tout moment. C'est l'expérience la plus effrayante de ma vie. Le ciel est gris, le plafond bas, l'atmosphère sinistre et carrément menaçante. D'autant que notre axe de progression, une route secondaire qui mène directement à Bastogne, est plus un chemin de campagne défoncé qu'autre chose, car Patton a parié qu'elle serait moins bien défendue. Le 20, nous sommes à Nives, où nous stoppons, tandis qu'ordres et contrordres se succèdent. Le 22 décembre, nous atteignons finalement Burnon, à 15 km au sud de Bastogne, et là, la défense devient très agressive. Je me rends compte que les derniers kilomètres ne seront pas une promenade de santé. Le pont qui devait nous permettre de passer la Sûre a sauté. Je fais venir le génie et nous finissons par franchir le cours d'eau au soir. Je décide de faire halte pour la nuit, afin qu'on se ravitaille en carburant et en munitions. Si tout se passe bien, nous serons aux abords de Bastogne demain, 23 décembre, et la promesse de Patton à Eisenhower sera tenue. Seul motif sérieux d'inquiétude : l'unité sœur du CCB, le CCA, est bloquée à Martelange, à 10 km au sud-est, par une compagnie de parachutistes allemands forcenés. Nous sommes seuls en pointe, sans protection sur nos flancs. Il est malgré tout décidé de foncer sur Bastogne sans perdre une minute.

Cet ordre émane-t-il de Patton ?

Oui, car il est mécontent de l'avancée des derniers jours, trop lente à son goût. Il donne pour instruction de pousser sans se soucier de l'obscurité ni de la fatigue, dans l'espoir un peu fou qu'avec de la chance nous serons à Bastogne au petit matin. « Avancez toute la nuit ! » me commande donc à 21 heures par radio le général Dager. C'est dur pour mes hommes, qui sont sur le pont depuis 3 heures du matin et n'ont pris aucun repos depuis le 19. Patton s'en voudra par la suite d'avoir poussé des hommes épuisés juste avant un affrontement majeur, mais pour l'instant, les ordres sont les ordres. Nous prenons la route peu après minuit.

Quelles sont les conditions de ce nouveau mouvement de nuit ?

Sous une tempête de neige, la route est verglacée, le froid polaire. De nouveau, nous circulons tous feux éteints, sur une route secondaire. Le 23 décembre à l'aube, nous approchons de Chaumont, à peine 3 km plus loin dans le brouillard. C'est un petit bourg tapis au fond d'une cuvette d'à peine 1 kilomètre carré, qui compte une centaine d'habitants en temps normal. Il semble légèrement défendu. Mais les paras du Fallschirmjäger-Regiment 14 nous harcèlent déjà dans les bois environnants et détruisent plusieurs Jeep.

Et ce n'est qu'un début…

Oui. Presque immédiatement, les Allemands lancent une contre-attaque assez violente. Nous recevons 5 tirs directs de 75 mm, tirés par la trentaine de StuG III* dont disposent les Allemands, en plus de quelques pièces de Flak de 88 mm. Les StuG détruisent 3 Jeep du 25e de cavalerie et un char léger M5 Stuart. Mon premier peloton de Sherman détruit un StuG III et met les autres en fuite. Nous savons maintenant que Chaumont ne sera pas de la tarte. Bastogne s'éloigne encore un peu plus.

Quels ordres donnez-vous ?

Il est 13 h 30. Je dispose mes compagnies C et A sur les flancs et je lance la compagnie B, commandée par le lieutenant Ben Fischler, sur la route principale, avec des éléments du 10e bataillon d'infanterie blindée (10th Armored Infantry Battalion). Je me positionne en retrait de la compagnie B pour mieux communiquer mes ordres.

Pourquoi Chaumont est-il si important ?

Chaumont doit être pris et conservé, car la route servira d'artère vitale pour Bastogne libéré, lorsqu'il s'agira d'acheminer le ravitaillement et d'évacuer les blessés de la 101e. Mais survient alors une première tuile : le commandant de la compagnie C, le lieutenant Steve Stephenson, sur le flanc gauche, m'annonce que sa première section de 5 Sherman (sur un total de 11) est complètement embourbée. La poisse : malgré les températures polaires de cet hiver 1944, le plus rigoureux en soixante-sept ans dans les Ardennes, le sol légèrement marécageux à cet endroit précis, traversé par un cours d'eau souterrain, n'était pas gelé. Je décide malgré tout de poursuivre l'offensive, prenant le risque d'exposer mes flancs. Les combats durent toute la journée. Les paras sont inexpérimentés, mais résistent farouchement.

L'affaire est presque gagnée…

Oui, les parachutistes allemands commencent à lâcher prise, nous sommes en possession de la plus grande partie du village, où nous avons fait une centaine de prisonniers. Nous remontons vers le nord, en direction du prochain village, Grandru, que nous espérons enlever avant la nuit.

Que se passe-t-il alors ?

Il est à peu près 17 heures. Au croisement vers Grandru, à la sortie nord de Chaumont, à l'endroit où la route s'incurve, une grêle de fer et de feu s'abat soudain sur nous, au moment où je suis en train de donner l'ordre au reste du CCB de descendre la route pour nous rejoindre. Les Sherman touchés par des tirs latéraux explosent, tandis que l'infanterie montée (6 ou 7 fantassins par blindé) se met à l'abri comme elle le peut. Ils ripostent tous azimuts, mais les 11 chars de la compagnie B sont mis hors service les uns après les autres. Le 10e bataillon d'infanterie blindée perd 65 hommes dans le village, assailli de toutes parts par les paras allemands qui dévalent les flancs de la cuvette.

D'où le danger vient-il ?

Les paras qui se repliaient en désordre viennent de recevoir des renforts inattendus et providentiels : 4 Jagdtiger, des monstres armés de canons de 128 mm, venus de nulle part. Depuis son QG de Hompré, à 3 km de là, le colonel allemand Kokott* [commandant la défense du secteur Chaumont-Martelange] les a dirigés plus au sud vers Remichampagne et Chaumont avec l'ordre de voler au secours des paras. Il leur a adjoint des éléments d'infanterie de sa 26. Volksgrenadier-Division, plus expérimentés, qui déferlent sur Chaumont depuis les crêtes nord-est. L'un après l'autre, les Sherman de la compagnie B sont touchés, explosent, malgré un tir de barrage soutenu. Notre infanterie, submergée, clouée au sol par une puissance de feu très supérieure, est également en mauvaise posture et bat en retraite vers notre position de départ, les crêtes au sud. La Luftwaffe intervient aussi en soutien. Mais nos pièces antiaériennes descendent deux Focke-Wulf Fw 190.

Où vous trouvez-vous à ce moment ?

Je suis dans la rue principale, juché sur la tourelle de mon Sherman. Les chars flambent telles des torches devant moi, et nous sommes pris en enfilade comme des cibles de foire. Ce n'est plus qu'une question de secondes avant que nous soyons touchés de plein fouet à notre tour. Il faut bouger. Mais il n'y a pas la place pour faire demi-tour et opérer un mouvement circulaire dans ces conditions serait un suicide. Je crie alors à mon conducteur de faire marche arrière, tout en pivotant la tourelle dans le sens de la progression. Il appuie sur les gaz, le dos au mouvement, tandis que je le guide du mieux que je peux de ma tourelle. Nous remontons ainsi, tourelle retournée, toute la rue basse de Chaumont et fonçons vers les hauteurs au sud-ouest. Nous sommes presque en haut de la route lorsqu'une énorme déflagration, assourdissante, ébranle le char, le projetant plusieurs mètres en avant, comme balayé par la main d'un géant. Mon conducteur, mon tireur et moi-même sommes groggy, secoués comme des pruniers, les quatre fers en l'air, au milieu d'un désordre indescriptible.

Que s'est-il passé ?

Je mets quelques secondes avant de comprendre que nous avons été touchés de plein fouet par un obus… et que le char est intact. Stupéfait, je découvre une fissure à l'arrière de la tourelle, juste à côté du poste de radio, laissant deviner le jour. Une fissure ! C'est à n'y rien comprendre, une sorte de miracle. L'obus a ricoché à l'endroit exact où il y avait un renfort de 15 cm de blindage, sur un rectangle de 10 cm sur 12 à peine : 1 cm plus haut ou plus bas et nous étions réduits en poussière.

Que décidez-vous alors ?

Nous poursuivons notre marche arrière jusqu'à être définitivement hors de portée. Au loin, Chaumont brûle, reconquis par les Allemands. Nous avons essuyé une sacrée dérouillée. Et moi, dans mon char, je me sens un peu miraculé. Comment se fait-il que nous soyons encore de ce monde après avoir pris un obus de plein fouet ? Je n'ai pas le temps de me laisser aller à mes pensées, il faut battre le rappel, et constituer rapidement une ligne de défense sérieuse sur la crête au sud-ouest de Chaumont. Il reste 7 chars (sur 11) à la compagnie C, 6 (sur 9) à la compagnie A et aucun (sur 11) à la compagnie B. J'ai donc 14 chars, le mien compris, sur un total de 32 au départ ; 11 ont été touchés dans Chaumont, 6 d'entre eux seront réparés ultérieurement.

Est-on sûr qu'il s'agissait de Jagdtiger ?

Cette confrontation inattendue, inédite pour les officiers américains comme pour leurs homologues allemands, a fait couler beaucoup d'encre en soixante-huit ans. Il a toujours été considéré comme un fait établi qu'aucun Jagdtiger n'avait combattu de près ou de loin dans les Ardennes. Que nos rapports concernant Chaumont résultaient d'une confusion avec des StuG III, voire des Panther. Kokott lui-même s'est trompé dans son journal de bord, évoquant l'arrivée de « quatre chars Tigre ». Et pourtant, les Jagdtiger étaient bien là, je vous assure ! Un tir de 75 mm d'un de ces StuG n'aurait pas pu soulever ainsi mon Sherman, à 1 000 mètres de distance. Un tir de 128 mm, oui. Certains historiens, comme Charles McDonald, ont estimé qu'il pouvait s'agir de chasseurs de char Ferdinand [un chasseur de chars surblindé comme le Jagdtiger, mais « seulement » équipé d'un canon de 88 mm]. Or, il se trouve que le 653e bataillon de chasseurs de chars lourds [Schwere Panzerjägerabteilung 653*] venait juste auparavant d'être rééquipé en Jagdtiger flambant neufs et envoyé en train rejoindre la Panzer Lehr Division engagée dans les Ardennes. L'état déplorable du réseau ferré allemand a entraîné de nombreux retards dans le déploiement de l'unité, et seule une portion de la 3e compagnie du bataillon a pu être déchargée le 21 décembre à la gare de Blankenheim. Pour rejoindre la Panzer Lehr engagée plus à l'ouest, la route passait inévitablement au sud de Bastogne, par Hompré, là où Kokott les a vus arriver le 23 décembre.

Sait-on ce que ces quatre chars sont devenus ?

Les informations sont parcellaires. Ils auraient pu regagner la gare de Blankenheim d'où ils étaient venus, pour rejoindre leur unité engagée tout début janvier dans l'opération « Nordwind* » en Alsace.

Si vous pouviez revivre cette journée fatidique du 23 décembre 1944, que feriez-vous différemment ?

Rien. Je referais tout exactement comme je l'ai fait. Les Jagdtiger qui nous sont tombés dessus font partie de ce que j'appelle « les impondérables du champ de bataille », exactement comme la boue inattendue qui a immobilisé mon flanc gauche le 23 au matin. Même Kokott ne s'attendait pas à recevoir ce renfort. C'était un coup du sort et c'est tombé sur nous.

Vous avez eu un peu de chance aussi, dans votre malheur…

Oui, paradoxalement, car, pour une raison qui m'échappe, les Allemands n'ont pas poursuivi leur attaque, alors qu'ils auraient pu nous rayer de la carte, et les Jagdtiger se sont évaporés. Sans doute parce que la nuit tombait et que nous avions réussi à nous replier sur les hauteurs plus au sud. Ce jour-là, les vrais professionnels, c'étaient nous. Les tankistes qui ont évacué leurs chars en flammes, les fantassins blessés, tout ce beau monde s'est replié en bon ordre et a établi une solide position défensive. Nous avons pu comme cela panser nos plaies et repartir à l'attaque de Chaumont le 25 au matin.

Que se passe-t-il le lendemain 24 décembre ?

McAuliffe, depuis Bastogne encerclé, a écrit sa « déception » à Patton de « ne pouvoir lui serrer la main » pour Noël. Mais mon CCB est alors trop faible pour tenter quoi que ce soit. L'ennemi pourtant ne nous laisse pas tranquilles, vient tâter nos défenses par petits groupes. Mais il a perdu le soutien des StuG III et des Jagdtiger, retirés de la zone des combats. C'est moi qui reçois des renforts providentiels à la tombée de la nuit, le 2e bataillon du 318e régiment de la 80e division d'infanterie. Des troupes fraîches, exactement ce dont j'ai besoin pour m'emparer de Chaumont. Il faut cependant se battre dur les 25 et 26 pour prendre enfin le village, puis Grandru.

Trop tard, désormais, pour tenir la promesse de Patton… C'est finalement une de vos unités sœurs, le CCR, qui atteint Bastogne le 26 décembre.

La défense acharnée de Chaumont a offert un répit aux Panzers de Manteuffel [le commandant en chef de l'offensive] qui tentent encore le 25 décembre de prendre Bastogne. Mais le lendemain, le CCR du colonel Wendell Blanchard, parti de Vaux-lez-Rosières, déborde les défenses allemandes sur notre gauche et perce. Après une violente bataille à Assenois, un peloton de Sherman atteint le périmètre défensif de Bastogne à 16 h 50. Magnifique manœuvre, si l'on sait que l'essentiel des forces allemandes est engagé contre moi à Chaumont.

Que ressentez-vous ?

C'est dur, car nous avons fait l'essentiel de la route en tête, encaissé l'essentiel des combats et des pertes, et affronté tout ce que les Allemands pouvaient envoyer pour nous arrêter. Mais il faut avouer que la manœuvre de débordement a été brillamment pensée et exécutée. Je me suis souvent demandé qui pouvait l'avoir imaginée. Les historiens en attribuent la paternité au général Hugh Gaffey, tout juste nommé à la tête de la 4e DB. Soit. Mais je reste convaincu que c'était Patton lui-même. Il fallait un mental comme le sien, celui de l'officier de cavalerie audacieux, prêt à prendre tous les risques pour décrocher la timbale. Mais il n'en a jamais parlé, jusqu'à sa mort dans un accident de la route en Allemagne, en décembre 1945.

1945,

l'écrasement

La Wehrmacht s'est-elle battue jusqu'au bout ?

par Jean LOPEZ

Jusqu'au dernier jour de la guerre, l'armée allemande se serait battue désespérément. Sans cesse, elle aurait su lever de nouvelles unités, les former et les jeter au combat. Ses Panzers, notamment, auraient donné de terribles coups de griffes jusqu'en avril 1945, colosses invincibles immobilisés seulement par la panne d'essence. Un tableau héroïque, mais largement faux.

La Wehrmacht aurait-elle conservé jusqu'au bout sa supériorité opérationnelle et tactique sur des adversaires qui n'auraient dû leur victoire qu'à leur écrasant avantage numérique et matériel ? Ce jugement flatteur pour les armes germaniques foisonne, de nos jours encore, dans la presse et la littérature populaires allemandes, mais aussi françaises, américaines, britanniques. Sous une forme moins fleurie, il est aussi présent dans divers ouvrages de l'historien israélien Martin van Creveld. « Jusqu'à la fin, écrit-il, sur le plan tactique, [...] la Wehrmacht est demeurée supérieure à la plupart de ses adversaires[1]. » C'est d'ailleurs la

1. *Die Wehrmacht. Mythos und Realität*, p. 344.

version officielle, celle que le haut commandement de la Wehrmacht (OKW) veut laisser dans l'histoire par son dernier communiqué, le 9 mai 1945 : « Le soldat allemand, fidèle à son serment, a accompli des performances à jamais inoubliables. L'arrière l'a soutenu de toutes ses forces jusqu'au dernier moment au prix des plus lourds sacrifices. Ce qu'ont accompli le front et l'arrière sera reconnu plus tard à sa juste valeur par le jugement de l'histoire. »

On ne peut contester que les 10 millions de membres de la Wehrmacht n'ont pas suivi l'exemple de leurs prédécesseurs de l'été et de l'automne 1918. Ces derniers, directement ou indirectement, avaient manifesté leur volonté de cesser le combat et rendu impossibles les plans jusqu'au-boutistes de leur direction militaire. En 1944-1945, en revanche, la Wehrmacht maintient sa fonction de rempart du régime bien après que tout espoir de victoire l'a quittée. Les chefs demeurent fidèles à leur alliance avec le nazisme, la troupe ne refuse pas de monter au front. Mais les choses ne sont pas aussi simples et divers historiens, Andreas Kunz au premier chef, chantent une autre chanson que celle de Martin van Creveld.

Effondrement à l'ouest, combativité à l'est

Il faut distinguer deux questions. La première : la Wehrmacht s'est-elle battue jusqu'au bout ? La seconde : a-t-elle conservé son efficacité ? Ces deux questions sont liées. Que signifie, en effet, se battre jusqu'au bout ? Si l'on veut dire que des soldats allemands se sont fait tuer jusqu'au 8-9 mai 1945, la réponse est évidemment oui. Mais s'agit-il de cela ?

Après tout, on pourrait tout autant relever qu'en 1939 et 1940, des soldats polonais et français ont perdu la vie jusqu'au jour de la signature de la capitulation ou de l'armistice. Se battre jusqu'au bout ne signifie pas que le soldat Schmidt continue à faire feu dans son coin au moment où la capitulation est signée à Berlin, mais que la Wehrmacht – nous n'examinerons ici que sa composante terrestre – est encore capable de réactions un tant soit peu coordonnées et efficaces.

L'armée allemande demeure-t-elle offensive ? Oui : entre août 1944 et mai 1945, on relève une douzaine d'attaques impliquant au minimum 2 corps Panzer. Devant Varsovie, du 30 juillet au 6 août 1944, le Feldmarschall Model réussit à lancer 5 divisions Panzer (700 chars) contre la 2e armée de tanks soviétique et à détruire entièrement un de ses corps. Une autre série d'assauts, en août et septembre 1944, menés par 7 divisions de Panzers ou de Panzergrenadiers, cherche à éliminer les têtes de pont soviétiques à l'ouest de la Vistule. Elles n'atteignent pas leur objectif, mais les Soviétiques doivent s'accrocher. Le 16 août 1944, l'opération « Doppelkopf » implique plus de 6 divisions Panzer (659 chars et canons d'assaut). Elle parvient à rétablir une liaison terrestre, pour peu de temps, avec le groupe d'armées Nord enfermé dans les pays Baltes. Succès sans lendemain, donc, comme celui du 3e Panzerkorps qui, en octobre 1944, ralentit autour de Debrecen l'avance soviétique en Hongrie. La dernière offensive allemande à visée stratégique a lieu dans les Ardennes en décembre 1944, et elle échoue rapidement. La frappe dans le nord de l'Alsace, au début de janvier 1945 (opération « Nordwind »), est de moindre importance. En février 1945, les 7 divisions mobiles rassemblées pour l'opération « Sonnenwende » en Poméranie échouent misérablement face à Joukov.

Néanmoins, de façon significative, le maréchal soviétique s'inquiétera pour son aile nord et, pour liquider la menace, retardera de deux mois son assaut sur Berlin. Encore plus puissante, l'opération « Frühlingserwachen » tente, en mars 1945, de délivrer Budapest assiégée par l'Armée rouge. Ce sont près de 24 divisions, dont 10 Panzer (environ 600 blindés de tous types), qui démarrent le 5 mars. L'affaire tourne au fiasco : les Panzers sont bloqués, puis mis en fuite par une contre-attaque soviétique. C'est la dernière grosse affaire montée par la Wehrmacht. Citons encore les contre-attaques locales de Lauban et de Striegau (mars 1945), et la dernière, près de Bautzen (18-20 avril 1945), qui endommage un corps blindé polonais et un corps mécanisé soviétique, sans ralentir le moins du monde la chevauchée de Koniev vers Berlin.

Entre août 1944 et avril 1945, l'ampleur et le succès de ces coups de patte offensifs décroissent avec le temps. Il s'agit d'affaires de plus en plus locales, de moins en moins capables d'influer sur la conduite de l'adversaire. Elles ne doivent pas cacher que la plupart des combats menés par la Wehrmacht sont défensifs. C'est d'ailleurs là que les succès sont les plus notables, même s'ils sont acquis à des coûts de plus en plus lourds. Les alliés occidentaux éprouvent ainsi la vigueur allemande dans les combats de la forêt de Hürtgen (de septembre à novembre 1944), dans la poche de Colmar (20 janvier-9 février 1945), puis dans la marche au Rhin (janvier-mars 1945). Face aux Soviétiques, la résistance demeure dure en Courlande – où 200 000 hommes tiennent jusqu'au 9 mai 1945 –, devant Berlin, sur les hauteurs de Seelow (16-18 avril 1945), en Silésie (siège de Breslau) et en Prusse-Orientale (janvier-avril 1945).

La Wehrmacht de 1945 ressemble à l'Armée rouge de 1941

Pour impressionnantes qu'elles soient, ces énumérations de combats offensifs et défensifs dissimulent plusieurs réalités. La première est que l'intensité et la durée de la résistance diffèrent beaucoup selon les fronts. Elle s'effondre complètement à l'ouest – et un peu plus tard en Italie du Nord – à partir de la mi-mars 1945, quand les Alliés passent le Rhin, sans grande opposition. L'OKW, les groupes d'armées ne sont plus capables d'acheminer leurs ordres aux unités. Le système militaire n'a plus ni cerveau ni colonne vertébrale. Les unités portées sur les cartes sont virtuelles, personne ne sait de quelles forces elles disposent ni où elles se trouvent exactement. Les Américains réussissent avec une facilité déconcertante le plus grand encerclement qu'a subi la Wehrmacht, celui de la Ruhr, entre le 1er et le 12 avril 1945. Au prix d'une poignée de pertes, les GI font 320 000 prisonniers : les restes de 21 grandes unités se sont simplement désagrégés sans tenter la moindre résistance. La période finale (1er avril-8 mai) est une promenade militaire, ralentie seulement par la répugnance des soldats alliés à risquer leur peau si près de la fin. Les rares combats, menés de façon décousue et de leur propre initiative par de petits groupes de soldats allemands, ont un caractère de guérilla. « L'écrasante majorité des soldats allemands, écrit Andreas Kunz, historien aux archives militaires de Fribourg, ont aspiré à sauver leur vie en prenant le chemin des camps de prisonniers[2]. » Malgré l'interdiction formelle d'Himmler, les drapeaux blancs

2. Andreas Kunz, *Wehrmacht und Niederlage*, Oldenbourg, p. 3.

ont fleuri partout et l'on s'est rendu en masse. À l'ouest, le combat de la Wehrmacht jusqu'à la dernière heure n'est donc qu'un mythe. La réalité est que 3 millions de soldats ont choisi de se rendre aux Américains.

La combativité demeure plus forte à l'est, la captivité en Sibérie n'étant une perspective riante pour personne. Pour autant, on enregistre aussi des paniques. Lors des opérations « Bagration » (22 juin-fin août 1944) puis « Vistule-Oder » (janvier 1945), les armées germaniques reculent à chaque fois de 500 km dans ce qui apparaît, en de nombreux endroits, comme une fuite éperdue. Les isolés, les maraudeurs, les déserteurs se comptent par dizaines de milliers. L'historien Fritz Wüllner estime le nombre de ces derniers à 300 000 fin 1944. On abandonne armes et munitions, on oublie les blessés, on prend d'assaut des camions filant vers l'ouest. Koch, le Gauleiter de Prusse-Orientale, s'inquiète, en août 1944, de l'arrivée dans son secteur de milliers de soldats en loques, accompagnés de femmes russes, pillant sans vergogne la population prussienne. Des dizaines de milliers de soldats en situation irrégulière traînent autour des gares, à la recherche d'un train partant vers l'ouest. Dans la péninsule du Samland, à la mi-avril 1945, le commandant de la 5e division Panzer refuse de partir en contre-attaque et se lance dans une folle anabase pour aller se rendre aux Américains. Il échoue au bout de quarante-huit heures, avec 12 000 hommes, dans un camp soviétique. Ce comportement n'est pas général, il s'en faut de beaucoup. À de nombreuses reprises, les unités venues de l'arrière en pompier, souvent des divisions Panzer, freinent l'Armée rouge avec science et courage. Même dans les pires conditions, l'on verra des unités conserver de la cohésion – tel le 24e corps Panzer capable de retraiter, encerclé, sur 450 km durant 14 jours, en janvier 1945, au prix de… 85 % de pertes.

Ce n'est qu'à partir du 1er mai 1945 que les forces soviétiques peuvent avancer partout sans entraves, sauf en Courlande où la mer empêche tout recul.

La capacité de régénération de la Wehrmacht – elle lève ou reconstitue 150 divisions entre le 1er janvier 1944 et mars 1945 – est pour une large part un trompe-l'œil. Sans parler du Volkssturm*, sans aucune valeur militaire, ces nouvelles formations manquent de tout : personnels, camions (60 par division en 1945 contre 600 en 1941), essence, chevaux, bottes, vêtements d'hiver… Le manque de matériels de transmissions devient le plus sérieux handicap à la conduite centralisée du combat. On voit renaître les estafettes à cheval et, à la Noël 1944, le commandant en chef à l'ouest donne ordre à tous les chefs de ne pas occuper les lignes téléphoniques plus de trois minutes ! Officiers et sous-officiers sont sans expérience et en trop petit nombre. Il y a trop d'hommes au-dessus de 45 ans et trop en dessous de 19 : 1,5 million des premiers, 650 000 des seconds. Beaucoup de soldats sont physiquement inaptes, notamment ceux qui ont perdu leur statut d'affecté spécial dans l'industrie et qui manifestent un mauvais esprit. Dans ces conditions, la cohésion des unités est faible. Les armes lourdes, faute de munitions, sont rarement engagées et l'on espère vainement que l'introduction massive du Panzerfaust maintiendra la puissance de feu. En réalité, à partir de mars 1945, une part croissante des soldats n'auront même plus d'armes individuelles. Dans les unités Panzer, le manque de pièces, le chaos des transports empêchent les réparations de matériels, à tel point qu'en mars moins de la moitié des chars présents sont capables de rouler. Même pour les déplacer de 50 km, il faut attendre les trains car le carburant est strictement réservé au combat.

Ayant perdu sa supériorité tactique, à l'exception, peut-être, de quelques unités blindées, la Wehrmacht ne sait plus que tenir rigidement ses positions. Il n'est plus question de « commander de l'avant » ou de « commandement par objectifs » (Auftragstaktik). La recherche du front fixe, de la guerre de positions a remplacé le dogme de la mobilité. Mais, dans ce type de combat, le courage personnel ou l'endoctrinement national-socialiste ne peuvent rien contre le manque d'entraînement, d'instruction et de cadres, de maintenance et de logistique. L'allant a disparu, dans la troupe comme dans l'encadrement. Le spectacle de la supériorité matérielle de l'ennemi – surtout de son aviation et de sa consommation de munitions – est complètement démoralisant. Un commandement lui-même dépassé recourt de plus en plus à la menace et à la répression pour maintenir les hommes en ligne. La Wehrmacht de 1945 ressemble de plus en plus à l'Armée rouge de 1941. Si, notamment parmi les jeunes – pas tous, loin de là – et les nationaux-socialistes convaincus, l'on relève des comportements fanatiques, la masse des soldats a sombré dans l'apathie, la résignation, l'indifférence. Les ordres répressifs sont de plus en plus durs, les cours martiales volantes se multiplient, de même que les exécutions sommaires souvent par pendaison, avec un écriteau infamant accroché autour du cou. Les victimes sont bien plus nombreuses que les 19 600 exécutions enregistrées auprès des tribunaux militaires pour toute la durée de la guerre.

Contrairement à ce qu'écrit van Creveld, l'efficacité au combat de la Wehrmacht se réduit sans cesse à partir de l'été 1944, avant de s'effondrer en 1945. Le plus sûr indicateur est le nombre de tués (toutes causes confondues). Inférieur à 800 000 en 1941, 1942 et 1943, il bondit à 1,8 million en 1944 et bat tous les records durant les quatre premiers mois de 1945 avec 1,5 million. Ces pertes terrifiantes marquent et sanctionnent le rendement décroissant de la machine Wehrmacht, et illustrent le chaos qui l'engouffre en 1945. Au vu de ces chiffres, l'idée d'une supériorité tactique et opérationnelle maintenue en dépit de tout apparaît pour ce qu'elle est : une légende inventée après guerre par les généraux survivants pour sauver leur honneur professionnel et vendre leur savoir-faire dans la guerre froide. Au prix d'une hécatombe de leurs hommes. Enfin, les Alliés eux-mêmes ont alimenté cette légende en imaginant leur adversaire toujours plus dangereux qu'il n'était. L'inquiétude de Joukov pour ses ailes, en janvier 1945, n'était pas fondée, pas plus que celle d'Eisenhower qui déroute une bonne partie de ses forces vers le sud pour empêcher la constitution d'un « réduit alpin » inexistant.

Kurt Klusmeier, le dernier défenseur de Breslau

propos recueillis en décembre 2016 à Ganderkesee (Allemagne) par Yacha MacLasha

Originaire de Basse-Saxe, notre témoin n'a que 18 ans quand il est envoyé en Russie, près de Leningrad. Il y poursuit le classique itinéraire du Landser, le fantassin de base. Plusieurs fois blessé, il en réchappe pour un ultime combat : la défense de la place de Breslau, tombée après Berlin.

GUERRES & HISTOIRE. — *Quel parcours vous a mené dans la Wehrmacht ?*

KURT KLUSMEIER[1]. — Je suis né en 1924, fils unique d'un père quadragénaire, officier vétéran de 14-18 qui faisait partie du Stahlhelm* dont tous les membres ont rejoint le parti nazi. Il ne pouvait d'ailleurs pas faire autrement, car il était enseignant. En 1939, mon

1. Kurt Klusmeier est né le 3 mars 1924 à Ganderkesee, village proche d'Oldenburg, en Basse-Saxe. Fils unique d'un ex-officier de la Grande Guerre, il est intégré dans la Wehrmacht en septembre 1942 sans avoir le temps de passer son baccalauréat. Il effectue toute sa guerre sur le front de l'Est avant d'être capturé. Libéré de Russie en 1948, il affronte une période difficile (son père meurt en 1949). Mais il entame une carrière de commercial et se marie en 1956. Il a deux fils, trois petits-enfants et trois arrière-petits-enfants.

père, qui était capitaine de réserve, a été rappelé dans l'armée. Il a commandé une compagnie logistique d'abord en Pologne, puis en Norvège, en France et en Libye. Officiellement, il était responsable logistique, mais il travaillait aussi pour l'Abwehr, le service de renseignements. En Afrique, il a bien connu Rommel, dont il disait qu'il était très arrogant et peu soucieux du destin de ses hommes. En janvier 1942, sans avoir passé le bac, j'ai été convoqué par le *Reichsarbeitsdienst* [service civil de travail obligatoire], que j'ai rejoint en mars. En fait, je voulais m'engager tout de suite dans les Waffen-SS – car ils étaient les meilleurs – et mon père a écrit pour cela au responsable local de Brême, mais ça n'a pas marché. J'ai finalement été appelé dans l'armée en septembre 1942.

Dans quelle unité ?

J'ai été affecté à la 28e division de chasseurs [28. Jäger-Division], une unité d'élite. Après trois mois d'entraînement à Lübeck, j'ai pris le train pour la Russie le jour de Noël 1942. J'ai encore passé quelques semaines d'entraînement et, le 20 mars 1943, j'ai intégré le PC régimentaire du 83e régiment de chasseurs [83. Jäger-Regiment], cantonné alors à Tosno [53 km au sud-est de Leningrad].

Quel a été votre itinéraire sur le front de l'Est ?

J'ai reçu le baptême du feu le 6 avril. Le lendemain, j'ai été légèrement blessé à la jambe et au coude. Je n'ai retrouvé la première ligne que le 17 mai, pour un mois, le temps de participer à quelques combats. Puis le régiment a été envoyé à l'arrière, à Gatchina [45 km au sud de Leningrad], pour trois semaines de repos. Retourné au front au sud du lac Ladoga, j'ai été encore blessé le 31 juillet, mais je suis resté au PC sans être hospitalisé, et le 19 août j'ai reçu la croix de fer de 2e classe pour avoir fait des prisonniers. Le 3 septembre, j'ai eu droit à une permission et j'ai passé le reste du mois chez moi. De retour au front, je suis resté en réserve jusqu'à la fin 1943. En janvier, nous avons entamé notre retraite, pendant laquelle j'ai assuré la sécurité de l'état-major. Le 5 mai 1944, je suis parti en permission chez moi pour un mois. Début juillet, j'ai rejoint mon unité à Volodymyr-Volynskyï [100 km au nord-est de Lviv, en actuelle Ukraine], où la retraite a repris, par la voie ferrée. À la mi-octobre, j'ai été de nouveau blessé. Après une opération à Naumburg, j'ai été renvoyé en Basse-Silésie, où la routine a continué à l'hiver : retraite, combats… Début mars 1945, j'ai abouti à Breslau, terminus de mon odyssée militaire.

Auriez-vous voulu être officier comme votre père ?

Non. En 1943, j'aurais pu, mais je savais que je n'avais pas l'autorité nécessaire, que je ne serais pas reconnu comme chef par mes camarades. À Breslau, au printemps 1945, le général Niehoff [le commandant militaire du camp retranché] est venu dans notre bataillon. Après que j'ai fait mon rapport, il m'a demandé pourquoi je n'étais pas devenu officier. Je lui ai répondu : « Je n'ai pas eu la vocation. »

Qu'est-ce pour vous qu'un bon soldat ?

C'est un soldat qui se lève pour monter à l'assaut et dont la vie perd alors son importance : il se transcende en étant prêt à mourir et acquiert une estime de soi impossible à développer en temps de paix. Voilà pour moi ce qu'est un bon soldat. Et j'ai toujours essayé de me comporter ainsi, même à Breslau pendant les derniers jours de guerre. J'étais toujours volontaire pour aller en première ligne.

Comment combattiez-vous le froid en URSS ?

Nous étions très bien équipés. Par exemple, je portais deux paires de bottes : les bottes traditionnelles en cuir, et par-dessus des bottes de caoutchouc. Le manteau d'hiver était aussi très bon.

Aviez-vous des contacts avec la population russe ?

Oui, bien sûr. On nous a strictement ordonné de bien nous comporter vis-à-vis de ces gens, de ne pas chercher à nous nourrir chez eux. Nous échangions quand même des aiguilles et du fil contre des œufs et du lait – les paysans ne voulaient pas de notre argent, mais le fil et les aiguilles étaient des pièces rares là-bas. Je me souviens qu'en janvier 1944, à Louga [130 km au sud de Leningrad], la famille qui nous logeait était très heureuse de nous accueillir, car nous lui avons donné quelques conserves, un peu de pain et surtout une bouteille de schnaps. Ce n'est qu'à l'été 1944, dans les villages polonais, que j'ai découvert le sentiment antiallemand : ils ne cachaient pas leur haine. Mais en Russie, je ne l'ai jamais ressenti.

Est-ce que vous avez croisé des partisans ?

Avant de se loger dans un village, on fouillait toujours les maisons, mais, non, nous n'avons jamais eu affaire aux partisans.

Que faisiez-vous des prisonniers ?

Pendant l'été 1943, près de Tosno, j'ai fait quelques prisonniers avec mes camarades. Nous les avons très bien traités : nous leur avons donné du pain, des cigarettes. Puis nous les avons transférés au PC de la compagnie pour interrogatoire. J'ignore ce qu'ils sont devenus. C'est d'ailleurs pour cette capture que j'ai été décoré de la croix de fer et que j'ai été promu caporal. Mon père était très fier quand il l'a appris.

C'est important, pour vous, cette décoration ?

Quand je me suis retrouvé à l'hôpital en Allemagne en automne 1944 après une blessure, les infirmières ont commencé à m'appeler « Bubi » – une façon un peu péjorative de dire que j'avais l'air d'un gamin. J'ai sorti ma décoration et je l'ai mise à côté de moi. Quand elles l'ont aperçue, leur comportement a radicalement changé. Elles m'ont même proposé d'aller au cinéma.

Au front, de quoi aviez-vous le plus peur ? De l'artillerie, des chars, de l'aviation ?

Des orgues de Staline. C'était ça le plus dangereux et surtout le plus insupportable. Le hurlement qui accompagne le lancement de ces 36 fusées, je le sens toujours dans mes tripes ! Ça ne durait que 20 secondes, mais c'étaient les secondes les plus longues et les plus horribles de toute la guerre. Les orgues de Staline affectaient beaucoup le moral de notre infanterie.

Et laquelle de vos armes était la plus efficace ?

La mitrailleuse MG 42. Quand l'infanterie russe attaquait en criant « Hourra ! », on les fauchait facilement... Je n'ai jamais compris pourquoi ils venaient comme ça, de front, en poussant ce cri...

Avez-vous été soumis à la propagande soviétique ?

Près de Leningrad, oui, tout le temps. Mais les tracts étaient si grossiers, si mal fichus, qui aurait pu y croire ? On nous promettait qu'en désertant on aurait trois repas chauds par jour, ce qui nous amusait beaucoup. J'ai rencontré des déserteurs allemands près de Tchoudovo, mais ils n'envisageaient jamais de se rendre comme ça aux Russes ! C'était pendant l'hiver 1943-1944. On nous a alertés sur la présence d'une patrouille russe dans le secteur, qu'il fallait liquider. En la cherchant, nous sommes tombés sur quelques soldats dans un abri. Nous les avons remis au commandement de notre régiment ; j'ignore ce qu'ils sont devenus.

Quand avez-vous compris que la guerre était perdue ?

En décembre 1942 ou en janvier 1943. Après avoir vu l'armement dont disposaient les Américains, mon père m'a écrit d'Afrique en disant que, militairement, il était impossible de l'emporter. Comme je vous l'ai dit, il travaillait pour le renseignement et je savais qu'il disposait d'assez d'informations pour avoir une bonne vision des choses. Donc, je l'ai cru. Et après, je suis devenu superstitieux. Je me disais que si nous devions gagner la guerre, je serais mort avant la victoire. Mais que si mon père avait raison, je survivrais à la défaite. C'est bête, mais j'avais cette idée fixe…

Et vos camarades ?

Entre soldats, on se disait : « Profitons bien de la guerre, car la paix sera terrible. » Mais vous savez, on vivait au jour le jour, on ne pensait guère au-delà du repas ou de l'attaque suivante. Aujourd'hui, les Allemands ne veulent pas comprendre que nous vivions comme ça, que notre vie était consacrée à résoudre des problèmes immédiats comme le froid ou la nourriture, pas à savoir si la guerre était juste ou non. Nous n'avions pas le temps de penser à autre chose. Il m'est arrivé de rester dans des tranchées pendant des mois sans pouvoir me laver ni changer de sous-vêtements. On souffrait beaucoup des poux. On vivait d'une blessure à l'autre, d'une décoration à l'autre…

Et j'ai largement eu droit aux deux. À la fin de guerre, le 11 avril 1945, j'ai reçu la croix de fer de 1re classe.

On dit qu'à la fin du conflit les décorations tombaient facilement…

Écoutez, je peux vous dire que les combats à Breslau ont été les plus durs de tous ceux que j'ai connus. Voici comment je l'ai obtenue. C'était le 1er avril, le dimanche de Pâques, sous le bombardement incessant de l'artillerie et de l'aviation. Le soir, un char JS* s'est approché de notre QG. Le commandant du régiment nous a envoyé un Jagdpanzer IV* en renfort et j'ai montré à son équipage où se trouvait le char russe. On m'a demandé de grimper à 20 mètres de hauteur, caché derrière des ruines, pour surveiller et faire signe quand le colosse russe se mettrait en mouvement. Il a bougé, j'ai fait signe… Notre char est sorti de sa cachette. Il a tiré et frappé la tourelle du JS, qui a encaissé le choc et disparu. Le lendemain, l'ennemi a réussi à occuper le talus de la voie ferrée sur notre flanc droit. Notre bataillon a reçu l'ordre de le reprendre. Nous n'avions plus grand monde et mon chef m'a ordonné de prendre avec moi des transmetteurs radio. Pour attaquer, il fallait traverser 100 mètres de *no man's land*, au bon moment, quand notre artillerie commençait à pilonner l'ennemi, assez vite pour éviter les balles, mais pas trop pour ne pas nous retrouver sous nos propres obus à l'arrivée. Notre artillerie a ouvert le feu, j'ai crié : « En avant ! », mais seul un soldat a bougé… J'ai paniqué, crié encore, mais sans effet. Alors nous sommes partis à deux… Heureusement, notre artillerie avait fait du bon boulot et les Russes avaient déjà vidé les lieux. Le lendemain, les autres gars sont venus me voir pour s'excuser de ne pas m'avoir accompagné.

Karl Hanke, le chef nazi de la forteresse de Breslau, est réputé pour avoir fait pendre tous ceux qui pensaient à se rendre. Pourquoi ces soldats n'ont-ils pas été punis ?

Parce que personne ne l'a su. Pendant le siège, nous étions abrités dans une cave, les Russes dans la rue voisine. Les liaisons entre le QG du bataillon et le régiment étaient pratiquement inexistantes. Chaque fois qu'il fallait transmettre une information, aller en reconnaissance, porter des munitions et de l'eau en première ligne, je devais traverser la ligne de feu. Et puis la ville était pilonnée sans cesse, les incendies faisaient rage. Tous les bâtiments étaient détruits. Un jour, j'ai vu un Junkers 52 atterrir dans les ruines. Je n'ai jamais compris comment le pilote avait réussi à se poser… Le moral des habitants de la ville était horrible. Un jour, près de la gare, j'ai choisi le sous-sol d'une maison pour installer le nouveau PC du bataillon et j'ai appris que toute la famille qui vivait là s'était suicidée. Et ce n'était pas un cas unique.

Et vous, les soldats ?

Le moral était également extrêmement bas, le comportement se dégradait. Je me souviens d'avoir vu des soldats qui tentaient d'entraîner une femme avec eux… Ils l'ont lâchée quand ils ont compris que j'étais prêt à leur tirer dessus. La ville était pleine de militaires en maraude et le seul espoir de résistance tenait sur les SS… C'étaient des moments horribles. Cinq jours plus tard, je me souviens, les Russes ont attaqué notre PC, qui se trouvait dans le sous-sol de l'école. J'ai réclamé des ordres au commandant, mais il était complètement prostré. D'autres démontraient une sérénité stoïque, comme ce commandant de compagnie, un juriste quadragénaire qui venait d'arriver sans avoir jamais combattu. Mais les plus motivés, c'étaient ceux de la Hitlerjugend, des enfants de 13-14 ans qui vous saluaient tout le temps avec le bras levé. De la folie. J'avais l'impression de jouer avec des soldats de plomb. Les hommes du Volkssturm, en revanche, étaient prêts à se rendre dès qu'ils arrivaient au feu. Une fois, j'ai été obligé de leur expliquer en termes fort précis ce qui les attendait en captivité pour qu'ils reprennent le dessus. C'est ce jour-là, au PC, que le chef de bataillon m'a annoncé qu'au nom du général Niehoff j'étais décoré de la croix de fer 1re classe.

Buviez-vous pour tenir le coup ?

Près de Leningrad, on pouvait acheter de l'alcool à un kiosque de campagne de notre division, mais, comme je disais toujours, « la guerre n'est pas copine avec le schnaps » et je n'en ai bu qu'une seule fois. C'était là encore fin avril 1945, à Breslau. Ce jour-là, je vais au PC responsable du secteur voisin, tenu par des SS. Autour de la table à cartes, il y a deux officiers qui me font signe d'approcher. D'un air dédaigneux, l'un d'eux me demande ce que je leur veux. Je réponds que ses hommes ont laissé notre aile à découvert et que nous n'avons personne pour boucher le trou. Il me somme de désigner mon secteur sur la carte et me dit alors que nous avons tiré sur ses gars. Je lui rétorque que, depuis que les Russes y sont, on tire sur tout ce qui bouge. Et là, je me rends compte que j'ai affaire à Besslein* et Rogge*, les deux officiers les plus redoutables de la forteresse. Tout à coup, des obus explosent et les murs du sous-sol se mettent à trembler. Sans y prêter attention, Besslein désigne la carte et m'explique où passera la nouvelle ligne de défense. Puis il me dit : « Avant ton départ, buvons un coup » – et il me sert un verre. On a trinqué, j'ai bu et je suis reparti… De retour dans mon unité, quand j'ai raconté que Besslein lui-même m'avait invité à partager un verre, personne n'a voulu me croire. C'est la seule fois où j'ai bu du schnaps en première ligne, je ne l'oublierai jamais.

Aviez-vous d'autres distractions ?

J'ai trouvé un profond équilibre et une sérénité totale en lisant les œuvres de Hermann Löns*. En Russie, quand le front était stable, le commandement organisait des projections dans une grange, ou bien un orchestre itinérant donnait un concert. Quand c'était calme, on avait droit à une journée pour aller à Gatchina. On y mangeait copieusement, on visitait le palais de l'impératrice Catherine II où se trouvait l'état-major de la Luftwaffe.

Qu'avez-vous pensé quand les Alliés ont débarqué en Normandie ?

Le régiment entier aurait voulu être transféré en France pour combattre les Américains.

Et à l'annonce de l'attentat du 20 juillet 1944 contre Hitler ?

On était en première ligne et deux officiers de l'état-major divisionnaire nous ont annoncé qu'un attentat avait été organisé contre le Führer et qu'il avait échoué. Ils ont ajouté qu'un officier de notre état-major y était impliqué, qu'il s'était enfui et que nous devions être vigilants. C'était tout. Les soldats n'en ont pas parlé. Nous avions d'autres chats à fouetter.

La mort d'Hitler ?

Je l'ai apprise à Breslau, le soir du 1er mai. J'ai croisé des soldats dans le centre-ville, qui m'ont dit qu'un certain Tönnes était désigné comme successeur. Puis j'ai su par la radio qu'il s'agissait de l'amiral Dönitz. Mais la nouvelle ne nous a pas affectés. Pour tout le monde, il était clair que c'était la fin.

Comment la reddition de Breslau s'est-elle passée ?

Le 5 mai, on a appris que notre commandement avait signé une trêve avec les Russes et que leurs unités étaient déjà en ville. Notre chef de bataillon m'a envoyé avec deux autres soldats voir ce qu'il se passait. Nous sommes allés vers la Königsplatz, où nous avons croisé les Russes. Ils étaient armés, nous aussi, nous nous sommes arrêtés pour nous saluer, et puis chacun a continué sa route. Après ça, les Russes nous ont promis la liberté si nous nous rendions. La nuit du 6 au 7 mai, nous leur avons livré la ville, mais ils nous ont trompés… J'ai été enfermé à Breslau, puis complètement dépouillé et embarqué avec des milliers d'autres dans les wagons à bétail en direction du Caucase. Notre « voyage » a duré dix jours, en plein été… Il faisait très chaud. Nous n'avons reçu que deux gobelets d'eau pendant tout le trajet. Des prisonniers avaient la diarrhée… Après ce calvaire, nous sommes arrivés à Kirovabad [Gandja depuis 1990], dans les montagnes d'Azerbaïdjan, où on nous a mis au travail dans les mines de cobalt.

Quelles étaient les conditions ?

À Kirovabad, on avait très peu à manger, pain, soupe et kacha [bouillie de céréales]. La quantité de pain dépendait du travail accompli. Mais comme je connaissais l'alphabet cyrillique, j'ai obtenu un poste au bureau, où la vie était plus facile. Je pouvais manger autant de pain que je voulais et j'ai repris des forces, même si ça n'a pas duré longtemps… Ce qui m'a également aidé, c'est que je ne fumais pas : je pouvais échanger mes cigarettes contre du pain. J'ai passé comme ça trois ans, sans jugement. Je n'avais pas la moindre idée de combien de temps ça durerait…

Est-ce que vos parents savaient où vous étiez ?

Après une lettre retournée sans réponse, ce qui m'a fait craindre le pire, un ami de détention a été libéré pour raisons de santé. Mes parents ont ainsi appris en janvier 1946 que j'avais survécu. Quand mes camarades ont été finalement jugés et condamnés à vingt-cinq ans de prison ferme, j'étais hospitalisé avec le typhus : j'ai été épargné. Libéré fin août 1948, je suis rentré en octobre de la même année. J'ai eu la chance que la commission de santé ait conclu que j'étais trop faible pour travailler.

Est-ce qu'au camp on vous a incité à entrer au parti communiste ou à faire partie du Comité national pour une Allemagne libre ?*

Non. On nous disait seulement que mieux nous travaillerions, plus vite nous rentrerions chez nous. Quand j'ai regagné mon village, j'ai trouvé mes parents sans travail, dans une maison à moitié détruite par une bombe, partagée avec des réfugiés. Jusqu'en mars 1949, je suis resté à l'hôpital. Après, j'ai travaillé comme commercial. Mon salaire mensuel était de 50 DM, sur lequel je devais payer 20 DM d'amende en tant qu'ancien membre du parti nazi.

Quelle trace la guerre a-t-elle laissée sur vous ?

Je suis devenu dur, très dur. Hitler disait qu'il fallait être dur comme un acier Krupp et tenace comme le cuir… La guerre m'a rendu dur et tenace. Après, dans la vie, quand je croisais un homme de ma génération, je savais tout de suite s'il avait été un soldat du front ou un rat de l'arrière. Bismarck avait raison – on ne devrait jamais faire la guerre contre la Russie !

Glossaire

Abrial, Jean-Marie (1879-1962) : brillant spécialiste de la lutte anti-sous-marine et du torpillage, rapidement promu avant guerre. « Amiral Nord » en mai 1940 – ce qui lui donne la responsabilité de Dunkerque –, il organise brillamment la résistance du périmètre. Il sert ensuite Vichy avec zèle, ce qui lui vaut d'être condamné à la Libération.

Active Defense : inspirée des combats menés en 1943-1944, l'Active Defense est adoptée en 1976 par l'US Army. Vivement critiquée, cette doctrine n'offrant pas de perspectives de victoire opérationnelle sera remplacée dès 1982 par la novatrice Airland Battle imprégnée d'opératique… soviétique.

Armée de tanks : grande unité mécanisée (de 350 à 450 chars) dont la mission spécifique n'est pas la rupture, mais l'exploitation d'une percée en profondeur.

Arnold, Henry Harley « Hap » (1886-1950) : général, chef de l'US Army Air Corps de 1938 à 1941, puis des USAAF (qui lui succèdent) de 1941 à 1946. À ce titre, il préside à la formidable mobilisation de l'industrie aéronautique américaine et joue, avec son homologue George Marshall (US Army), un rôle décisif dans la conduite de la guerre, étant présent à l'état-major interallié, le CCS, installé à Washington. Il n'oublie jamais de mettre en avant l'importance – et les intérêts – des USAAF, en dépit de sa santé fragile. Il sera aussi le fondateur, après guerre, de la RAND Corporation, le plus grand *think tank* au monde.

Attlee, Clement (1883-1967) : leader du Labour depuis 1935, il intègre le gouvernement d'union nationale de Churchill comme lord Privy Seal (titre honorifique, son vrai rôle étant celui de vice-président des Communes). Son influence grandissante lui vaut en 1942 le poste de vice-Premier ministre en charge de l'Intérieur. Il succède à Churchill en 1945 après la victoire des travaillistes aux élections.

Avranches (percée d') : brèche réalisée à l'ouest du front allemand en Normandie à proximité de la ville du même nom, qui permet aux Alliés de déboucher en terrain libre. Après que Britanniques et Canadiens ont percé à leur tour à l'est, la jonction des deux groupes d'armées alliés crée la poche de Falaise (voir ce mot).

« **Bagration** » : offensive menée par l'URSS à l'été 1944. Le nom de « Bagration » a été choisi par Staline, en hommage au plus grand prince géorgien au service de la Russie. Figure des guerres napoléoniennes, le général Piotr Ivanovitch Bagration (1755-1812) fut mortellement blessé lors de la bataille de la Moskova (Borodino pour les Russes) en septembre 1812.

Beck, Ludwig (1880-1944) : chef de l'état-major général de l'armée de 1935 à 1938. À ce poste, il s'oppose à Hitler sur deux points majeurs. D'une part, il espère maintenir la voix de l'état-major général de l'armée de terre dans la définition de la stratégie ; d'autre part, il freine les initiatives d'Hitler en politique étrangère, qu'il juge trop risquées. Il démissionne en août 1938, après avoir vainement tenté d'entraîner ses collègues dans la dissidence. Il devient ensuite l'animateur de la résistance militaire à Hitler et l'homme clé du complot qui aboutit à l'attentat du 20 juillet 1944. Il se suicide en apprenant son échec.

Besslein, Georg-Robert (1911-1993) : Obersturmbannführer (équivalent SS de lieutenant-colonel) commandant le SS-Festungs-Regiment 1 (1er régiment de forteresse), unité improvisée par la Waffen-SS pour la défense de la place de Breslau en février 1945.

Bock, Fedor von (1880-1945) : général colonel, il commande le groupe d'armées B, qui entre en Belgique par la route habituelle des invasions et doit servir d'« enclume » à l'écrasement des Franco-Britanniques, Rundstedt (voir ce nom) étant le « marteau ».

« **Bodyguard** » : vaste opération d'intoxication montée par les Britanniques en préparation du jour J. À Téhéran, Staline a accepté de s'y associer. L'Armée rouge était censée simuler des débarquements au nord de la Norvège et sur la côte bulgare ou roumaine. Les historiens sont toujours incapables de déterminer si, oui ou non, les Soviétiques ont simulé ces opérations.

Bradley, Omar (1893-1981) : général américain. Après avoir participé à la conquête de la Sicile, il débarque en Normandie à la tête de la 1re armée américaine. Il commande ensuite le 12e groupe d'armées qui libère la Bretagne, puis entre en Allemagne jusqu'à l'Elbe, où il fait la jonction avec les troupes soviétiques le 25 avril 1945.

Brauchitsch, Walther von (1881-1948) : nommé commandant en chef de l'armée de terre en 1938. S'il voit bien à quoi doivent ressembler les opérations militaires modernes, il est handicapé par la peur que lui inspire Hitler et ne réussira pas à imposer le respect dû à sa fonction.

Brereton, Lewis (1890-1967) : général américain et aviateur au bilan mitigé. Les forces aériennes américaines des Philippines qu'il commande sont écrasées en décembre 1941 par les Japonais. Puis, à la tête de la 9th Air Force, il est critiqué par Bradley qui lui préfère ses subordonnés, plus perméables aux innovations. Sa nomination à la FAAA peut être vue comme une sanction.

Carell, Paul (nom de plume de Paul Karl Schmidt, 1911-1997) : ancien SS responsable du magazine de propagande *Signal*, reconverti dans le journalisme. Il incarne l'aboutissement du processus de réhabilitation et de séduction de la Wehrmacht. Ses succès – *Sie kommen !* (1960), *Unternehmen « Barbarossa »* (1963) –, souvent traduits, ont durablement marqué l'historiographie.

Casablanca (conférence de) : se tenant du 14 au 24 janvier 1943, elle réunit Roosevelt, Churchill et les états-majors généraux américains et britanniques. Son principal objectif est de définir la stratégie militaire générale des Alliés pour libérer l'Europe occupée, en rapprochant les vues américaines et britanniques.

Chamberlain, Neville (1869-1940) : chef du parti conservateur, Premier ministre de Grande-Bretagne de 1937 au 10 mai 1940. Bien qu'ayant accéléré le réarmement, il incarne surtout, avec le très pieux secrétaire aux Affaires étrangères Edward Wood Halifax (voir ce nom), la politique d'*appeasement* qui aboutit aux accords de Munich en 1938. Mis en difficulté à la suite de l'échec de Norvège début mai 1940, Chamberlain choisit Halifax comme successeur… qui se défile au profit de Churchill. Chamberlain meurt d'un cancer en novembre. Halifax est éloigné comme ambassadeur à Washington.

Charge creuse : charge composée d'un explosif tapissé sur un cône de métal retourné. La géométrie de la charge aboutit lors de l'explosion à la formation d'un dard de métal en fusion capable de percer de fortes épaisseurs de blindage.

Chasseur de chars : châssis de char doté d'un canon antichar sous casemate. Peu coûteux (on récupère d'anciens châssis périmés), discret (surbaissé), bien protégé, le chasseur profite d'un calibre surdimensionné : ainsi, le Jagdpanther reçoit un canon de 88 mm contre 75 mm au Panther dont il dérive. Le Jagdtiger, lui, embarque un énorme 128 mm contre 88 mm au Tiger.

Combat command : groupe de combat interarmes de la taille d'une brigade, employé dans l'armée américaine de 1942 à 1963 et constitué en général d'éléments blindés, d'infanterie et d'artillerie de soutien. Chaque division blindée en comprenait trois : CCA, CCB et CCR (pour réserve).

Comité des chefs d'état-major (Combined Chiefs of Staff) : direction militaire collégiale anglo-américaine installée à Washington, qui regroupe en théorie les chefs d'état-major des armées de terre, de l'air et des marines américaines et britanniques. En pratique, les Britanniques, que leurs fonctions obligent à demeurer au Royaume-Uni, y sont représentés par des « doublures ».

Comité national pour une Allemagne libre (Nationalkomitee Freies Deutschland, NKFD) : organisation fondée le 12 juillet 1943 en URSS par des militants antinazis allemands (principalement des communistes) sous l'égide de Moscou et qui tente de rassembler les prisonniers sous sa bannière.

Corps mécanisé : dans l'URSS de 1941, grande unité encadrant en théorie 36 000 hommes et 1 000 chars, répartis en deux divisions de tanks et une d'infanterie motorisée.

Coup de revers : en janvier-février 1943, les Soviétiques regagnent le territoire perdu en 1942, mais Manstein échange du terrain contre du temps, rassemble avec brio ce qui reste de ses blindés et les lance dans un coup, dit « de revers », qui frappe de flanc l'armée blindée de Popov. La victoire est totale contre un ennemi paralysé par le manque d'essence.

« Desert Storm » (opération de libération du Koweït, application de l'Airland Battle) : si l'enveloppement par le désert rappelle bien Gazala, « Desert Storm » est l'héritière de l'opératique soviétique et non de la Blitzkrieg (*maskirovska* construite autour de la menace d'un débarquement, attaques de dislocation sur un large front). Le nom est d'ailleurs un hommage à « August Storm », nom de l'opération soviétique contre les Japonais en 1945.

Dimitrov, Georgi (1882-1949) : communiste bulgare. Il organise en 1923 une insurrection communiste contre les militaires qui prennent le pouvoir à Sofia. Mis en échec, il se réfugie à Moscou où il devient, après avoir réchappé d'un procès en Allemagne en 1933, le secrétaire général du Komintern de 1934 à 1943. Il installe le communisme dans son pays natal en 1945 et meurt en 1949 au sanatorium de Barvikha, près de Moscou.

Divisions de campagne de la Luftwaffe (Luftwaffen-Feld-Divisionen, LwFD) : ces divisions naissent en octobre 1942, lorsque Hermann Göring, prié de concéder une partie des effectifs pléthoriques de l'aviation à la Heer (l'armée de terre), parvient à la place à former des unités d'infanterie sous son contrôle. Bien distinctes des parachutistes, les LwFD, de réputation misérable, passent fin 1943 sous contrôle opérationnel de l'armée de terre.

Expert, Experten : nom que donnent les Allemands à leurs as aériens les plus capés. Ils sont une centaine de pilotes de chasse de la Luftwaffe à enregistrer plus de 100 victoires au combat, soit environ 15 000 appareils alliés abattus (soviétiques aux trois quarts) à eux seuls !

Fagalde, Bertrand (1878-1966) : il commande en 1940 le XVIe corps de la 7e armée, la meilleure de l'armée française. Avec Abrial, il organise et anime la résistance du périmètre de Dunkerque côté français. Capturé en juin 1940, il passe la guerre en Allemagne.

Falaise (poche de) : poche créée à la suite de la percée d'Avranches (voir ce nom) par la jonction des armées alliées britanniques et canadiennes, où sont piégés la plupart des défenseurs allemands. Matraqués par l'aviation, 10 000 ou 15 000 d'entre eux sont tués, près de 50 000 capturés. La majorité des unités Panzer parviennent cependant à sauver leurs hommes (mais pas leur matériel).

Festung, Festungen (forteresse[s]) : cité fortifiée – carrefour routier à l'est, port à l'ouest – qu'Hitler entend défendre et conserver à tout prix, exigence illusoire et terriblement coûteuse en hommes. Les Festungen de l'Atlantique immobilisent ainsi 200 000 hommes, l'effectif d'une armée.

FHO (Fremde Heere Ost, « service de renseignements oriental de l'armée de terre ») : organisme qui, au sein de l'état-major général de l'armée de terre (OKH – voir ce mot), est responsable du renseignement sur le front soviétique. À partir du printemps 1942, son chef est Reinhard Gehlen, futur ami de la CIA et fondateur du BND, l'actuel service de renseignements allemand. Le FHO livre à l'OKH et aux groupes d'armées des synthèses bimensuelles sur l'Armée rouge.

Flivos (abréviation de Fliegerverbindungsoffiziere) : officiers de liaison de la Luftwaffe auprès de l'armée de terre. Inventés en Espagne par Richthofen, ils accompagnent les divisions rapides, renseignent les états-majors aériens sur la situation et peuvent demander des frappes au sol à leurs supérieurs, sans pouvoir les décider eux-mêmes.

Focke-Wulf Fw 190 : monomoteur mis en service en août 1941. Considéré comme le meilleur chasseur allemand de la guerre et construit à environ 20 000 exemplaires, il est décliné en de nombreuses versions, notamment comme chasseur bombardier. Le A8 de 1944 atteint 650 km/h et porte 4 canons de 20 mm et 2 mitrailleuses de 13 mm.

« **Frantic** » : coopération américano-soviétique en matière de bombardement stratégique du Reich. Les Soviétiques mettent à disposition des US Army Air Forces trois terrains en Ukraine où les B17 et les Mustang venus d'Angleterre pourront ravitailler avant de repartir vers l'ouest bombarder en navette. Un magnifique coup de la Luftwaffe (le 21 juin 1944) détruit au sol 43 B17 et coule *de facto* « Frantic ».

Freytag Loringhoven, Hugo von (1855-1924) : officier d'état-major et historien militaire prussien influent, proche de Erich von Falkenhayn. À la disgrâce de ce dernier en 1916, il devient jusqu'à l'armistice chef adjoint du grand état-major.

Front : dans la nomenclature soviétique, le front est un groupe d'armées, soit l'équivalent, en effectifs, d'une armée allemande ou occidentale. Il rassemble entre trois et dix armées selon les lieux et les époques. Il possède son aviation et sa logistique propre. Il est l'agent de planification et d'exécution des opérations sur une direction donnée qui, en général, lui confère son nom. Ainsi, le front de l'Ouest opère sur la direction ouest par rapport à Moscou.

FT17 : fabriqué par Renault depuis 1917, c'est un char léger hors d'âge en 1940, mais conservé dans les unités territoriales à plus de 1 000 exemplaires.

Funnies (littéralement « comiques ») : surnom collectif donné aux blindés spéciaux regroupés dans la 79e DB britannique – chars lance-flammes, chars poseurs de ponts ou équipés d'un obusier lourd de démolition, etc. Conçus sous l'égide du Britannique Percy Hobart et rejetés par les Américains, ils préfigurent les blindés du génie actuel et sont précieux pour attaquer les fortifications allemandes.

Fusil wz.35 : arme antichar légère (10 kg) polonaise, dotée d'une munition de petit calibre (7,9 mm) dont la grande vitesse initiale (1 000 m/s) permet de détacher, par la force de l'impact, des débris de métal à l'intérieur du blindage touché. Redoutable contre les blindés légers, l'arme est récupérée par la Wehrmacht et inspire le fusil antichar soviétique Degtyarev de 14,5 mm.

Gamelin, Maurice (1872-1958) : général, esprit brillant, major de Saint-Cyr, il cumule, à partir de 1935 et jusqu'en mai 1940, les fonctions suprêmes de chef d'état-major de l'armée et de vice-président du Conseil supérieur de la guerre. Il devient l'homme clé du réarmement, puis généralissime en 1939. Gamelin encourage, suggère, louvoie, divise pour mieux contrôler, se couvre, mais ne tranche pas et ne commande guère. Il est limogé le 17 mai en pleine bataille sans jamais avoir pesé sur la conduite de celle-ci.

Gort, John Vereker (1886-1946) : vicomte, officier de terrain, décoré en 1918 de la Victoria Cross pour bravoure exceptionnelle, promu rapidement dans l'armée réduite des années 1920-1930. Chef de l'état-major impérial, poste suprême en 1937, il se voit confier la BEF en 1939. Réputé peu brillant, mais obstiné et non dénué de bon sens, il est l'un des responsables du succès de Dunkerque, même si sa carrière s'y achève.

Greenwood, Arthur (1880-1954) : il entre avec Attlee au cabinet de guerre en mai 1940, sans portefeuille. Son soutien à Churchill et son éloquence éclipsent son incompétence et son alcoolisme. Il quitte le gouvernement en 1943 et prend la tête du Parti travailliste.

Guderian, Heinz (1888-1954) : un des concepteurs de l'arme blindée allemande. Il a fait ses gammes au sein des transmissions avant de commander le 19e corps d'armée motorisé (3 divisions Panzer). Auteur de la percée de Sedan, il est le moteur principal de la ruée vers la Manche. C'est certainement, en 1940, le plus doué de tous les officiers de chars au monde. Il commande ensuite une armée blindée (en URSS). Tombé en disgrâce après son échec devant Moscou à la fin 1941, il est rappelé comme inspecteur de l'arme blindée en 1943, puis chef d'état-major adjoint de l'armée de terre. Prisonnier de guerre des Américains de 1945 à 1948, il est libéré sans être inculpé de crimes de guerre et devient un des conseillers pour l'organisation de la future armée de RFA.

Guerre soviéto-polonaise : elle démarre en février 1919 par une offensive de l'Armée rouge commandée par Toukhatchevski contre l'armée du général Piłsudski, soutenu par les Occidentaux (de Gaulle et Weygand servent de « conseillers »). Mais les envahisseurs se font étriller sous Varsovie et ce sont les Polonais qui pénètrent bientôt en territoire soviétique, forçant Moscou à la paix en mars 1921.

Halder, Franz (1884-1972) : chef de l'OKH depuis 1938. Brillant, il se rallie vite au plan génial proposé par Manstein (voir ce mot) pour vaincre la France. Il considère qu'il a à gérer l'héritage du grand état-major prussien, d'où sa méfiance vis-à-vis d'Hitler.

Halifax, Edward Wood (1881-1959) : secrétaire aux Affaires étrangères britannique sous Chamberlain. Partisan comme son Premier ministre d'« apaiser » Hitler, il perd son poste au profit d'Eden en décembre 1940.

Ironside, William (1880-1959) : héros de la Grande Guerre, l'impétueux général est disgracié dans l'entre-deux-guerres pour avoir plaidé la modernisation de l'armée, puis rappelé grâce à l'appui de son ami Liddell Hart. Chef d'état-major de l'armée de terre en 1939, il est dépassé par le poste et obtient fin mai 1940 le bref commandement des forces chargées de contrer l'invasion, avant d'être mis à la retraite.

Jagdpanzer IV : version chasseur de chars du classique Panzer IV, le Jagdpanzer IV est équipé d'un excellent tube antichar de 75 mm sous casemate. Il est construit à environ 2 000 exemplaires.

Jerrycan : bidon normalisé de l'armée conçu en 1937, il a une contenance de 20 litres, un bouchon bec verseur, des poignées et une forme qui facilitent l'embarquement sur les camions et le maniement pour des pleins rapides. Le modèle surnommé jerrycan (« bidon boche ») par les Britanniques est largement copié par les Alliés.

JS (abréviation de Joseph Stalin) 2, modèle 1944 : mis en service en avril 1944, le char lourd JS (56 tonnes) est construit en 2 250 exemplaires. Son énorme canon de 122 mm est puissant, mais lent à recharger, et l'engin est plus destiné au soutien de l'infanterie qu'à la lutte antichar.

Junkers Flugzeug und Motorenwerke AG : avionneur et fabricant de moteurs d'avions allemand. La société est fondée en 1895 par Hugo Junkers et fabrique d'abord des radiateurs et des chaudières. En 1914, elle bascule vers la construction aéronautique et devient pionnière dans la fabrication d'avions tout en métal, dès 1915. Pendant la Seconde Guerre mondiale, Junkers produit, outre le Stuka, le bombardier Ju 88 et ses dérivés, ainsi que de nombreux moteurs, *via* sa filiale Jumo (Junkers Motoren), dont les réacteurs Jumo 004 du Me 262, premier chasseur à réaction opérationnel de l'histoire.

Kleist, Ewald von (1881-1952) : il commande avec maestria le premier groupe Panzer de l'histoire, celui auquel les Français doivent leur défaite. Il s'agit d'une véritable armée groupant 3 corps motorisés, forts de 5 divisions Panzer et de 3,5 divisions motorisées.

Kluge, Hans Günther von (1882-1944) : général, il commande la 4e armée (13 divisions dont 2 Panzer), à droite de l'aile marchante allemande. Comme Rundstedt (voir ce nom), il est dérouté par les prises de risque de ses subordonnés, en particulier celles de Rommel (7e division Panzer).

Kokott, Heinz (1900-1976) : colonel commandant la 26. Volksgrenadier-Division lors de la bataille des Ardennes, où il reçoit la défense du secteur de Chaumont-Martelange. Officier expérimenté venu du front de l'Est, il a commandé un régiment d'infanterie à Koursk et pendant la retraite en Ukraine.

Komintern (abréviation de l'Internationale communiste) : organisation fondée en 1919 par Lénine pour fédérer l'action des partis et mouvements socialistes protocommunistes dans le monde afin, en principe, de propager la révolution bolchevique. Il s'agit en fait bien vite de téléguider leur activité au seul profit de l'URSS. L'organisation est dissoute en 1943.

Korsun-Tcherkassy (bataille de) : elle s'est tenue en janvier-février 1944 sur les bords du Dniepr. Deux fronts soviétiques ont encerclé deux corps d'armée allemands. Une contre-offensive menée par Manstein, jointe à une sortie désespérée des assiégés, permettra de sauver environ 35 000 des 50 000 hommes enfermés dans la poche.

Koursk (saillant de) : lancée le 5 juillet 1943, l'opération « Citadelle » vise à piéger entre deux mâchoires les armées soviétiques enfoncées dans le saillant de Koursk, à mi-distance entre Moscou et Kiev. Dernière grande offensive de la Wehrmacht à l'est, elle implique environ 3 000 Panzers auxquels font face 5 000 chars soviétiques. Mais l'Armée rouge s'attend au choc et, en dépit de quelques progrès au sud, les Allemands sont contenus, puis contre-attaqués victorieusement dès le 12 juillet.

Large front : le plan directeur proposé en mai 1944 envisage de finir la guerre en Europe en privant les nazis de leurs poumons économiques : une offensive principale menée *via* Aix-la-Chapelle contre la Ruhr et une secondaire *via* la Lorraine pour conquérir la Sarre. Mais pour diverses raisons, notamment doctrinales et politiques, cette stratégie se délite au profit d'une offensive tous azimuts sur un large front d'Anvers à la frontière Suisse.

Léopold III (1901-1983) : roi des Belges, il hérite du trône en 1934. Influencé par les nationalistes flamands, il préfère en 1936 la neutralité à l'alliance avec la France et l'Angleterre, ce qui aura des conséquences dramatiques pour la coordination en 1940. C'est lui qui décide la reddition de l'armée le 27 mai, contre l'avis du gouvernement. Resté en Belgique pendant l'Occupation, il est contraint d'abdiquer en 1951.

Löns, Hermann (1866-1914) : journaliste, poète, écrivain et naturaliste, il a célébré la beauté des landes de Basse-Saxe, patrie de Kurt Klusmeier. Il est un des premiers écrivains victimes de la Grande Guerre.

Manstein, Erich von (1887-1973), de son vrai nom Erich von Lewinski : Generalfeldmarschall, sans conteste l'un des meilleurs chefs de la Wehrmacht. Blessé en Pologne en 1914, il mène sa carrière au sein des états-majors, où son esprit vif le fait remarquer. Architecte du plan d'invasion de la France au printemps 1940, commandant un corps Panzer lors de l'invasion de l'URSS, il est nommé en septembre 1941 à la tête de la 11e armée, avec laquelle il achève la conquête de la Crimée et prend Sébastopol, dernier siège gagné par la Wehrmacht. Fait maréchal, il prend après Stalingrad le commandement de l'ensemble du sud du front de l'Est, remportant même une ultime victoire à Kharkov, en février-mars 1943. Mais il échoue à vaincre de façon décisive les Soviétiques, ce qui lui vaut d'être relevé de ses fonctions en mars 1944. Redoutable manœuvrier, il est cependant d'une complaisance coupable à l'égard d'Hitler. Condamné en 1949 à dix-huit ans de prison pour crimes de guerre, libéré dès 1953, il devient conseiller militaire de la Bundeswehr.

Marshall, George (1880-1959) : général commandant l'état-major de l'US Army. Discret, il joue avec son homologue Henry Harley Arnold (Army Air Force) un rôle décisif dans la conduite de la guerre américaine et même alliée, étant présent à l'état-major interallié, le CCS, installé à Washington.

Men Against Fire : ouvrage de l'historien militaire S. L. A. Marshall, publié en 1947. L'auteur y affirme que les trois quarts des GI n'ont pas utilisé leurs armes, réflexe qu'il explique par l'intégration chez ces citoyens de l'interdit de tuer. L'authenticité de son évaluation a depuis été remise en cause.

Messerschmitt Bf 109 : chasseur standard de la Luftwaffe, construit de 1939 à 1945 à 34 000 exemplaires, en trois grandes versions successives (E, F, G) et une infinité de sous-versions, au détriment de la standardisation. La version G14 AS est une version destinée au combat à haute altitude, capable d'atteindre 650 km/h à 7 500 mètres et armée d'un canon de 20 mm et de deux mitrailleuses de 13 mm.

Mihailović, Draža (1893-1946) : général serbe. Ayant pris le maquis aussitôt après l'effondrement de la Yougoslavie, il organise le mouvement de résistance nationaliste des tchetniks, favorables au rétablissement de la monarchie. Il combat parallèlement au communiste Tito, avant d'établir avec l'occupant allemand un *modus vivendi* et d'affronter le mouvement partisan de son rival. Inculpé de haute trahison, il est fusillé après la fin de la guerre, avant d'être réhabilité en 2015.

Milch, Erhard (1892-1972) : officier puis administrateur compétent, chargé en 1940, en dépit de ses origines juives cachées par le régime, d'une production aéronautique chaotique laissée aux barons de l'industrie, dont Messerschmitt, qu'il déteste. Il y parvient en 1943, sous la direction d'Albert Speer. Condamné à la prison à vie à Nuremberg en 1947, il est libéré en 1954.

Molotov-Ribbentrop (pacte) : Molotov et von Ribbentrop signent à Moscou, le 23 août 1939, un pacte de non-agression valable dix ans. Il est doublé par un protocole annexe, tenu secret, par lequel le Reich et l'URSS délimitent leurs sphères d'intérêts en Europe orientale. L'article 2 fixe la ligne de partage de la Pologne le long des fleuves Narew, Vistule et San.

Montgomery, Bernard Law (1887-1976) : maréchal britannique, vainqueur de Rommel en Afrique, modernisateur de l'armée, commandant des forces terrestres alliées en Normandie, occupe début septembre une position paradoxale. Le néo-maréchal est au faîte de sa gloire et pourtant il vient d'être dégradé au seul commandement des forces anglo-canadiennes. Convaincu qu'Eisenhower, son successeur, est incompétent, il s'épuise à lui imposer ses vues, plus conformes aux intérêts de la Couronne.

Mourmansk : principal port d'arrivée des convois arctiques envoyés par les Alliés, au nord de la péninsule de Kola sur la mer de Barents et à 360 km au sud-est du cap Nord. Gros avantage, ses eaux réchauffées par un ultime bras du Gulf Stream ne gèlent pas en hiver. L'ennui est que la frontière norvégienne et les Allemands sont à 100 km.

Munich (accords de) : conclus les 29 et 30 septembre 1938 par l'Allemand Hitler d'un côté, le Français Daladier et le Britannique Chamberlain de l'autre, par l'entremise de Mussolini, ces accords attribuent au IIIe Reich les Sudètes, territoires tchécoslovaques frontaliers du Reich où vit une forte minorité allemande et que les nazis agitent à dessein pour provoquer une crise. La Tchécoslovaquie, privée de ses défenses, est envahie par la Wehrmacht sans combat le 15 mars 1939 et démembrée en un protectorat de Bohême-Moravie inféodé au Reich et une République slovaque fantoche.

NKGB (acronyme de Narodnii Komissariat Gossoudarstvennoï Bezopasnosti, « commissariat du peuple à la Sécurité de l'État ») : en URSS, service d'espionnage et de contre-espionnage intérieur et extérieur qui existe du 3 février au 20 juillet 1941 (il reprend certaines fonctions du NKVD), puis renaît de 1943 à 1946, où il devient ministère de la Sécurité gouvernementale (MGB). C'est l'ancêtre du KGB, créé en 1954.

NKVD (acronyme de Narodnii Komissariat Vnutrennikh Diel, « commissariat du peuple aux Affaires intérieures ») : police générale de l'URSS, dirigée par Beria et chargée de la sécurité de l'État. En 1934, le NKVD absorbe la Guépéou, la police politique de Staline qui a remplacé la Tcheka bolchevique en 1922, et joue un rôle majeur dans les purges staliniennes et les déportations au Goulag. En 1946 lui succède le ministère de l'Intérieur (MVD).

« Nordwind » : opération ordonnée le 21 décembre par Hitler, irrité par les retards subis dans les Ardennes. Lancée en Alsace le 31 décembre, elle a pour objectif de détruire la 7e armée US en la prenant en tenaille. Bien renseignés, les Alliés se défendent, tandis que de Gaulle garde Strasbourg menacée d'évacuation. Le 25 janvier 1945, l'échec allemand entraîne la retraite.

OKH (Oberkommando des Heeres) : le haut commandement de l'armée de terre. Son chef, le maréchal von Brauchitsch, est un médiocre, ce qui n'est pas le cas du général Halder, chef de l'état-major général. L'OKH est en compétition avec l'OKW

(Oberkommando der Wehrmacht), haut commandement des forces armées, confié au maréchal Keitel, une structure rivale placée un cran plus haut. Après juin 1941, l'OKH ne s'occupe plus que du front de l'Est ; les autres théâtres d'opérations devenant du seul ressort de l'OKW.

Orgues de Staline (Stalinorgel) : surnom donné par les Allemands aux lance-roquettes soviétiques. Parmi ces derniers, le BM13, mis en service en 1941, bon marché et construit au final à environ 10 000 exemplaires montés sur camion, est le plus connu. Bien qu'imprécis et long à recharger (50 minutes), il peut tirer simultanément 16 ou 24 fusées de 132 mm à 9 000 mètres, ce qui en fait une arme de choc et de saturation redoutable.

OSS (Office of Strategic Services) : service de renseignements américain qui deviendra la CIA en 1947.

Panther : char qui passe pour être le plus réussi de la guerre. Conçu en 1942 en réplique au T34, le Panzerkampfwagen V Panther combine un redoutable canon de 75 mm à tube long et un blindage incliné épais (jusqu'à 12 cm à l'avant). L'engin, qui pèse 45 tonnes, est cependant mécaniquement fragile. Il est aussi complexe, donc coûteux, et la production ne dépasse guère les 6 000 exemplaires.

Panzerfaust : tube lance-roquettes individuel antichar d'un type nouveau, bon marché, produit en masse (6 millions d'exemplaires), fondé sur l'effet de charge creuse, connu depuis le XIXe siècle, et utilisable une seule fois. Sa charge creuse peut percer 200 mm de blindage à 60 mètres. Sa simplicité d'usage compense l'inexpérience des soldats. Il est surtout utile en combat urbain.

Paris Kanonen (canons de Paris) : canons de 210 mm à très longue portée (128 km) spécialement conçus pour atteindre Paris depuis l'Aisne. Surnommés à tort « Grosse Bertha » (une pièce de siège de 420 mm et 10 km de portée) par les Parisiens, ces canons tuent 265 personnes et en blessent 620 entre le 23 mars et le 9 août 1918.

Patton, George S. (1885-1945) : né à San Gabriel (Californie), officier de cavalerie apôtre de l'offensive à outrance, il est le plus brillant et audacieux des généraux américains en Europe en 1944-1945, à la tête de la 3e armée US. Célèbre pour son franc-parler, anticommuniste partisan d'un affrontement avec l'Armée rouge, il meurt dans un accident de la route le 21 décembre 1945.

Pavelić, Ante (1889-1959) : fondateur du mouvement croate séparatiste, terroriste et ultranationaliste de l'Oustacha en 1929. Sur proposition de Mussolini, Hitler accepte d'en faire, le 10 avril 1941, le *poglavnik* (« chef ») de l'état fasciste indépendant de Croatie. Pavelić entame aussitôt une politique d'épuration ethnique massive visant les Juifs, les Tsiganes et les Serbes.

Personnel de piquet : désigne l'équipe minimale chargée de rester aux postes de combat pour servir les armes.

Pervitine : dérivé de la métamphétamine, une drogue alors en vente libre en Allemagne, appréciée pour ses effets euphorisants et coupe-faim, dont plusieurs dizaines de millions de comprimés sont distribués au sein de la Wehrmacht. Elle permet, avec de graves risques pour la santé, de demeurer éveillé quarante-huit heures d'affilée.

Prêt-bail (loi du) [Lend-Lease Act] : en mars 1941, cette loi autorise le président Roosevelt à aider le Royaume-Uni, sans entrer en guerre, par le prêt, la location ou la vente de matériel militaire et contre un remboursement différé. L'URSS est admise au bénéfice du prêt-bail officiellement en juin 1942 : l'aide américaine s'élèvera à 11 millions de dollars de l'époque (non remboursés), soit près de 1 milliard de dollars actuels. Aux armes et aux munitions s'ajoutent des véhicules, des vivres, des médicaments…

Ramsay, Bertram (1883-1945) : commandant d'un destroyer en 1917, il se distingue en 1918 lors d'un raid sur Zeebrugge. À la retraite en 1938, il est rappelé par Churchill qui le nomme, fin 1939, commandant de la base de Douvres. Le succès de l'opération « Dynamo » fait de ce brillant improvisateur un spécialiste des opérations amphibies – Afrique du Nord, Sicile et, surtout, Normandie, dont il commande en chef le volet naval.

Reichsheer : armée de terre (Heer) de la république de Weimar, le terme « Reichswehr » englobant également la Reichsmarine.

Richthofen, Wolfram von (1895-1945) : cousin du « Baron rouge » Manfred, as de la Première Guerre mondiale, il travaille clandestinement dans la Reichswehr au maintien d'une force aérienne. En Espagne fin 1936, dans la légion Condor, il expérimente l'appui tactique avec les Stukas, spécialité qui va devenir la sienne en Pologne, en France puis en Russie. Brutal et efficace, nazi convaincu, il meurt d'un cancer en captivité.

Rogge, Alfred : Sturmbannführer commandant le 1er bataillon du SS-Festungs-Regiment 1 (voir Besslein). Il meurt de ses blessures en 1945.

Rundstedt, Gerd von (1875-1948) : serviteur obéissant d'Hitler, il commande, lors de l'offensive allemande vers l'ouest, le groupe A, chargé d'appliquer le « coup de faux » à travers les Ardennes. Un paradoxe pour ce vieil officier qui comprend mal l'emploi moderne des chars.

Schlieffen, Alfred von (1833-1913) : rejoint l'état-major prussien en 1863. Présent à Sadowa (1866) puis en France (1870), il devient chef d'état-major en 1891 et entreprend de préparer la guerre contre la France, avant sa retraite en 1906.

Scharnhorst, Gerhard : brillant artilleur et écrivain militaire, né en 1755 de fermiers aisés hanovriens. Il passe en 1801 au service de la Prusse qui l'anoblit. Il enseigne alors à la Kriegsakademie de Berlin, où Clausewitz est son élève, puis assure en 1806 la fonction de chef d'état-major du duc de Brunswick. Après avoir combattu les Français à Auerstaedt et Eylau, il est nommé ministre de la Guerre par le roi Frédéric-Guillaume III, pour qui il réorganise l'armée prussienne. Il meurt en 1813 à Prague des suites d'une blessure reçue à Lützen.

Schwere Panzerjägerabteilung 653 (653e bataillon de chasseurs de chars lourds) : un des 2 bataillons équipés de Jagdtiger fin 1944. Vétéran de Koursk, l'unité combat jusqu'à l'été 1944 au nord de l'Ukraine avant d'être rapatriée en Allemagne. La 1re compagnie est destinée aux Ardennes, mais détournée de sa mission pour participer à l'opération « Nordwind ». C'est probablement elle qui lutte en passant à Chaumont. Le bataillon fond dans les combats en Bavière en mars 1945. Il lui reste 4 Jagdtiger opérationnels à sa reddition le 5 mai à Strengberg en Autriche.

Seeckt, Hans von (1866-1936) : pur aristocrate prussien, architecte en 1915 des victoires de Gorlice-Tarnów et de Serbie, il dirige ensuite l'état-major de l'armée ottomane. Négociateur du traité de Versailles, il devient fin 1919 le premier chef de la Reichswehr. Théoricien et refondateur de la future Wehrmacht, ce nationaliste fervent la tient à l'écart de la république de Weimar qu'il déteste. Mis à la retraite forcée en 1926, il se rapproche des nazis puis part en 1934 réorganiser l'armée nationaliste chinoise. Il meurt d'une attaque cardiaque à Berlin en 1936.

SHAEF (Supreme Headquarters Allied Expeditionary Force) : état-major interallié et interarmées (terre-air-mer) dirigé par Eisenhower, en charge de préparer et de conduire la libération de l'Europe occidentale et la défaite de l'Allemagne nazie.

Stahlhelm (« casque d'acier ») : organisation d'anciens combattants fondée en décembre 1918, qui compte 500 000 adhérents en 1930. Aile paramilitaire du parti d'extrême droite DNVP (Deutsche Nationale Volkspartei, « Parti national du peuple allemand »), le mouvement rivalise parfois violemment avec le parti nazi, dont il partage cependant l'antisémitisme et l'hostilité à la démocratie et au traité de Versailles, avant de l'intégrer en 1933.

Standbefehl : série d'ordres émis par Hitler entre le 16 et le 20 décembre 1941, au moment où le choc de la contre-offensive soviétique devant Moscou jette un début de panique dans l'armée allemande. Il exige une résistance fanatique sur les positions occupées et refuse à l'avance toute retraite.

Stauffenberg, Claus Schenk von (1907-1944) : comte, colonel valeureux, aristocrate catholique nationaliste, mais opposé à l'extrémisme nazi et attaché aux privilèges de l'armée. Après avoir découvert les horreurs du front de l'Est, il est blessé en Tunisie et prend en 1943 la tête d'un complot. Ses fonctions lui donnant accès au quartier général de Rastenburg, il y pose une bombe le 20 juillet 1944. Mais Hitler en réchappe et l'attentat échoue. Arrêté, Stauffenberg est fusillé le 21 juillet.

Stavka : état-major politico-militaire restreint qui, autour de Staline, prend les décisions stratégiques et opérationnelles en liaison avec l'état-major général de l'Armée rouge.

Stoßtruppen : troupes d'assaut conçues en 1917 pour percer le front ennemi en s'appuyant sur la surprise et l'initiative locale pour l'infiltrer et le disloquer.

Sturmgeschütz III (abrégé en StuG III) : canon d'assaut (comme son nom l'indique), intégrant un canon de 75 mm court (822 exemplaires construits) sous casemate à un châssis de Pz III pour le soutien de l'infanterie. À partir de 1942, les versions F et G (8 416 exemplaires) sont armées d'un 75 mm long antichar, qui, combiné à sa silhouette basse et à son faible coût, le rend particulièrement efficace dans la défense antichar.

Svetchine, Alexandre Andreïevitch (1878-1938) : penseur militaire, sans doute le plus important du XXe siècle. Ancien officier d'état-major de l'armée du tsar passé dans le camp bolchevique en 1917, il devient après la guerre civile russe (1917-1922) professeur à l'Académie militaire, future Académie Frounzé. En 1926, son ouvrage majeur, *Stratégie*, tiré de ses cours, est notamment le premier à définir l'art opératif.

T34/76 : le meilleur char du monde en 1941. Rapide et mobile sur tous les terrains, y compris la boue et la neige, grâce à de larges chenilles et une suspension achetée à l'inventeur américain Christie, il est armé d'un canon polyvalent de 76,2 mm (le Pz III est armé d'un 50 mm) et propulsé par un moteur diesel. Le T34/85, version améliorée en 1944, reçoit une nouvelle tourelle dotée d'un puissant canon de 85 mm, meilleur en lutte antichar.

Todt (organisation) : du nom de son fondateur, l'ingénieur Fritz Todt, cette organisation fonctionne comme un service du génie annexe de la Wehrmacht. Elle fut d'abord chargée de la construction du réseau d'autoroutes allemandes (1933-1938), puis de travaux de fortification du Reich et des territoires occupés (ligne Siegfried, mur de l'Atlantique).

Toukhatchevski, Mikhaïl Nikolaïevitch (1893-1937) : le mieux connu des penseurs militaires soviétiques de l'entre-deux-guerres. Ce modernisateur féru de technique est le principal artisan de la mécanisation de l'Armée rouge. Il défend une doctrine de la bataille, puis des opérations dans la profondeur, qui marque la première mise en œuvre des théories relatives à l'art opératif. Maréchal en 1935 et véritable bras droit militaire de Staline, il est exécuté lors des purges de 1937.

Triandafillov, Vladimir (1894-1931) : adjoint au chef de l'état-major général de l'Armée rouge, il est surtout connu pour avoir écrit *La Nature des opérations des armées modernes*, publié en 1929. Dans cet ouvrage très technique, il définit les conditions de la percée d'une défense (dite « bataille en profondeur »), en portant le feu simultanément sur la totalité de sa profondeur. Il édicte également des règles d'introduction et de progression des groupes mobiles chargés d'exploiter.

U-Boote type XXI : sous-marin classique, mais doté d'une coque profilée et d'un stock de batteries électriques surdimensionné afin d'améliorer la vitesse en plongée. Seuls 4 sur les 118 construits depuis 1943 sont en état d'opérer au 8 mai 1945.

Uhlan (graphie allemande du terme polonais ulan, lui-même emprunté au turc oglan, « jeune homme ») : désigne un cavalier armé d'une lance. La tradition apparaît en Pologne au XVIIIe siècle ; elle est récupérée plus tard dans les armées prussienne et autrichienne.

Vassilevski, Alexandre Mikhaïlovitch (1895-1977) : maréchal de l'Union soviétique, il est avec Joukov l'un des deux artisans des « Quatre Planètes ». Ancien officier tsariste, rallié aux bolcheviks pendant la guerre civile, il est l'une des étoiles montantes de l'Armée rouge pendant les années 1930. À la faveur des purges de 1937, il accède à l'état-major général où il excelle. Adjoint des opérations pendant la contre-offensive de l'hiver 1941, coordinateur des forces soviétiques dans le Sud jusqu'en mai 1944, il est ensuite envoyé dans le Nord et conduit l'offensive qui reconquiert les États baltes, puis prend la Prusse-Orientale. Il part ensuite pour l'Extrême-Orient, où il conçoit et exécute brillamment l'offensive d'août 1945 en Mandchourie face aux Japonais.

***Victoires perdues* (*Verlorene Siege*)** : titre des Mémoires du maréchal Erich von Manstein, publiés en 1955. Il y fait porter la responsabilité des échecs de la Wehrmacht sur Hitler.

Volkssturm : milice populaire créée le 25 septembre 1944 par le IIIe Reich et recrutant dans les classes d'âge épargnées par la Wehrmacht, c'est-à-dire chez les plus jeunes (16-19 ans) et les plus âgés (45-60 ans), ainsi que certains affectés spéciaux et inaptes au service armé. Entre 300 000 et 400 000 hommes seront ainsi enrôlés en bataillons misérablement armés et équipés. Sans effet à l'ouest, le Volkssturm a pu jouer un rôle militaire local lors des sièges (Breslau) et combats urbains (Berlin) face à l'Armée rouge.

Weygand, Maxime (1867-1965) : homme de Foch, il commande l'armée de 1931 à 1935, malgré ses opinions d'extrême droite royaliste. Rappelé du Liban en mai 1940 pour remplacer Gamelin, ce chef réputé énergique ne comprend pourtant rien à l'urgence de la situation. Après un baroud d'honneur en juin, il est l'un des premiers à parler d'armistice. Vichyste ardent, mais antiallemand, il est interné en 1942.

Witzig, Rudolf (1916-2001) : lieutenant qui a commandé le détachement Granit à Ében-Émael, ce qui lui a valu la Ritterkreuz (croix de chevalier, voir ce mot) et le grade de capitaine. Il participe en avril 1941 à l'assaut de la Crète où il est blessé. Il combat ensuite en Afrique du Nord en 1942, puis, en 1944, en Lituanie et en Prusse-Orientale. Après guerre, il devient colonel dans la Bundeswehr de 1956 à 1974.

Bibliographie sélective

Arbarétier, Vincent, *La Conquête de la Norvège*, Economica, 2014.

Bartov, Omer, *L'Armée d'Hitler. La Wehrmacht, les nazis et la guerre*, traduit de l'anglais par Jean-Pierre Ricard, Hachette Littératures, 1999.

Denis, Éric, *1940. La Wehrmacht de Fall Gelb*, Economica, 2018.

Feldmann, Daniel et Mas, Cédric, *La Campagne du Rhin*, Economica, 2016.

Frieser, Karl-Heinz, *Le Mythe de la guerre éclair : la campagne de l'Ouest de 1940*, traduit de l'allemand par Nicole Thiers, Belin, 2003.

Laurent, Boris, *Les Opérations germano-soviétiques dans le Caucase (1942-1943)*, Economica, 2014.

Lopez, Jean, *Berlin. Les offensives géantes de l'Armée rouge*, Economica, 2009.

Lopez, Jean, *Stalingrad*, Economica, 2010.

Lopez, Jean, *Koursk. Les quarante jours qui ont ruiné la Wehrmacht*, Economica, 2e édition, 2011.

Lopez, Jean, *Opération Bagration*, Economica, 2014.

Lopez, Jean, *Les Cent Derniers Jours d'Hitler*, Perrin, 2017.

Lopez, Jean, *Barbarossa. Au cœur des ténèbres*, Passés/Composés, 2019.

Lopez, Jean et Wieviorka, Olivier (dir.), *Les Mythes de la Seconde Guerre mondiale*, 2 vol., Perrin, 2015 et 2017.

Moutier, Marie, Chassain, Fanny *et al.*, *Lettres de la Wehrmacht*, Perrin, coll. « Tempus », 2018.

Rondeau, Benoît, *Rommel*, Perrin, 2018.

Rondeau, Benoît, *Être soldat de Hitler*, Perrin, 2019.

Stargardt, Nicholas, *La Guerre allemande. Portrait d'un peuple en guerre (1939-1945)*, traduit de l'anglais par Aude de Saint-Loup et Pierre-Emmanuel Dauzat, Vuibert, 2017.

Töppel, Roman, *Koursk 1943*, traduit de l'allemand par Jean Lopez, Perrin, 2018.
Wette, Wolfram, *Les Crimes de la Wehrmacht*, traduit de l'allemand par Olivier Mannoni, Perrin, coll. « Tempus », 2013.

Table

PREMIÈRE PARTIE

LA SUPÉRIORITÉ MILITAIRE ALLEMANDE. ÉTUDE D'UN MYTHE

Pour en savoir plus
sur les Éditions Perrin
vous pouvez consulter notre site Internet

www.editions-perrin.fr
et nous suivre sur les réseaux sociaux

Editions Perrin

@EditionsPerrin

@editionsperrin

Pour plus d'information :

www.lisez.com

Imprimé sur du papier issu de forêts gérées durablement.

Achevé d'imprimer en Espagne par Liberdúplex en janvier 2025

K10995/01